国家出版基金项目

NATIONAL PUBLICATION FOUNDATION

中宣部2022年主题出版重点出版物

“十四五”国家重点图书出版规划项目

纪录小康工程

全面建成小康社会

福建全景录

FUJIAN QUANJINGLU

本书编写组 编著

海峡出版发行集团 | 福建人民出版社
THE STRAITS PUBLISHING & DISTRIBUTING GROUP | FUJIAN PEOPLE'S PUBLISHING HOUSE

责任编辑：林俊杰
特约编辑：夏秋月
封面设计：石笑梦　白　玫
版式设计：周方亚　王欢欢　白　玫

图书在版编目（CIP）数据

全面建成小康社会福建全景录 / 本书编写组编著 . -- 福州：福建人民出版社，
　2022.10
（“纪录小康工程”地方丛书）
ISBN 978-7-211-08889-8

I. ①全…　II. ①本…　III. ①小康建设－成就－福建　IV. ① F127.57

中国版本图书馆 CIP 数据核字（2022）第 103797 号

全面建成小康社会福建全景录
QUANMIAN JIANCHENG XIAOKANG SHEHUI FUJIANG QUANJINGLU
本书编写组
福建人民出版社出版发行
福州德安彩色印刷有限公司印刷
福建新华发行（集团）有限责任公司经销
2022 年 10 月第 1 版　2022 年 10 月福州第 1 次印刷
开本：710 毫米 ×1000 毫米 1/16　印张：20.50
字数：246 千字
ISBN 978-7-211-08889-8　定价：71.00 元
邮购地址 350001　福州市东水路 76 号
电话：0591-87604366（发行部）

总　序

为民族复兴修史　为伟大时代立传

小康，是中华民族孜孜以求的梦想和夙愿。千百年来，中国人民一直对小康怀有割舍不断的情愫，祖祖辈辈为过上幸福美好生活劳苦奋斗。“民亦劳止，汔可小康”“久困于穷，冀以小康”“安得广厦千万间，大庇天下寒士俱欢颜”……都寄托着中国人民对小康社会的恒久期盼。然而，这些朴素而美好的愿望在历史上却从来没有变成现实。中国共产党自成立那天起，就把为中国人民谋幸福、为中华民族谋复兴作为初心使命，团结带领亿万中国人民拼搏奋斗，为过上幸福生活胼手胝足、砥砺前行。夺取新民主主义革命伟大胜利，完成社会主义革命和推进社会主义建设，进行改革开放和社会主义现代化建设，开创中国特色社会主义新时代，经过百年不懈奋斗，无数中国人摆脱贫困，过上衣食无忧的好日子。

特别是党的十八大以来，以习近平同志为核心的党中央统揽中华民族伟大复兴战略全局和世界百年未有之大变局，团结带领全党全国各族人民统筹推进“五位一体”总体布局、协调推进“四个全面”战略布局，万众一心战贫困、促改革、抗疫情、谋发展，党和国家事业取得历史性成就、发生历史性变革。在庆祝中国共产党成立100周年大会上，习近平总书记庄严宣告：“经过全党全国各族人民持续奋斗，我们实现了第一个百年奋斗目标，在中华大地上全面建成了小康社会，历史性地解决了绝对贫困问题，正在意气风发向着全面建成社会主义现代化强国的第二个百年奋斗目标迈进。”

这是中华民族、中国人民、中国共产党的伟大光荣！这是百姓的福祉、国家的进步、民族的骄傲！

全面小康，让梦想的阳光照进现实、照亮生活。从推翻“三座大山”到“人民当家作主”，从“小康之家”到“小康社会”，从“总体小康”到“全面小康”，从“全面建设”到“全面建成”，中国人民牢牢把命运掌握在自己手上，人民群众的生活越来越红火。“人民对美好生活的向往，就是我们的奋斗目标。”在习近平总书记坚强领导、亲自指挥下，我国脱贫攻坚取得重大历史性成就，现行标准下9899万农村贫困人口全部脱贫，建成世界上规模最大的社会保障体系，居民人均预期寿命提高到78.2岁，人民精神文化生活极大丰富，生态环境得到明显改善，公平正义的阳光普照大地。今天的中国人民，生活殷实、安居乐业，获得感、幸福感、安全感显著增强，道路自信、理论自信、制度自信、文化自信更加坚定，对创造更加美好的生活充满信心。

全面小康，让社会主义中国焕发出蓬勃生机活力。经过长期努力特别是党的十八大以来伟大实践，我国经济实力、科技实力、国防实力、综合国力跃上新的大台阶，成为世界第二大经济体、第一大工业国、第一大货物贸易国、第一大外汇储备国，国内生产总值从 1952 年的 679 亿元跃升至 2021 年的 114 万亿元，人均国内生产总值从 1952 年的几十美元跃升至 2021 年的超过 1.2 万美元。把握新发展阶段、贯彻新发展理念、构建新发展格局、推动高质量发展，全面建设社会主义现代化国家，我们的物质基础、制度基础更加坚实、更加牢靠。全面建成小康社会的伟大成就充分说明，在中华大地上生气勃勃的创造性的社会主义实践造福了人民、改变了中国、影响了时代，世界范围内社会主义和资本主义两种社会制度的历史演进及其较量发生了有利于社会主义的重大转变，社会主义制度优势得到极大彰显，中国特色社会主义道路越走越宽广。

全面小康，让中华民族自信自强屹立于世界民族之林。中华民族有五千多年的文明历史，创造了灿烂的中华文明，为人类文明进步作出了卓越贡献。近代以来，中华民族遭受的苦难之重、付出的牺牲之大，世所罕见。中国共产党带领中国人民从沉沦中觉醒、从灾难中奋起，前赴后继、百折不挠，战胜各种艰难险阻，取得一个个伟大胜利，创造一个个发展奇迹，用鲜血和汗水书写了中华民族几千年历史上最恢宏的史诗。全面建成小康社会，见证了中华民族强大的创造力、坚韧力、爆发力，见证了中华民族自信自强、守正创新精神气质的锻造与激扬，实现中华民族伟大复兴有了更为主动的精神力量，进入不可逆转的历史进程。今天，我们比历史上任何时期都更接近、更有信心和能力实现中华民族伟大复兴的目标，中国人民的志气、骨气、底气极大增强，奋进新征程、建功新时代有着前所未有的历史主动精神、历史创造精神。

全面小康，在人类社会发展史上写就了不可磨灭的光辉篇章。中华民族素有和合共生、兼济天下的价值追求，中国共产党立志于为人类谋进步、为世界谋大同。中国的发展，使世界五分之一的人口整体摆脱贫困，提前十年实现联合国 2030 年可持续发展议程确定的目标，谱写了彪炳世界发展史的减贫奇迹，创造了中国式现代化道路与人类文明新形态。这份光荣的胜利，属于中国，也属于世界。事实雄辩地证明，人类通往美好生活的道路不止一条，各国实现现代化的道路不止一条。全面建成小康社会的中国，始终站在历史正确的一边，站在人类进步的一边，国际影响力、感召力、塑造力显著提升，负责任大国形象充分彰显，以更加开放包容的姿态拥抱世界，必将为推动构建人类命运共同体、弘扬全人类共同价值、建设更加美好的世界作出新的更大贡献。

回望全面建成小康社会的历史，伟大历程何其艰苦卓绝，伟大胜利何其光辉炳耀，伟大精神何其气壮山河！

这是中华民族发展史上矗立起的又一座历史丰碑、精神丰碑！这座丰碑，凝结着中国共产党人矢志不渝的坚持坚守、博大深沉的情怀胸襟，辉映着科学理论的思想穿透力、时代引领力、实践推动力，镌刻着中国人民的奋发奋斗、牺牲奉献，彰显着中国特色社会主义制度的强大生命力、显著优越性。

因为感动，所以纪录；因为壮丽，所以丰厚。恢宏的历史伟业，必将留下深沉的历史印记，竖起闪耀的历史地标。

中央宣传部牵头，中央有关部门和宣传文化单位，省、市、县各级宣传部门共同参与组织实施“纪录小康工程”，以为民族复兴修史、为伟大时代立传为宗旨，以“存史资政、教化育人”为目的，形成了数据库、大事记、系列丛书和主题纪录片4方面主要成果。目前已建成内容全面、分类有序的4级数据库，编纂完成各级各类全面小康、脱贫攻坚大事记，出版“纪录小康工程”丛书，摄制完成纪录片《纪录小康》。

“纪录小康工程”丛书包括中央系列和地方系列。中央系列分为“擘画领航”“经天纬地”“航海梯山”“踔厉奋发”“彪炳史册”5个主题，由中央有关部门精选内容组织编撰；地方系列分为“全景录”“大事记”“变迁志”“奋斗者”“影像记”5个板块，由各省（区、市）和新疆生产建设兵团结合各地实际情况推出主题图书。丛书忠实纪录习近平总书记的小康情怀、扶贫足迹，反映党中央关于全面建成小康社会重大决策、重大部署的历史过程，展现通过不懈奋斗取得全面建成小康社会伟大胜利的光辉历程，讲述在决战脱贫攻坚、决胜全面小康进程中涌现的先进个人、先进集体和典型事迹，揭示辉煌成就和历史巨变背后的制度优势和经验启示。这是对全面建成小康社会伟大成就的历史巡礼，是对中国共产党和中国人民奋斗精神的深情礼赞。

历史昭示未来，明天更加美好。全面建成小康社会，带给中国人民的是温暖、是力量、是坚定、是信心。让我们时时回望小康历程，深入学习贯彻习近平新时代中国特色社会主义思想，深刻理解中国共产党为什么能、马克思主义为什么行、中国特色社会主义为什么好，深刻把握“两个确立”的决定性意义，增强“四个意识”、坚定“四个自信”、做到“两个维护”，以坚如磐石的定力、敢打必胜的信念，集中精力办好自己的事情，向着实现第二个百年奋斗目标、创造中国人民更加幸福美好生活勇毅前行。

目　录

一、福建全面建成小康社会之路······1
（一）小规模救济式扶贫为小康征程奠基（1949—1978 年）······2
（二）开发式扶贫探索小康历程（1978—2012 年）······6
（三）精准扶贫决胜全面小康（2012 年至今）······15

二、全面小康的经济发展成就······42
（一）经济实力实现新跨越······42
（二）产业转型取得新成效······62
（三）开放型经济迈向新辉煌······70

三、全面小康的文化建设成效······86
（一）文化事业全面进步······86
（二）文化产业持续发展······109
（三）文化交流深化合作······125

四、全面小康的民生福祉保障······137
（一）民生事业持续改善······137

（二）社会事业蓬勃发展……153
（三）人民生活水平显著提高……172

五、全面小康的生态文明实践……184
（一）生态省建设取得了新进展……184
（二）生态文明探索创新取得新成效……195
（三）生态文明建设的福建贡献……207

六、全面小康的区域协调发展……223
（一）山海牵手奔着小康走……224
（二）区域发展共圆小康梦……240
（三）闽宁一家同心奔小康……252

七、从脱贫攻坚到全面小康的福建经验……270
（一）始终坚持以人民为中心走共同富裕道路……271
（二）始终坚持立足实际促进区域协调发展……284
（三）统筹兼顾提升“减贫效应”……297
（四）坚持在开放发展中消除贫困……305

后　记……318

一、福建全面建成小康社会之路

新中国成立后，中国共产党牢记“为中国人民谋幸福，为中华民族谋复兴”的初心和使命，选择走中国特色社会主义道路，建立人民民主专政，实行生产资料公有制，为建设小康社会奠定了政治、经济、社会基础，提供了理论、制度、文化保障。改革开放以来，福建高度重视减贫扶贫，出台实施了一系列中长期扶贫规划，从救济式扶贫到开发式扶贫再到精准扶贫，探索出一条具有福建特色的扶贫开发道路。党的十八大以来，以习近平同志为核心的党中央把扶贫开发工作纳入“五位一体”总体布局和“四个全面”战略布局，全面打响了脱贫攻坚战。福建始终把脱贫攻坚作为一项重要政治任务，全面实施精准扶贫、精准脱贫基本方略，做到了坚持党建引领，强化保障措施；坚持精准施策，提升帮扶实效；坚持协调发展，强化挂钩帮扶；坚持一个都不能少，加快老区苏区发展，脱贫攻坚取得重大决定性成就，为福建如期全面建成小康社会奠定了坚实的基础。

福建在推进扶贫开发过程中，坚持先行先试，开展山海协作，率先在全国实施造福工程扶贫搬迁，率先在全国选派党员干部到重点村驻村任职，涌现出全国闻名的“中国扶贫第一村”——赤溪村，为中国减贫脱贫提供了福建样本；坚持改革创新，探索创造了许多精准扶贫、精准脱贫的好经验，三明市“348”机制、龙岩市“九措到户”、宁德市“664”精准扶贫工作机制以及屏南县的小额信贷扶贫的经验做法，得到中央领导的充分肯定；寿宁县下党乡下党村的“扶贫定制茶园”、南安市梅山镇蓉中村创业致富带头人培训的精准扶贫做法，成为第十八届中央政治局第三十九次集体学习案例。

（一）小规模救济式扶贫为小康征程奠基（1949—1978 年）

新中国成立伊始，福建满目疮痍。民族工业极端落后，当时的省会福州勉强维持生产的现代工业仅有装机容量 5000 千瓦的福州火电厂和日产 5 吨纸规模的福州造纸厂。农村经济凋零，1949 年全省粮食总产量仅 56.6 亿斤。交通电信尤其落后，全省没有一寸铁路，三分之二的县城不通汽车，23 个县不通长途电话。商业凋敝，物价飞涨。为了改变贫穷落后面貌，历届福建省委、省政府带领全省人民接力奋斗、砥砺前行。1949 年 12 月 11 日至 23 日，中共福建省委在福州召开第一次扩大会议，确定以剿匪反霸、发动和组织群众迅速恢复生产、整理税收、加强党的建设和干部队伍建设等工作为重点，号召全省人民“坚强地团结起来，为建设新民主的福建而斗争”。1949 年至 1978 年，福建经济社会发展经历了“恢复→发展→破坏→恢复”的螺旋式进程，在促进经济发展和缓解农村贫困方面采取了一系列政策，包括加快工业发展，带动区域经济增长，减缓普遍的贫困；进行土地改革，使每个贫困人口拥有赖以生存的生产资料；对农村特困人口和受灾群众，通过划拨专项资金方式，由民政部门实施救济，初步建立起了以社区“五保”制度和农村特困人口救济为主的农村社会基本保障体系。

1. 开展土地制度改革铲除贫困的制度根源

福建为促进农业生产力发展和农村人口福利水平提高，尽快开展了土地改革，彻底铲除了农村贫困问题的制度根源。1950 年至 1952 年，福建土地改革在闽侯专区进行了重点试验、局部开展，待取得经验后，在全省范围内分三批全面展开。在土改运动中，各土改工作队通过宣传土地改革法，将农民组织起来成立了农民协会；紧紧依靠农民协会，充分发动群众按照土地改革法划定阶级成分；没收地主阶级的土地和多余财产，以乡或相当于乡的行政村为单位，在原有耕地基础上，按照土地数量、质量及其位置远近，用抽补调整方法，按人口统一分配，使土地等生产资料回到农民手中，彻底摧毁了封建剥削制度。

针对土地关系复杂、特殊地区多等不同情况，福建土地改革分别制定了侨区、老苏区、林区、渔区、盐区具体实施办法，解决了具体的特殊政策问题。各地侨乡认真贯彻《关于土地改革中对华侨土地财产的处理办法》，对华侨实行特殊政策，在没收、征收和分配土地时照顾侨眷利益。在福建老区苏区，凡保持苏维埃政府土地革命果实的地区，通过确定地权，保护农民分得的土地以及所得的土地财产不受侵犯。对富农在土地革命时按人口依法保留的土地以及在土地革命后劳动所得的自耕或雇人代耕的土地保证不受侵犯。征收“公尝田”“保公田”，由农会分配给无地、少地的农民。在调整土地时，切实解决革命军人家属、烈士家属的土地和其他生产资料。

1952年6月，福建土地改革运动胜利结束。按照《土地改革法》规定，全省共没收和征收了封建土地930万亩，地主阶级多余粮食9560万斤，多余房子45万余间，多余耕畜4.3万余头，分配给全省720多万贫农和其他劳动人民（占当时农村总人口的62.8%），从根本上改变了农村土地和其他生产资料的占有关系。土地改革完成时，全省各地农村建立各级农民协会组织，拥有340余万名会员；建立健全民兵组织，全省有民兵52万人；培养和锻炼了5万名以上的乡干部和大批积极分子；建立健全927个基层党支部。到1952年底，全省农村中党员人数达到7165人、团员91958人，保证了党的方针政策在农村的贯彻落实。

福建土地改革运动的胜利完成，宣告了延续2000多年的封建土地所有制被彻底消灭，封建剥削的经济基础被彻底摧毁，全省农民在经济上得到翻身，农村生产力得到了极大解放，农村社会面貌发生了巨大变化，不仅巩固了工农联盟和人民民主专政基础，也为福建的繁荣发展创造了有利条件。1952年，福建胜利实现了恢复国民经济任务，粮食和经济作物产量均超过历史最高水平，农业总产值达到98191万元。1949年至1952年，全省农业总产值增长34.1%，工业总产值达到41425万元，累计工业总产值增长70.2%；全省商品购销大幅度上升，社会购买力增长43.6%；交通运输业及文化、教育、卫生事业得到了较大发展。

2. 开展农业互助合作增加农民收入

新中国成立初期，福建省委号召农民组织起来，开展劳动互助，发展农业生产。至1952年下半年，全省农业互助合作运动迅速发展，开始试办初级农业合作社。1953年12月，中共中央通过了《关于发展农业生产合作社的决议》，福建农业互助合作运动转向了全面发展初级社。1953 年 10 月，福建省委确定“一五”期间以发展互助合作为中心的农林业生产为首要任务。1954 年，全省共培训各级干部和办社骨干 8 万余人，大力发展初级社。到 1956 年初期，全省入社农户达到 229 万余户，占到总农户的 82.68%。党的八大后，福建省委召开一系列会议进行了八大会议精神的传达贯彻，按照农、轻、重顺序安排，把全面发展农业放在发展国民经济的首位，把山区建设作为“二五”计划重点，特别强调整顿巩固农业合作社，解决农业社规模过大、林木果树处理不当以及经营管理中存在的问题，允许、鼓励和支持男女社员从事家庭或个人生产劳动。

1954 年初，福建开始试办高级农业合作社。1955 年 10 月以后，试办高级社席卷福建大地，出现了冒进现象。1957 年 1 月，《1956 年到 1967 年全国农业发展纲要（草案）》公布后，福建省委提出了 1957 年全省农村基本实现高级农业合作化的目标。福州、厦门、漳州、泉州 4 个城市郊区初级社率先进行了并社扩社，在不到一个月时间内，全部宣布实现高级农业合作化，参加农户达到 95% 以上。全省各县、区纷纷提出“快马加鞭进入社会主义”“赶先进，提前高级化”“单干农民要一步登天”等口号，将初级社转变为高级社，掀起了第二次农业合作化高潮。至 1957 年 3 月 18 日，全省共有 12395 个高级社，入社农户 234 余万户，占全省总农户的 84.23%。其中，福州、厦门、东山、光泽等 36 个市、县参加高级社农户占到当地总农户的 90% 至 99%，至此，全省基本实现了高级农业合作化。在此期间，福建农业产值增长较快，农民收入提高，绝对贫困现象有所缓解。1957 年，福建农业产业达到 14.23 亿元，农民人均纯收入达到 121 元。“一五”期间，福建农业总产值增长 44.9%，平均每年递增 7.7%。

1958 年至 1978 年，福建经历了人民公社化运动、三年经济困难和十年“文化大革命”三个时期，由于经济基础较为薄弱以及高度集中的计划经济体制等因素影响，农民收入增长比较缓慢，农村绝对贫困状况没有得到根本性解决，1978 年全省农民人均纯收入仅 137.5 元。

（二）开发式扶贫探索小康历程（1978—2012 年）

1978 年底召开的党的十一届三中全会提出加快农业发展、改善人民群众生活水平。按照全国的统一部署，福建深入推进农村扶贫开发工作，开启了开发式扶贫探索小康历程，贫困人口借助外力的帮助，开发当地的自然资源和社会资源，形成了可持续发展的条件。福建开发式扶贫大致经历了三个发展阶段。一是摆脱贫困“弱鸟先飞”阶段。重点进行以家庭联产承包责任制为主的农村改革，缓解贫困发生。二是开展“八七”扶贫攻坚阶段。着力组织实施脱贫致富奔小康工程，各级层层下派扶贫工作队，举全省之力攻扶贫之坚。三是实施综合扶贫开发阶段。加大“整村推进”贫困村扶贫开发工作，打好新一轮扶贫开发攻坚战。

1. 摆脱贫困“弱鸟先飞”（1978—1993 年）

改革开放初期，受自然条件的限制和历史原因影响，福建仍有国定、省定贫困县 17 个、省定贫困乡 214 个，有 242 万农村人口生活在贫困线之下。

1979 年 2 月，福建省民政厅探索改革救济方式，协同晋江地区民政局在惠安县山霞公社进行了第一个开发式扶贫试点，拨出一部分救济款，通过帮助发展生产的办法解决温饱问题。在收到成效后，福建省民政厅把试点工作扩大到全省 28 个县的 30 个公社和 35 个大队，后来在全省农村按规划、分期分批地开展扶贫工作；对于革命老根据地、偏远山区和少数民族地区，尝试从财政、物资和技术上给予重点扶持，推动扶贫工作由单纯救济向扶持发展生产过渡和转变。

1980 年底至 1981 年初，福建开始在全省大力推行以家庭联产承包责任制为主的生产责任制，极大激发了农民发展生产的积极性。到 1981 年 3 月底，全省 94.5% 生产队建立了各种形式的生产责任制，特别是“双包”（包产到户、包干到户）方式最受农民欢迎，1984 年全省农民人均纯收入达到 345 元。

1984 年 6 月 24 日，《人民日报》一版刊载了时任福鼎县委报道组组长王绍据的一封读者来信——《穷山村希望——实行特殊政策治穷致富》，重点报道了赤溪村下山溪自然村的赤贫现状，并配发评论员文

“中国扶贫第一村”——赤溪村

章《关怀贫困地区》，引起了党中央的高度关注。3个月后，中共中央、国务院颁发了《关于帮助贫困地区尽快改变面貌的通知》，福建省委作出了《关于加强老、少、边、岛贫困地区脱贫致富工作的决定》，一场波澜壮阔、旷日持久的扶贫开发事业由此“引燃”起来，赤溪村被誉为“中国扶贫第一村”。

1985年初，福建作出了扶持全省167个贫困乡的决定，实施纵横结合、层层负责的扶贫开发工作。纵向是省里向中央、国务院及有关部门申请帮助扶持政策，省级负责扶持11个贫困县、5个边缘县和167个省定贫困乡；地市扶持自定的贫困县、贫困乡与少数特困村；县扶持自定的贫困乡、贫困村；乡扶持自定的贫困村；行政村与村民小组分头落实到各贫困户，形成了省、地（市）、县、乡、村、村民小组六个层级的扶贫机制。从横向看，包含省、市和县三级所属的各企事业单位在内都有扶贫责任与义务。福建省人民政府作出了沿海发达市、县对口支援贫困地区的决定，要求开展户对户、富帮穷扶贫，从而形成了全民性、全方位纵横结合、交叉互动的扶贫格局。1979年至1985年，全省共扶持了183万贫困户，实现脱贫7.2万余户。

1986年，国务院成立扶贫办公室，采取的具体措施包括选定国家重点扶持的贫困县，实行整村推进式扶贫，以村为单位、以村级扶贫规划为基础，使用国家扶贫资金与配套资金建设扶贫项目，修建道路、饮水工程、学校，搬迁移民和开发产业等。福建创造了山—海、贫—富、城—乡结对子等多种扶贫形式，如泉州市组织沿海47个经济发达乡镇挂钩安溪、德化等47个贫困村，落实扶持项目150多个，扶持资金500多万元，并对17个贫困县、214个贫困乡和242万贫困人口中地处“一方水土养不活一方人”的群体实行异地搬迁。

1986 年 5 月，福建省委四届三次全会专题讨论了老、少、边、岛贫困地区的脱贫致富工作，通过了《关于加强老、少、边、岛贫困地区脱贫致富工作的决定》，在全国率先开展有组织、有计划、大规模的开发式扶贫工作，提出“三年脱贫，五年摘帽，八年做贡献”的扶贫奋斗目标，并纳入福建省国民经济和社会发展第七个五年计划。此后，按照国务院的三条划分标准，省委、省政府将福鼎、罗源、寿宁、屏南、柘荣、周宁、福安、安溪、平和、诏安、长汀、上杭、连城、武平、政和、建宁、平潭等 17 个县、200 个乡，确定为省重点扶持的贫困县和贫困乡。为了推进经济发展，增强贫困地区的自我发展能力，省委、省政府出台了《关于老、少、边、岛贫困地区脱贫致富若干政策、措施的补充规定》等 7 个文

宁德下党摆脱贫困

件，制定了67条扶持贫困地区的优惠措施，对贫困地区的休养生息与加快发展发挥了积极作用。

1989年8月，福建省委、省政府在平和县召开了全省开发性生产脱贫致富现场会，推广平和农业综合开发经验。召开平和现场会后，全省各地迅速掀起了造林种果热潮，各县都办了一批乡、村集体果、林、茶场，努力壮大集体经济。在农业开发扶贫的过程中，福建实行统一规划、连片开发、分户经营，加快发展一大批立足当地资源，投资少、见效快、收益高、千家万户都能干的项目，主要有林、果、茶、食用菌和水产养殖、禽畜饲养等项目，成为当地拳头产品和支柱产业，各贫困县逐步形成了各具特色的农业基地，成为贫困乡村脱贫致富的有力支撑。

1991年初，福建省脱贫致富办公室制定了《福建省发达地区扶持带动贫困地区脱贫致富规划设想》，明确了扶持带动贫困地区脱贫致富的主要形式和内容。在扶贫开发过程中，福建把开发和开放结合起来，以开发促发展、促脱贫，形成了沿海开放向腹地延伸，发达地区开发辐射、带动贫困地区经济发展，贫困地区吸收侨资、台资、外资，积极发展外向型经济的新格局。到1991年，全省17个贫困县兴办"三资"企业154家，引进外资5800.9万美元，外资出口交货总值达到3亿多元。

这一时期，福建扶贫开发工作取得了阶段性成效。到1991年，省定17个贫困县的农民人均纯收入达到690元，比1985年增加377元；全省98.16%以上的贫困户基本解决了温饱问题，涌现出诏安县的梅岭、桥东、四都镇，上杭县的古田镇，福安县的赛岐镇等一批亿元乡镇。但仍有部分地区，主要是"老、少、边、岛"地区的经济发展滞后，农民生活处于绝对贫困状况。与此同时，随着改革开放深化，曾经一度缩小的工农业产品价格“剪刀差”重新扩大，特别是农用生产资料价格大幅上涨，农业发展速度减缓，全省农民收入增长缓慢。1991 年，福建农民人均纯收入 1211 元，同期城镇居民家庭人均可支配收入达到 2923 元，城乡收入差距拉大。

2. 开展“八七”扶贫攻坚（1994—2000 年）

为进一步解决农村贫困问题，1994 年颁布了《国家八七扶贫攻坚计划》，是我国第一部指导扶贫开发的纲领性文件，明确要求让扶贫项目覆盖贫困户，把效益落实到贫困户，克服其他扶贫方式“难以保证每户贫困农户都能受益”的缺陷，其中，小额信贷扶贫是扶贫资金直接送达贫困农户的有效方式。随后，福建出台了《关于实施“国家八七扶贫攻坚计划”的意见》，提出 1997 年要切实解决 80 万贫困人群的基本生活需要，解决好他们的温饱问题。为此，福建强化工作领导，将脱贫工作列为各项工作的重中之重，并纳入国民经济发展以及年度工作计划；建立县长负责制，以扶贫工作成果考察政府工作人员的绩效。集中社会力量，加强经济发达地区与经济落后地区交流合作，促进优势互补、互相学习、共同进步。加大政策扶持，要求国家扶贫信贷资金、以工代赈资金、农业补助以及脱贫攻坚项目的资金专款专用，给予省定贫困乡 5600 万元的农业税减免，刺激了农民自发进行农业生产；提高“造福工程”补助标准，将拆迁户补助费用每人增加 100 元，相应增加地（市）县级的配套补助资金。

从 1995 年开始，福建强化定点挂钩扶贫责任制，9 个省级部门对口扶贫 12 个贫困县，121 个单位对口援助 209 个贫困乡。为切实搞好扶贫攻坚工作，多名处级、科级干部到贫困县、乡挂职，许多地市县纷纷到贫困乡、村挂点扶贫。

1996年，福建在全省农村中推行小额信贷，到2001年已覆盖34个县，受益群众达到24.7万人。据统计，全省参加小额信贷的农户年人均增收630元，高出全省农民人均增收水平的一倍还多。其间，福建摸索出了具有全国影响的“五户联保、小额信贷”的松溪经验和“小额信贷、不要担保、五户一联、风险共担”的长汀模式。到1996年，福建有4个贫困县摘掉贫困帽，101个乡镇农民人均收入超过1500元（当时国定脱贫标准是1330元），被授予“脱贫先进乡镇”荣誉称号。1997年，全省17个国家和省级贫困县全部脱贫，基本消除绝对贫困；全省农民人均纯收入2786元，比全国平均水平高出33.3%；87.4%的乡（镇）、89%的村和90.4%的农户达到了国家基本小康指标。同时，城乡贫富差距不断增大，1996年福建省城市居民家庭人均可支配收入为5574元，农村居民人均纯收入为2492.49元，城乡收入比为2.2∶1。2000年，福建城市居民家庭人均可支配收入增加到7432元，农村居民人均纯收入为3230.49元，城乡收入比扩大到2.3∶1。

3. 实施综合扶贫开发（2001—2011年）

为促进贫困地区全面发展，我国不断加大扶贫力度。2001年，我国颁布了《中国农村扶贫开发纲要（2001—2010年）》，福建相应出台了实施意见。至此，福建进入了综合扶贫开发阶段，分别从贫困农户、扶贫开发重点村、经济欠发达县三个层面，采取不同措施，整体推进扶贫开发工作。

（1）全力解决贫困人口温饱问题

从2004年开始，为切实保障农村低收入人口生活问题，福建采取了一系列政策措施。一是构建最低生活保障制度。对贫困人口逐一登记造册，建档立卡。全省 75.1 万农村贫困人口（占全省农村人口的 3.2%）享受最低生活保障，人均月补助 39 元。二是建立稳定脱贫长效机制。福州、泉州等地贫困户，每户每年再分别发放 1500 元和 1000 元的生产救助资金，用于困难户发展生产。三是建立医疗和教育补助制度。对贫困家庭子女实施“两免一补”，补贴困难户大额重疾医疗费用。

（2）大力开展整村推进帮扶工作

2002 年，福建开始实施整村推进帮扶计划。全省确定了交通偏僻、资源匮乏、生产生活条件恶劣、人均年纯收入低于 1500 元以下的 208 个省级扶贫工作村，并安排 113 个省直单位予以挂钩帮扶，15 个省直部门每年筹集 3800 万元专项资金，连续 5 年集中捆绑使用，以开展重点村的生产建设，改善困难户的生活居住条件。每年带动整合省直部门其他资金投入重点村建设，各市县相应确定 1276 个行政村予以重点扶持。据不完全统计，2002 年至 2010 年，福建省级有关部门共投入资金 3.28 亿元，确保落实整村推进扶贫工作。为更好地加强基层组织建设，从 2004 年开始，福建省直部门下派 208 名党员干部担任村党支部第一书记，专职负责开展重点村帮扶工作，任期三年。

（3）加快贫困地区经济社会发展

大力推动山海协作。全省确立 23 个经济欠发达县为重点扶持县，确定 1 个省级领导和 2—3 个省直部门进行对口挂钩帮扶，4 个经济较发达的沿海市对口帮扶 4 个经济欠发达的山区市，11 个沿海县与 11 个山区县开展结对帮扶。组织开展多种形式的经贸协作、劳务合作以及重点项目的合作建设，鼓励沿海企业到山区投资创业，省里每年拿出3500万元作为投资创业的银行贷款贴息。实施千万农民饮水工程建设。从2004年开始分5年投资55亿元，重点实施“六个千万工程”——千万农村人口饮水、千座水库保安、千万亩农田节水灌溉、千万方山地水利、千万亩水土流失治理、千里河道清水工程。2004年至2010年，全省累计完成投资18.24亿元，建成50个乡镇、3060个村级供水工程，受益人口达到526.7万人。全面推进“年万里”乡镇路网建设。自2004年起，每年投资20多亿元完成一万里以上的行政村公路硬化，全省行政村通乡镇公路全部实现水泥路硬化，极大方便了当地群众的出行和物资流通。加快“村村通”工程建设。2004年以来，将贫困村尤其是少数民族聚居地纳入“村村通”工程建设，扎实推进农村广播电视节目无线覆盖工程建设。据统计，截至2010年底，全省14815个行政村实现“三通”——通电、通广播电视信号、通电话，有效扩大农村地区广播电视无线覆盖面；全面落实自然村“盲村”收看、收听中央电视台基本节目，为贫困地区老百姓提供了精神文化支撑。

这一阶段，福建加快推进农村基础设施建设、村容村貌整治和新村建设，农村经济和社会面貌发生了巨大改变，农民生活水平和质量显著提高，2002年至2010年，福建农村居民家庭人均纯收入由3538.8元增至7426.9元。其间，福建农村绝对贫困人口虽然越来越少，但相对贫困问题仍未有效解决。据福建统计年鉴有关资料，从城乡差距上看，2001年福建城镇居民与农村居民恩格尔系数差距3.4个百分点，到2008年差距拉大到5.8个百分点。从农村内部分化看，农村居民基尼系数高于城市居民，且有加大差距趋势。反映在“按收入高低五等分分组农民家庭基本情况”上，2000年全省农村居民20%的高收入户人均纯收入为6882元，20%的低收入户人均纯收入为1404元，高低收入组之比为4.9 ：1，2008年扩大到6.1 ：1。反映在不同地区上，2005年厦门市农民人均纯收入比上年增长10.3%，高出三明市、宁德市两个百分点。2008年，厦门市农民人均纯收入为8475.30元，三明市和宁德市农民人均纯收入分别为5852.55元和5404.19元，农村收入阶层出现了明显分化。

（三）精准扶贫决胜全面小康（2012年至今）

2013年，习近平总书记提出“精准扶贫”概念，2014年开始实施精准识别、精准帮扶、精准管理，彻底转变了过去粗放的扶贫模式。按照《中国农村扶贫开发纲要（2011—2020年）》，党中央、国务院出台了《中共中央国务院关于打赢脱贫攻坚战的决定》等一系列文件，要求到2020年现行标准下贫困县全部“摘帽”，贫困人口全部脱贫。2013年，福建下发了《关于进一步扶持省级扶贫开发工作重点县加快发展的若干意见》，确定23个省级重点扶贫开发对象。2015年，出台《关于推进精准扶贫打赢脱贫攻坚战的实施意见》，明确“到2020年省定扶贫标准的扶贫对象全部脱贫，省级扶贫开发工作重点县全部摘帽，与全省同步进入小康社会”的总体目标。为实现这一目标，福建坚持以习近平新时代中国特色社会主义思想为指引，深入贯彻习近平总书记关于扶贫工作的重要论述，全面落实精准扶贫、精准脱贫基本方略，强化政治担当，聚焦精准发力，深化东西部扶贫协作，脱贫攻坚战取得了重大显著成效。到2019年底，全省现行标准下农村建档立卡贫困人口全部脱贫，2201个建档立卡贫困村全部摘帽，23个省级扶贫开发工作重点县全部退出。

1. 精准扶贫、精准脱贫

（1）强化党建引领

强化顶层设计，成立由省委书记、省长任组长，省委、省政府分管领导任副组长的省扶贫开发领导小组。省委、省政府与有脱贫任务的设区市党政主要负责人签订脱贫攻坚责任书，每年开展设区市党委和政府扶贫开发工作成效考核，将脱贫减贫任务分解到市、县、乡（镇）、村，落实到户到人，形成省市县乡村五级书记抓扶贫的工作格局。坚持党建引领，以抓党建促脱贫攻坚，做到每个贫困户都有一名党员干部挂钩帮扶。建立健全《扶贫手册》《挂钩帮扶工作手册》管理制度，做到贫困户一户一册《扶贫手册》，帮扶责任人人手一册《挂钩帮扶工作手册》，要求帮扶责任人将帮扶计划、帮扶措施、帮扶项目、帮扶过程等逐季动态录入手册，全面落实保障帮扶责任。

强化政策支撑，出台《深入贯彻落实习近平总书记重要批示精神加快推进科学扶贫精准扶贫的实施方案》《关于推进精准扶贫打赢脱贫攻坚战的实施意见》《福建省“十三五”扶贫开发专项规划》《福建省农村扶贫开发办法》《关于打赢脱贫攻坚战三年行动的实施意见》《关于做好革命老区中央苏区脱贫奔小康工作的实施意见》。健全财政扶贫投入保障机制，2016 年开始省级财政每年按上年度地方一般公共预算收入的 2‰筹集资金，专项用于精准扶贫精准脱贫。2016 年至 2019 年，省级财政投入综合扶贫资金超过 300 亿元。

加强队伍建设，配齐配强乡村扶贫专职工作人员。采取“分级培训、分级管理”办法，对全省扶贫系统干部进行全员培训，不断提升扶贫队伍的业务能力和政策水平。2019 年，全省各级各部门举办县级以上各类脱贫攻坚专题培训班 189 期，培训 23003 人次。注重典型引领，努力营造良好的脱贫攻坚舆论氛围。积极组织参与全国脱贫攻坚奖评选活动，对获奖个人或组织进行广泛宣传，发挥典型引领示范作用。

（2）建立精准识别与动态进退机制

根据 2013 年福建农民人均纯收入，按照规模控制、分级负责原则，以县为单位对低于现行贫困标准（即农民人均年收入低于 3310 元，相当于 2010 年的 3000 元不变价）的扶贫对象进行全面建档立卡，坚持精准识别、动态管理，科学合理确定贫困人口。实施科学精准扶贫，全面排查扶贫对象的基本情况、发展现状以及致贫因素，并对贫困区域产业开发布局、基础设施建设、公共服务水平、扶贫措施及其工作成效等情况进行建档，全面彻查致贫因素，

宁化县方田村村民参与贫困户动态调整公示监督

为精准扶贫奠定基础。对贫困户、贫困村、贫困县的贫困状况进行跟踪监测动态管理，根据扶贫对象的经济发展状况、收入实际变化调整帮扶力度和保障水平，建立常态化的进退机制，确保扶贫优惠落实到真正的贫困地区、贫困人口。

全国扶贫开发信息系统显示，2016年初福建未脱贫国家标准贫困户近92981户，贫困人口257748人，分布在除厦门以外的其他8个市。其中，龙岩贫困户及贫困人口数量居全省首位，其他依次为南平、漳州、宁德、三明，贫困人口主要集中在闽西北老区和宁德山区；福州、莆田、泉州整体经济发展水平较高，贫困户及贫困人口相对较少。从贫困户人均纯收入分组情况看，福建贫困户人均年收入大多分布于2000—2500元、2500—2800元区间，呈集中分布特征，人均年收入2800元以上的贫困户较少。从地区分布情况看，除福州、莆田外，其他六市贫困户人均年收入分布情况与全省总体情况相吻合。福州贫困户人均年收入集中分布在相对较高收入的2800元以上，莆田贫困户人均年收入分布呈两极分化现象，人均年收入低于500元（不含）的贫困户全省最多，人均年收入在2800元以上的贫困户仅低于福州市，居全省第二位，如表1—1所示。

表1-1 2016年福建建档立卡贫困户人均纯收入分组人数分布

（户数占比%）

地区	< 500元	500—1000元	1000—1500元	1500—2000元	2000—2500元	2500—2800元	> 2800元
福州	2.59	3.07	4.53	5.99	14.89	20.71	48.22
莆田	24.15	8.22	3.93	5.33	20.42	13.89	24.05
泉州	9.73	1.85	8.66	12.02	30.67	28.79	8.28
漳州	3.75	2.33	8.13	14.58	28.08	32.13	10.99

续表

地区	< 500 元	500—1000 元	1000—1500 元	1500—2000 元	2000—2500 元	2500—2800 元	> 2800 元
龙岩	3.88	3.79	8.23	11.96	29.43	28.89	13.82
三明	3.39	2.84	6.66	11.15	28.06	33.2	14.7
南平	7.89	1.8	4.5	9.64	25.87	31.98	18.31
宁德	6.6	1.6	5.69	9.45	31.63	31.23	13.81
全省	5.95	2.64	6.76	11.24	28.31	30.59	14.51

（3）实施造福搬迁工程

造福工程即易地扶贫搬迁项目，是针对处在自然条件恶劣、地理位置偏远的自然村群众，在充分尊重他们意愿的基础上有计划搬迁，安置到生活、生产条件较好地区，从根本上改善贫困人口的生活环境和质量，是一项以人力资本和物质资本开发为核心的系统工程。福建造福工程实施状况可形象地概括为对象定义扩大、规模持续拓展、形式完善改进、补助迅速提高、成效不断凸显。搬迁群体范围从生产、生活条件较为恶劣的自然村散户，扩展到居住在自然保护区或江河源头区域以及受自然灾害、地质灾害威胁或侵害的农户；搬迁规模进一步扩大，2013 年起全省每年搬迁规模扩大到 20 万人，比 2011 年、2012 年搬迁目标增加 10 万人；搬迁形式从零星搬迁安置到主要实行集中安置；搬迁补助费从最初的 200 元一人增至 2014 年的 3000 元一人，且市、县两级共同予以配套补助，最终平均每户补助金额大约为 2 万至 3 万元，对计生户、少数民族户及残障人士等特殊群体实行叠加补助。到 2014 年，全省建成 2000 多个易地搬迁安置区，规模在百户以上的共 504 个。集中安置降低了扶贫成本，随着后续基础设施和社会服务配套跟进，搬迁贫困人口

（1984 年）海上漂泊　祈盼脱贫

（1998 年）造福工程　上岸定居

（2008 年）发展养殖　脱贫增收

（2018 年）人变家变　添财添丁

霞浦县虾塘村岱溪头自然村连家船民林阿柱一家的生活嬗变历程

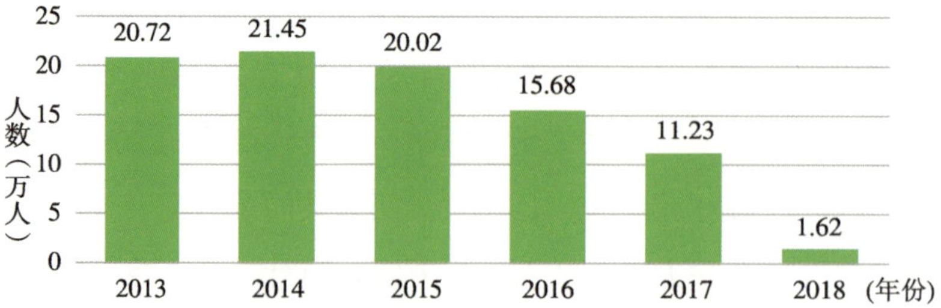

2013 年至 2018 年福建省造福工程易地扶贫搬迁实施情况

享受到了更高水平的公共服务和更多的公共资源倾斜。此外，生态搬迁使原住地乱砍滥伐及垃圾倾倒现象减少，全省森林覆盖率提高，江河源头生态环境保护效果显著。此外，福建坚持把造福工程与小城镇发展、工业园区开发、新农村建设、生态保护、灾后重建等工作相结合，这成为移民扶贫帮助农民致富的重要手段。

截至 2020 年底，福建连续 26 年将造福工程列为省委、省政府为民办实事项目，力求做到既挪“穷窝”，又拔“穷根”，实现经济社会全面发展。

（4）实施定点挂钩帮扶制度

解决贫困的根本途径在于发展生产，增强贫困地区的内生动力。为增强贫困地区发展后劲，福建建立了重点县协调服务制度，省扶贫开发领导小组定期召开重点县协调服务会，协商解决精准扶贫和对口帮扶工作中可能出现的新情况与新问题。相应部门挂钩帮扶各级贫困村，进一步整合下派干部、包村干部、村“两委”和农村“六大员”力量，建立以第一书记为核心的驻村帮扶工作队，加强贫困地区基层组织建设，发挥扶贫战斗堡垒作用。由省财政出资，每年统筹安排不少于 4000 万元专项资金，按每村不低于 20 万元标准给予扶贫支持，积极组织企业结对共建活动，动员各类企业对贫困村进行结对帮扶，增强其经济发展活力。

福建坚持把选派驻村第一书记制度作为扶持贫困村发展的重要措施。对 2201 个贫困村采取“干部驻村、部门帮扶、资金捆绑”办法，建立由第一书记、驻村蹲点干部（已合并）、大学生村干部、科技特派员、乡镇包村干部等扶贫力量组成的驻村工作队，实行三年一轮的集中帮扶、滚动开发。2014 年，福建启动实施第四轮整村推进扶贫开发工作，全省各级共选派 2348 名党员干部驻村任职，其中省里选派 236 名党员干部驻村任职，筹措各类帮扶资金 21.8 亿元，帮扶 1.7 万贫困人口实现脱贫。2015 年和 2016 年，福建从省、市、县机关事业单位先后选派两批 8381 名干部，到党组织软弱涣散村和建档立卡贫困村开展为期一年的驻村蹲点工作。2017 年，组织开展第五轮整村推进扶贫开发工作，省派驻村第一书记数量从第四批的 236 名增加到 400 名。2004 年以来，全省共选派五批近两万名机关干部到“双薄弱”村担任第一书记，实施驻村帮扶，助力党建富民强村，有效推动人才、技术、资金等资源要素向农村流动。

（5）推进产业扶贫

产业扶贫是促进贫困地区发展、增加贫困农户收入的有效途径，是脱贫攻坚的治本之策。产业支撑能够增强贫困主体的造血功

生态茶园助力脱贫

能，从源头上解决贫困问题、拔掉“穷根”，带动贫困户稳定增收、精准脱贫。福建立足贫困地区不同的资源禀赋和产业基础，将发掘内生动力与借助外力相结合，大力扶持贫困地区产业发展。省直9个部门联合设立每年3亿元专项资金，切块下达到省级扶贫开发重点县，用以支持县域产业发展。依照每县1亿元标准，对省级扶贫开发重点县安排中央发行的地方政府债券，并由省级财政给予全额贴息，支持产业结构调整。

党的十八大以来，福建坚持把产业扶贫作为脱贫攻坚的关键举措，每年安排专项资金扶持贫困户，因地制宜地发展茶叶、蔬菜、水果、畜禽、水产、林竹、花卉苗木等优势特色农业，力争做到每个有劳动能力的贫困户都有1个以上增收脱贫项目，人均可支配收入每年增加1000元以上。加强培育贫困地区农民合作社和龙头企业等新型经营主体，采取“公司（合作社）+基地+贫困户”等模式，带动贫困户发展生产、增收脱贫。2017年8月底，省级财政新增安排下达2亿元专项产业扶贫发展资金，对贫困户生产项目进行补助，进一步激发贫困户内生动力，已成功走出平和蜜柚、建宁莲子、德化黑鸡、连城紫地瓜、福鼎白茶等发挥各地优势产业扶贫的新路子。如平和县琯溪蜜柚种植面积71万亩，年产值43亿元，带动90%以上贫困人口脱贫增收；宁化县带动1258户贫困户种植河龙贡米，实现户均增收1.45万元；沙县大力扶持小吃产业，带动贫困人口就业脱贫；平潭综合实验区大力发展旅游产业，带动困难群众增收致富。2019年，福建十大乡村特色产业全产业链总产值达到1.78万亿元，千亿产业增至8个，省级以上特色农产品优势区达84个。蓬勃发展的现代特色农业，有力推动着农业产业增效、农民增收，成为农村脱贫致富和乡村振兴的重要支撑。

（6）开展金融扶贫

为解决贫困户发展产业缺资金难题，福建实施产业扶贫资金、扶贫小额贷款以及产业扶贫保险政策，加大贷款扶持力度。在信贷扶贫方面，自2012年起，金融部门每年落实10亿元信贷额度，省财政则统筹安排5000万元贴息，保证贫困户获贷款贴息每年均达3万多户，户均增收在3000元以上。为确保小额信贷扶贫工作良性发展，从2012年起在23个重点县之一的屏南开展扶贫小额信贷风险担保试点。屏南县在全国金融扶贫领域首创“信托分红”扶贫模式，合作社担保贫困户小额贷款，贫困户以小额贷款入股企业，通过资金、土地等信托管理，贫困户与产业经营主体形成了信贷利益联结机制。到2015年，屏南小额贷款担保创新试点扩大到23个重点县，较好解决了贫困户贷款难、担保难问题。从2016年起，

屏南县搭建县乡村三级金融服务平台，实现小额信贷扶贫到户

省级财政支持贫困人口千户以上的60个县（市、区）全面建立小额信贷风险担保金制度，为扶贫开发对象发展生产提供5万元以下、3年以内的无抵押担保贷款。2020年，福建安排省级以上产业扶贫资金10.6亿元，重点支持11.3万户贫困户发展产业项目13.6万个；累计发放扶贫小额贷款43.05亿元，扶持75613户贫困户发展生产，做到了应贷尽贷；支持57639户贫困户参加产业扶贫保险，风险保障金额6.9亿元。

（7）实施生态扶贫

生态是福建的金字招牌。从2002年被列入全国第一批生态省建设试点省份，到2016年成为全国首个生态文明试验区，福建始终牢固树立“绿水青山就是金山银山”的理念，把生态保护放在优先位置，积极探索生态扶贫脱贫新路，让贫困人口从生态修复建设中得到更多实惠。扶持发展绿色产业，支持贫困县充分利用当地自然条件，将扶贫开发与生态文明建设紧密结合，做活开放式生态经济。加强贫困地区水土流失治理、流域综合治理、地质灾害防治等工作，加大贫困地区、老区、生态敏感区、水土流失地区的生态保护和修复力度。实行生态补偿脱贫，在贫困地区落实好退耕还林、天然林保护、生态公益林建设保护等补贴政策。提高生态公益林补偿标准，2016年每亩提高到22元，并优先让有劳动能力的贫困人口就地转为生态护林员，增加贫困人口保护生态和治理水土流失的劳动报酬。近年来，福建投入近50亿元加大全流域生态补偿力度，大部分补偿到流域上游欠发达地区和生态保护地区。

（8）开展智力扶贫

贫困地区、贫困群众既是扶贫的实施主体，又是直接的受益者。在脱贫攻坚战役中，福建着力构建扶贫与扶志、扶智相结合的

水土流失治理前后的长汀县策武镇南坑

内生动力机制，通过扶志助力贫困人口树立脱贫致富意愿，通过扶智提升贫困人口实现稳定脱贫的自我发展，实现从“要我脱贫”到“我要脱贫”的亮丽转变。

强化教育阻断贫困代际传递。福建加快实施教育扶贫，省级教育经费向贫困地区、老区、少数民族地区基础教育倾斜。2013 年省级财政根据智力扶贫需要，立项一次性教育扶贫资金，按照每县

2000 万元额度切块下达省级扶贫开发重点县，重点支持从学前到高中（中职）的各阶段教育。落实贫困群众子女就学“两免一补”政策，对贫困户子女在义务教育阶段就学提供爱心营养餐补贴，免除学杂费、书本费、住宿费等，对高校贫困生提供助学金和助学贷款，帮助全省高校贫困生完成学业，对贫困家庭离校未就业的高校毕业生提供就业支持。加快乡村教师队伍建设进度，中小学教师“省培计划”重点向贫困地区倾斜。

增加就业保障脱贫。为做好就业扶贫工作，福建将贫困劳动力纳入就业困难人员范畴，免费为有劳动能力和转移就业意愿的贫困劳动力提供求职登记、就业创业证办理等服务。实施职业技能提升计划和贫困户教育培训工程，努力做到“一户一培训、一户一就业”。“十二五”期间，福建省级以上财政每年安排 4000 万元专项资金，开展“阳光工程”“雨露计划”培训，对全省纳入低保对象、有生产能力的贫困群众，实行“一户一培训、一户一就业”，连续 5 年每年培训贫困劳动力 6 万人，经培训的贫困劳动力 95% 以上实现转移就业，户均增收 1000 元以上。从 2015 年起，省级财政每年安排 1600 万元专项资金，每年完成“雨露计划”4 万人次以上培训。截至 2020 年底，在全省建档立卡贫困劳动力中，有就业意愿 127999 人，实现就业 127835 人，就业率达 99.87%；设置公益性岗位安排贫困劳动力 16663 人就业，涉及贫困家庭达 15887 户；扶持建设扶贫车间 127 家，吸纳 1302 个贫困劳动力就业。以龙岩市为例，2016 年开展激励性扶贫新机制试点，实施“政府搭台、经营主体补台、贫困户唱戏”，政府根据当地优势资源或特色产业，统筹中央、省、市、县专项扶贫资金，采取政府购买成果和服务的方式，租赁经营主体的生产设施或购买种苗种畜，分配给竞争上岗

连城县宣和乡紫薯激励性扶贫规模连片种植基地

的贫困户，经营主体对竞争上岗的贫困户在生产资料供应、生产技术指导、产品销售等方面提供全程服务并监督，由大水漫灌改为精准滴灌，从授人以鱼向授人以渔转变，有效激发了贫困户提升“自我造血”的能力。

（9）兜底扶贫筑牢民生保障网

贫困户脱贫后，如果出现了罹患疾病、意外事故、自然灾害等情况，容易重新返贫，防止返贫成为福建扶贫开发工作的重要任务。福建高度重视防止返贫工作，在全国率先开展建立防止返贫机制探索，出台《关于建立防止返贫监测和帮扶机制的实施办法》，从加强动态监测、实行单列管理、强化重点帮扶和实行兜底保障等四个方面入手，提高脱贫质量，巩固攻坚成果。

三明市是福建唯一的国家扶贫改革试验区，不断探索和积极完善扶贫开发体制机制，积极构建脱贫长效机制。2019 年 7 月，三

将乐县组织乡镇医生走进贫困村开展贫困户家庭医生签约服务

明市在清流、建宁、泰宁、将乐等县开展农村相对贫困家庭的精准帮扶试点工作，探索形成了农村相对贫困家庭精准帮扶的“两类困难家庭认定、三步识别程序、九种帮扶措施”的“239”精准帮扶工作机制，对农村相对贫困家庭精准帮扶，着力解决农村相对困难人口“两不愁三保障”（农村贫困人口不愁吃、不愁穿，义务教育、基本医疗、住房安全有保障）问题，加快小康“夹心层”脱贫致富步伐。

为缓解因病致贫返贫问题，进一步完善基本医疗保险、大病保险、医疗救助及精准扶贫医疗叠加保险等政策，围绕建档立卡贫困户构建多层次的医疗保障体系。以漳州市平和县为例，因病因残致贫的占建档立卡贫困户的 61%。实施建档立卡贫困户购买意外、重疾综合保险和医药费兜底保险政策，从 2018 年 2 月到 2020 年 6 月底，平和县累计支付意外重疾、医疗费兜底赔款 1019.5 万元，受益建档立卡贫困户达到4023人次。探索创新医疗叠加保险机制，从2017年7月1日起至2020年12月31日，对全省67.86万建档立卡农村贫困人口在落实好原有的基本医疗保险、大病保险和医疗救助等政策基础上，筹集2.4亿元资金，给予精准扶贫医疗叠加保险补助，减轻其医疗费用负担。通过补助，贫困患者的医疗总费用个人报销比例从68.66%提高到78.59%，特别是针对13种重特大疾病的补助，个人报销比例从82.46%提高到97.54%，这项工作走在了全国前列。

2009年12月，福建正式启动新农保工作。到2011年11月，全省提前实现新农保制度全覆盖，比全国提前9年，比全省计划提前4年完成。2004年，福建开始全面建立和试行农村居民最低生活保障制度，将家庭年人均收入低于1000元的75万农村贫困人口全部纳入保障范围，比全国统一部署提前了3年。从2016年起，省定农村低保最低标准每年再提高350元，省级财政根据各地财力状况进行分档补助。2017年，福建将农村低保省定最低标准提高到3000元，高于国家扶贫标准的2952元，并将完全或部分丧失劳动能力、无法通过开发性扶贫措施实现脱贫的全部纳入低保兜底保障。

（10）动员社会力量参与扶贫

脱贫攻坚是一项艰巨而光荣的任务，福建积极构建全社会参与扶贫的强大合力。实施“百企帮百村”精准扶贫活动。扎实开展全国扶贫日系列活动，广泛动员和组织民营企业（商会）积极投身精准扶贫，帮助安置就业、提供技能培训和实施帮扶项目。截至2017年底，全省动员民营企业（商会）613家，精准帮扶628个贫困村，惠及3.4万建档立卡贫困人口。2018年，福建在“百企帮百村”行动的基础上，新增500家以上企业（商会）帮扶省内500个以上建档立卡贫困村或有贫困人口的村，参与扶贫企业（商会）、帮扶村总数达1000家以上。截至2019年底，全省共有1285家企业、商会帮扶1365个贫困村，惠及40947个贫困人口，企业、商会投入资金达7.4亿元。积极开展慈善助力产业扶贫，由福耀集团董事长曹德旺发起的河仁慈善基金会筹集慈善资金3000万元，在长汀、屏南、永泰等3个扶贫重点县中选择10个产业特色明显，且有一定基础的贫困村实施产业扶贫，每个村每年帮扶资金100万元，2016年至2018年连续帮扶3年。深入开展“百会帮百村　万贤扶千户”活动，积极动员港澳台侨胞和社会各界捐资，组织各级商（协）会与贫困村开展结对帮扶活动，落实精准扶贫资金，“一对一”帮助困难家庭制定帮扶项目。充分发挥民主党派、工青妇以及省扶贫基金会、扶贫开发协会、慈善协会等组织优势，深入开展“青年志愿者”“幸福工程”“春蕾助学”“光彩事业”“巾帼扶贫”等形式多样的帮扶活动。

在精准扶贫决胜全面小康时期，福建全省上下脱贫攻坚氛围浓，工作措施实，脱贫攻坚取得了重大成效。至2018年底，2013年底全省建档立卡的92.4万贫困人口基本实现脱贫，23个省级扶贫开发工作重点县脱贫摘帽17个，2201个贫困村已退出2050个，贫困地区的基础设施条件明显改善、经济发展明显加快、农村治理能力明显提升，为福建全面建成小康社会奠定了坚实的基础。

2. 巩固脱贫攻坚成果

随着脱贫攻坚战进入倒计时，为巩固脱贫攻坚成果，福建实施脱贫攻坚与乡村振兴有效衔接，积极探索建立健全稳定脱贫长效机制。

（1）进一步压紧压实脱贫攻坚责任

一是强化责任落实。坚持“省负总责、市县抓落实、工作到村、扶贫到户”工作机制，坚决落实脱贫攻坚党政一把手负总责，压紧压实省市县乡村五级书记抓扶贫责任。督促推动各地进一步强化使命担当，全面落实“摘帽不摘责任、摘帽不摘政策、摘帽不摘帮扶、摘帽不摘监管”要求，保持脱贫攻坚政策稳定，持续加大工作力度，做到靶心不变、焦点不散、频道不换，防止思想松懈滑坡、盲目乐观、麻痹大意。二是强化宣传培训。把加强扶贫干部教育培训和扶贫政策宣传解读作为脱贫攻坚的一项重要工作，加强干部教育培训。分级分类组织开展扶贫干部教育培训工作，力争将扶贫干部轮训一遍，着力提升广大扶贫干部特别是挂钩帮扶干部的政策水平和工作能力。加强政策宣传。组织各级各有关部门充分利用电视、报刊、新媒体等各类宣传媒介，加大扶贫政策宣传力度，对相关扶贫政策进行梳理，编发通俗易懂的扶贫政策手册，让基层干部和贫困群众一目了然。强化政策宣讲解读，督促各地组织县、乡、村干部，特别是贫困户挂钩帮扶责任人对扶贫政策进行深入宣讲解读，提高基层干部群众对扶贫政策的知晓率，提升基层干部了解政策、掌握政策和运用政策的能力。三是强化作风建设。持续开展扶贫领域作风问题专项治理，强化扶贫监督管理，每年组织开展扶贫开发工作成效考核评估，组织督促抓好巡视、考核、审计等工作，着力解决脱贫攻坚中存在的突出问题，以更加坚定的信心、更加精准的举措、更加务实的作风，推动脱贫攻坚工作任务、政策措施、项目资金落实落地，为如期高质量打赢脱贫攻坚战提供坚实保障。

（2）进一步突出重点提升脱贫质量

一是强化精准帮扶。坚持精准扶贫精准脱贫基本方略，推动产业、就业、搬迁、金融、教育、健康、生态、旅游、电商和兜底保障等扶贫措施精准落实，着力提高脱贫质量，促进贫困人口持续稳定脱贫。2019年，福建下达财政专项扶贫发展资金5亿元，扶持建档立卡贫困户实施10万个产业扶贫项目。组织各地积极开发保洁、护林员、保安等公益性岗位，设立“扶贫车间”，帮助7万个贫困家庭劳动力实现就业。扎实推进扶贫小额信贷，截至2019年10月底，福建累计发放扶贫小额贷款40亿元，扶持75259户贫困户发展生产。二是强化补齐短板。深入贯彻落实习近平总书记在解决“两不愁三保障”突出问题座谈会上的重要讲话精神，组织各地以县为单位，对全省已脱贫的15.1万户、45.2万人建档立卡贫困户的“两不愁三保障”和饮水安全情况进行全面排查，组织各级教育、卫健、医保、住建、水利等主管部门，按照“谁主管、谁负责”和“缺什么、补什么”的原则，加快补齐农村义务教育、基本医疗、住房安全、饮水安全等方面短板，确保“三保障”和饮水安全不留死角。义务教育方面，督促贫困地区改善义务教育基本办学条件，落实建档立卡贫困家庭学生各学段资助补助政策，进一步加大控辍保学力度，切实做好劝学送学工作，确保贫困家庭适龄儿童不因贫失学。基本医疗方面，着力加强乡村医疗设施和医疗卫生人才队伍建设，强化城乡居民基本医疗保险、大病保险、医疗救助、精准扶贫医疗叠加保险等健康扶贫政策落实，提高家庭签约医生服务质量，切实减轻贫困群众医疗费用负担，降低因病致贫返贫风险。住房安全方面，强化住房安全动态监测，发现新增危房或改造不够到位的，及时采取措施，做到应改尽改。加大易地扶贫搬迁后续扶持工作力度，让贫困群众不仅“搬得出”，而且“稳得住”“能致富”。在饮水安全方面，实施农村饮水安全巩固提升工程，保障水源、保证水质，确保贫困户饮水安全有保障。三是构建有效机制。在全面摸清全省建档立卡贫困户“两不愁三保障”情况基础上，组织各地以县为单位，对已脱贫但不够稳定的建档立卡贫困户进行全面摸排，分析甄别、单列管理、重点帮扶，全省确定已脱贫但收入水平不高、不够稳定，且家庭刚性支出较大的重点帮扶对象4557户、14157人（占全省45.2万建档立卡贫困人口的3.13%）。聚焦重点帮扶对象，加强监测管理，重新选准配强挂钩帮扶干部，严格落实“一户一方案”要求，逐户制定帮扶方案，加大产业、就业扶贫力度，精准落实各项帮扶政策，着力建立完善防止返贫预警机制，持续巩固和提升脱贫成果。

（3）进一步调动贫困户脱贫积极性

一是优化帮扶方式。组织推动各地正确处理外部帮扶和内部主观能动性的关系，在推进精准扶贫、精准脱贫过程中，坚持扶贫与扶志扶智相结合，组织开展多种形式教育培训，不断提高贫困户的科学文化素质，增强贫困户自强自立信心。采取以工代赈、以奖代补、事后奖补等方式，动员更多的贫困群众投工投劳，激发自立脱贫内生动力。二是培育主体意识。总结宣传推广一批扶贫扶志自立脱贫的先进典型，宣传自强不息、自力更生脱贫致富的先进事迹，用身边人身边事示范带动贫困群众。通过教育培训、能人带动、干部下乡等方式，积极构建贫困群众思想教育引导体系，教育引导贫困户移风易俗、转变观念、提高觉悟，激发脱贫致富内生动力，防止贫困群众出现“等靠要”现象，让贫困群众的脑筋活起来、双手动起来、两脚迈开来，变“要我脱贫”为“我要脱贫”，提高自我发展能力。三是创新激励机制。鼓励引导各地探索创新激励性扶贫等帮扶方式，采取“政府＋合作社或种植大户＋贫困户”模式，由贫困户自主选择激励性扶贫项目，由种养大户或农业企业作为项目牵头人，由政府提供扶贫资金补助，充分调动建档立卡贫困户发展生产、增收脱贫的积极性。

（4）进一步建立健全稳定脱贫长效机制

一是加大产业扶贫力度。鼓励引导各地立足资源禀赋，因地制宜发展优势特色产业，不断增强贫困地区自我发展能力。对贫困群众发展产业项目，采取有力措施给予支持。针对发展生产缺资金问题，省里每年安排专项资金，支持贫困户发展特色产业项目，同时不断加大金融扶贫力度，为有贷款意愿和还款能力的贫困户发展生产提供3万至5万元无抵押生产性贷款。针对发展生产缺带动问题，支持贫困地区大力培育农业龙头企业、农民合作社等新型经营主体和农村致富带头人，采取“公司＋合作社＋基地＋贫困户”等模式，将贫困群众嵌入产业发展链条，帮助贫困户发展生产和对接市场。针对发展生产缺技术问题，注重发挥科技特派员等科技人员引领带动作用，鼓励科技人员通过面对面的指导，帮助有劳动能力的贫困农户掌握一到两项实用技术，提高贫困户依靠科技增收脱贫的能力。针对发展生产风险高问题，制定《福建省产业扶贫保险实施方案》，将贫困户发展的农业产业项目全部纳入政策保障范围，取消投保门槛，降低投保费率，有效防范产业发展风险。二是扶持发展集体经济。把加快贫困村脱贫摘帽与提高贫困村发展质量、增强贫困村集体经济实力有机结合起来，进一步强化政策举措，着力提升贫困村的自我发展能力。2017 年以来，省级以上财政安排专项资金 10 亿元，扶持各地积极探索财政专项扶贫资金折股量化办法，通过固定分红方式，带动贫困村集体经济发展和贫困户增收脱贫。指导支持贫困村因地制宜探索发展壮大集体经济，通过盘活集体资源、入股或参股、量化资产收益等渠道增加集体经济收入。三是推进老区苏区脱贫奔小康。深入学习贯彻习近平总书记在参加十三届全国人大二次会议福建代表团审议时的重要讲话精神，扎实推进老区苏区脱贫奔小康工作，确保老区苏区在全面建成小康社会进程中一个都不掉队。支持老区苏区培育壮大特色产业，发展红色旅游，适当降低老区苏区省级龙头企业认定标准，延长农业产业链，推进一二三产业融合发展。扶持老区苏区贫困户因地制宜发展种养业、特色手工业、林下经济、电子商务、休闲农业、乡村物流、乡村旅游等增收脱贫项目。强化新型经营主体与老区苏区贫困户利益联结机制，通过发展生产带动增收脱贫。推动批发市场、电商企业、大型超市等农产品流通企业与老区苏区建立长期稳定的产销关系，拓展农特产品销售渠道，促进增收致富。加强老区苏区交通、水利能源、信息通信等基础设施建设，支持老区苏区社会保障、教育、卫生、养老等民生公共服务事业发展，推进老区苏区农村人居环境整治，支持老区苏区开展实施乡村振兴战略试点建设，以点带面，努力走出一条具有老区苏区特色的乡村振兴之路。四是推进脱贫攻坚和乡村振兴有机衔接。把实施乡村振兴战略作为构建稳定脱贫长效机制的重要举措，推动尚未摘帽的重点县打赢脱贫攻坚战；乡村振兴资金投入、项目安排、政策举措，优先支持重点县、贫困村和脱贫人口，保持帮扶政策和支持力度连续性，用乡村振兴措施巩固拓展脱贫攻坚成果，持续推动贫困群众生产生活改善。鼓励指导三明、屏南国家级扶贫改革试验区等有条件地方，重点围绕体制机制创新、项目实施管理、工作对接衔接等方面，积极探索脱贫攻坚与乡村振兴有机衔接机制。认真总结行之有效的稳定脱贫经验，将产业、就业、金融、教育、健康等各项扶贫措施融入乡村振兴的各项

南平市政和县着力发展田园观光新产业

工作，促进脱贫攻坚与乡村振兴有机衔接，使脱贫攻坚为乡村振兴奠定基础，乡村振兴为脱贫攻坚增添后劲。

3. 全面推进乡村振兴

2021 年 1 月，福建举行省委农村工作会议，提出实施乡村建设行动，打造宜居宜业美丽乡村，明确了福建新时期建设美丽乡村、实施乡村振兴战略方向。2021 年 3 月，习近平总书记在福建考察时指出，要加快推进乡村振兴，立足农业资源多样性和气候适宜优势，培育特色优势产业。要以实施乡村建设行动为抓手，改善农村人居环境，建设宜居宜业美丽乡村。福建始终铭记习近平总书记的殷切嘱托，积极探索具有福建特色的乡村振兴之路，制定加快实施乡村振兴战略“十条措施”，强化产业发展、服务体系、要素保障等方面支持。2019 年至 2022 年，省级统筹整合 102.32 亿元支持试点示范，打造形成 310 条乡村振兴示范线；开展实施乡村振兴战略实绩考核；出台《福建省乡村振兴促进条例》，更加体现福建特色、福建需求与福建创新，实现“四稳四进”目标。

“四稳”即两大发展指标稳定增长，全年农林牧渔业增加值增长 3.5%、农民人均可支配收入增长 8%。粮食等重要农产品稳产保供，粮食播种面积、总产量超额完成国家下达任务，茶果菜、肉蛋奶等农产品稳中有增。脱贫攻坚成果稳固拓展，脱贫人口收入增幅继续高于全省平均水平，“两不愁三保障”和饮水安全保障水平进一步提升。农业安全生产形势稳中向好，没有发生非洲猪瘟、高致病性禽流感、草地贪夜蛾等重大动植物疫情。

“四进”即特色现代农业提质增效，实施特色现代农业高质量发展“3212”工程，培育形成 9 个农业特色产业百亿强县、79 个十亿强镇、146 个亿元村。2021 年，茶叶、蔬菜、水果、畜禽、水产、林竹、花卉苗木、食用菌、乡村旅游、乡村物流等十大乡村特色产业全产业链总产值 2.2 万亿元，农业质量效益和竞争力不断提升。农业科技装备加快升级，乡村建设迈出新步伐，农民生产生活条件明显改善。农业农村改革不断深化，承包地“三权分置”、农村集体产权制度改革、现代农业经营体系建设等纵深推进，重点生态区位商品林赎买、供销合作社综合改革等形成经验，农业农村发展活力不断增强。

2022 年，福建省委、省政府制定出台《关于做好 2022 年全面推进乡村振兴重点工作的实施意见》，强调全力抓好粮食生产和重要农产品供给、强化现代农业基础支撑、坚决守住不发生规模性返贫底线、推进特色现代农业高质量发展、大力实施乡村建设行动、提高乡村治理实效、深化农业农村重点改革、加大政策保障力度、坚持和加强党对“三农”工作的全面领导等 9 个部分共 36 条。

（1）稳定粮食等重要农产品生产

粮食安全始终是关系经济发展、社会稳定的重大战略问题，必须千方百计稳定粮食生产。健全完善粮食安全责任制，压紧压实属地责任，保障种粮农民合理收益，确保粮食播种面积、总产量只增不减。突出抓好“菜篮子”供给，稳定生猪产能。大力发展设施蔬菜和夏秋高山蔬菜，提升蔬菜周年均衡供应水平。扩大肉禽、蛋禽和草食动物生产，稳步提升鲜蛋、乳制品自给水平。保障农产品质量安全，支持创建优质农产品标准化示范基地，保持农产品质量安全总体合格率位居全国前列。

（2）聚焦打牢现代农业基础

落实最严格的耕地保护制度，实行耕地保护党政同责，严守耕地红线，坚决遏制耕地“非农化”，防止耕地“非粮化”。推进种业振兴，推动农业种质资源优势转化为特色产业优势。深入实施种业创新与产业化工程，提升自主创新水平。扶持建设一批种业基地，加强农业科技装备研发推广，开展关键核心技术攻关，强化农业科技集成，加力推进农机装备补短板，加强智能终端在农业生产领域应用，提升农业生产智能化、精准化水平。

（3）持续巩固拓展脱贫攻坚成果

坚决杜绝大规模返贫现象发生，深化持续巩固拓展脱贫攻坚成果与乡村振兴相结合，完善防止返贫动态监测和帮扶机制。严格落实“四个不摘”要求，发挥“一键报贫”等平台作用，将脱贫不稳定户、易致贫返贫人口和突发严重困难农户及时纳入监测帮扶范围，做到早发现、早干预，实现动态清零。接续推进脱贫地区乡村振兴。进一步提高衔接资金和涉农整合资金用于产业的比重，加快发展特色现代农业，通过消费帮扶、以工代赈等方式帮助脱贫劳动力和监测帮扶对象就业增收。加强农村低收入人口常态化帮扶。强化农村低收入人口动态监测，做到早发现、早帮扶。实施分层分类社会救助，做到精准识别、应救尽救。大力发展服务类社会救助，对低收入人口中特殊困难群体提供必要访视照料、关爱帮扶。

（4）推进特色现代农业高质量发展

实施特色现代农业高质量发展“3212”工程，形成更多特色产业百亿强县、十亿强镇、亿元村。强化品牌引领，推出更多“福”字号产品，扩大“福农优品”品牌影响力。促进产业融合发展，加快补齐农产品加工短板，整合提升“互联网 +”农产品出村进城工程，推动冷链物流服务网络向农村延伸，推进农业与休闲旅游、农事体验、养生养老等融合，把整个农业产业链增值收益、就业岗位更多留给农民。推进农业农村减排固碳。开展农药化肥减量行动，实施畜禽粪污资源化利用提升工程，进一步减少农业面源污染和“白色污染”。持续实施“三个百千”绿化美化行动，精准提升森林质量。大力发展森林碳汇，组织实施林业碳中和试点。

（5）实施乡村建设行动

全面推进村庄规划，把握好乡村建设的时度效，加快编制“多规合一”实用性村庄规划，严格规范村庄撤并工作。接续实施农村人居环境整治提升五年行动。协调推动农村改厕、农村生活污水和垃圾治理等重点工作，建立房屋安全“健康绿码”，加大裸房整治力度。推动乡村基础设施和基本公共服务提档升级。持续推进“四好农村路”高质量发展，进一步改善水、电、通信等基础设施，提升教育、医疗、养老等农村社会事业发展水平。

（6）加强和改进乡村治理

充分发挥基层党组织领导作用，健全党组织领导下的自治、法治、德治相结合的乡村治理体系，加强换届后村“两委”班子教育培训和监督管理，加快推广运用积分制、清单制。持续提高乡风文明建设水平，推进移风易俗，丰富农民文化生活，巩固农村精神文明主阵地。深入开展平安乡村建设，加强乡村公共法律服务体系建设，推进农村新冠肺炎疫情防控常态化。

（7）统筹谋划推进新阶段农村改革

巩固和完善农村基本经营制度。巩固拓展确权登记颁证成果，加强农村承包地日常管理。进一步推进农村承包地“三权分置”，引导土地经营权规范有序流转，鼓励发展适度规模经营。推进农村土地制度改革。稳妥推进农村宅基地管理与改革，稳步推进集体经营性建设用地入市，持续开展农村房地一体不动产登记。深化农村集体产权制度改革。巩固农村集体产权制度改革成果，健全集体资产管理机制，推进农村产权流转交易市场建设。全面推行林长制，开展重点生态区位商品林等改革，健全生态公益林补偿和天然林停伐管护补助机制。健全现代农业经营体系。深化农民合作社“四级”联创和质量提升整县推进试点，引导组建一批家庭农场协会或联盟。完善农业生产社会化服务，健全各级服务组织名录库，开展农业社会化服务创新试点。

二、全面小康的经济发展成就

实现全面小康，经济发展是基础。长期以来，福建省委、省政府一直把经济发展作为工作的重中之重，团结带领全省人民以经济建设为中心，坚持解放和发展生产力，不断实现更高质量、更有效率、更加公平、更可持续、更为安全的发展，全省经济、政治、社会、文化、生态建设发生了巨大变化。习近平总书记曾在福建工作十七年半，开创了一系列重要理念和重大实践，成为福建发展最为重大而独特的优势。尤其是党的十八大以来，习近平总书记多次亲临福建考察调研，对福建工作作出了重要指示批示，有力推动福建走上了高质量发展轨道。福建省委、省政府坚持以习近平新时代中国特色社会主义思想为指导，完整准确全面贯彻新发展理念，加快构建新发展格局，坚持稳中求进工作总基调，持续推进创新驱动发展、高质量发展，统筹疫情防控和经济社会发展，福建经济实力显著增强，产业结构不断优化，开放型经济发展迈向新辉煌。

（一）经济实力实现新跨越

1952 年至 2021 年，福建地区生产总值由 12.73 亿元跃升至

48810.36亿元，经济总量上升至全国第八位，在全国的经济地位明显提升；人均地区生产总值从102元增至117502元，人民群众幸福指数持续提升。与此同时，福建财政收入持续增加，2021年一般公共预算总收入达到5744亿元，比2020年增长11.3%，其中地方一般公共预算收入3383.38亿元，增长9.9%。科技水平显著提升，2020年福建研究与发展（R&D）经费投入达到842.4亿元，研发强度为1.92%，科技经费投入总量居全国第十三位，比2012年上升了两位。企业实力不断增强，2021年福建营收超百亿工业企业突破50家，其中18家企业入选中国500强，6家企业入围世界500强，宁德时代动力电池出货量全球第一，福耀玻璃荣获中国质量奖。

1. 经济总量持续攀升

福建地处海防前线，改革开放前，重工业、大项目布局少，铁路等基础设施十分落后，经济发展基础差，增长速度较慢，地区生产总值长期处于全国各省市的末端。1952年，福建地区生产总值仅12.73亿元。1953年至1978年，全省地区生产总值年均增长6.0%，比全国平均水平低0.2个百分点。改革开放以来，福建积极发挥侨、台、海三大优势，充分运用中央给予的特殊政策，根据所处发展阶段特点和重点工作任务，相继出台实施了一系列政策措施。20世纪80年代初，福建提出了“大念山海经、建设八大基地”经济战略；到90年代初期，制定了“沿海、山区一盘棋”和“南北拓展，中部开花，连片开发，山海协作，共同发展”战略；1995年开始实施“以厦门经济特区为龙头，加快闽东南开放与开发，内地山区迅速崛起，山海协作联动发展，建设海峡西岸繁荣带，积极参与全国分工，加快与国际经济接轨”战略布局，对推进区域经济发展和提升全省经济综合实力发挥了重要作用。福建省统计局数据显示，1978 年福建省地区生产总值 66.37 亿元，占全国比重 1.8%，在全国各省市中居第二十二位。改革开放后，福建经济规模连上几个大台阶，地区生产总值从 1981 年的超过百亿元到 1993 年跨越千亿元大关，仅用了短短的 15 年时间；之后又用 15 年时间，地区生产总值实现了从千亿元到万亿元跨越，2008 年福建地区生产总值达到 10889.41 亿元。进入新世纪，面对中国加入世界贸易组织后的新形势，福建提出了“构建三条战略通道”战略构想，对省内区域经济协调发展作出新的部署。2004 年，福建提出建设海峡西岸经济区，积极推进城市联盟建设，促进产业协作配套、设施共建共享和生态协同保护，实现区域资源要素优化配置，有效促进区域经济和社会发展，福建在全国发展格局中的地位不断提升。

福建认真贯彻落实党的十八大、十九大精神以及习近平总书记对福建的重要指示批示精神，紧紧围绕既定的发展目标，积极适应经济发展新常态，深入推进供给侧结构性改革，实施创新驱动发展战略，不断扩大有效投资，加快产业转型升级，经济质量效益明显提升，全省经济社会实现了平稳健康发展。在“五大发展”理念指引下，福建坚持创新发展、协调发展、绿色发展、开放发展与共享发展，积极培育经济新动能，构筑发展新优势。2014 年 11 月，习近平总书记莅临福建考察，亲自擘画了“机制活、产业优、百姓富、生态美”的新福建发展蓝图。福建全省上下以更高的政治站位、更昂扬的精神状态、更有力的思路举措，凝心聚力、真抓实干，一步一个脚印地把美好蓝图变为现实。2018 年，福建提出建设闽东北、闽西南两个经济协作区，在更高起点上推动沿海与山区联动发展，促进经济高质量发展。2019 年 5 月，福建召开省委十届八次全会，全面贯彻落实习近平总书记在参加十三届全国人大二次会议福建代表团审议时的重要讲话精神，提出“六个新突破”目标任务。全会深入学习贯彻习近平总书记的重要讲话和对福建工作的重要指示批示精神，对营造有利于创新创业创造的良好发展环境、探索海峡两岸融合发展新路、推进老区苏区脱贫奔小康、加强新时代党的建设等方面作出部署，坚持高质量发展落实赶超。2020年8月，福建省委十届十次全会召开，深入学习贯彻习近平总书记重要讲话重要指示批示精神，对全方位推动高质量发展超越作出全面部署，审议通过《中共福建省委关于深入学习贯彻习近平总书记重要讲话重要指示批示精神，全方位推动高质量发展超越的决定》《中国共产党福建省第十届委员会第十次全体会议决议》，着力推进科技创新、产业结构、居民收入等方面超越，不断深化闽台各领域融合，为促进祖国统一发挥更大作用。2021年3月，习近平总书记到福建考察时强调，要落实党中央决策部署，坚持稳中求进工作总基调，立足新发展阶段、贯彻新发展理念、构建新发展格局，深化供给侧结构性改革，扩大改革开放，推动科技创新，统筹疫情防控和经济社会发展，统筹发展和安全，在加快建设现代化经济体系上取得更大进步，在服务和融入新发展格局上展现更大作为，在探索海峡两岸融合发展新路上迈出更大步伐，在创造高品质生活上实现更大突破，奋力谱写全面建设社会主义现代化国家福建篇章。

“十三五”期间，面对复杂多变的国际经济形势，福建勇毅前行、奋发有为，经济发展快马加鞭，地区生产总值连续跨越三个万亿级台阶，全省经济规模接连跃上3万亿元、4万亿元两个台阶，年均经济增长率达到7.1%，持续保持在东部沿海地区前列，连续多

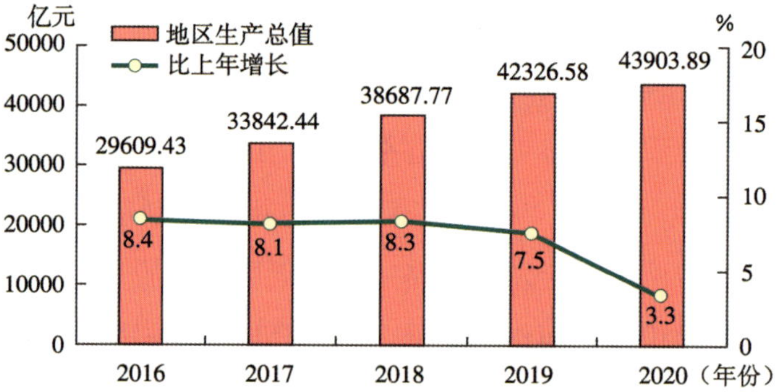

“十三五”期间福建经济增长情况

年进入全国前十位。2019年福建经济总量突破4万亿元，首次超越台湾。据统计，“十三五”期间福建地区生产总值在全国排名，已从2015年的第十一位上升至2019年的第八位，三大主导产业（电子信息、石油化工、机械装备制造）增加值年均增长8.4%，数字经济增加值突破2万亿元，占地区生产总值比重45%左右；第三产业高质量发展，占地区生产总值比重提高到47.5%，为“十四五”期间经济社会发展奠定了坚实基础。2021年福建地区生产总值48810.36亿元，按可比价格计算增长8.0%。其中，第一产业增加值为2897.74亿元，比上年增长4.9%；第二产业增加值为22866.32亿元，比上年增长7.5%；第三产业增加值为23046.30亿元，比上年增长8.8%。

表2-1 2020年与2021年全国各省（区、市）地区生产总值数据

排名	地区	2021年（亿元）	2020年（亿元）	实际增速（%）	名义增量（亿元）	名义增速（%）
1	广东	124369.7	110760.9	8	13608.7	12.3
2	江苏	116364.2	102719.0	8.6	13645.2	13.3
3	山东	83095.9	73129.0	8.3	9966.9	13.6
4	浙江	73516.0	64613.0	8.5	8903.0	13.8

续表

排名	地区	2021年（亿元）	2020年（亿元）	实际增速（%）	名义增量（亿元）	名义增速（%）
5	河南	58887.4	54997.1	6.3	3890.3	7.1
6	四川	53850.8	48598.8	8.2	5252.0	10.8
7	湖北	50012.9	43443.5	12.9	6569.5	15.1
8	福建	48810.4	43903.9	8.0	4906.5	11.2
9	湖南	46063.1	41781.5	7.7	4281.6	10.2
10	上海	43214.8	38700.6	8.1	4514.2	11.7
11	安徽	42959.2	38680.6	8.3	4278.6	11.1
12	河北	40391.3	36206.9	6.5	4184.4	11.6
13	北京	40269.6	36102.6	8.5	4167.0	11.5
14	陕西	29801.0	26181.4	6.5	3619.6	13.8
15	江西	29619.7	25691.5	8.8	3928.2	15.3
16	重庆	27894.0	25002.8	8.3	2891.2	11.6
17	辽宁	27584.1	25115.0	5.8	2469.1	9.83
18	云南	27100.0	24500.0	7.3	2600.0	10.6
19	广西	24740.9	22156.7	7.5	2584.2	11.7
20	山西	22590.0	17651.9	9.1	4938.1	28.0
21	内蒙古	20514.2	17360.0	6.3	3154.2	18.2
22	贵州	19586.4	17826.6	8.1	1759.9	9.9
23	新疆	16000.0	13797.6	7.0	2202.4	16.0
24	天津	15695.1	14083.7	6.6	1611.3	11.4
25	黑龙江	14879.2	13698.5	6.1	1180.7	8.6
26	吉林	13235.5	12311.3	6.6	924.2	7.5
27	甘肃	10243.0	9016.7	6.9	1226.3	13.6
28	海南	6475.2	5532.4	11.2	942.8	17.0
29	宁夏	4522.3	3920.6	6.7	601.8	15.3
30	青海	3346.6	3005.9	5.7	340.7	11.3
31	西藏	2080.2	1902.7	6.7	177.4	9.3

数据来源：根据各省统计局网站及公开报道整理。

从人均地区生产总值看，1952 年福建人均地区生产总值为 102 元，1978 年为 273 元，比同期全国平均水平低 108 元，只相当于全国平均水平的 70%。经过 11 年追赶，到 1989 年福建人均地区生产总值首次超过全国平均水平。2014 年人均地区生产总值首次突破 1 万美元。2017 年达到 82677 元，折合为 12245 美元，比全国平均水平高 39.1%，人均地区生产总值居全国第六位。2021 年福建人均地区生产总值为 117502 元，在全国 31 个省（区、市）中排名第四位（不含港澳台地区），仅次于北京市、上海市和江苏省，居民人均可支配收入超过 4 万元。福建人均地区生产总值从 1978 年居全国第二十四位，到 1992 年进入全国前十位，再到 2021 年居全国第四位，综合实力不断增强，在全国经济地位明显提升。

2. 财政收入明显增加

改革开放以来，福建集中精力抓发展，经济发展质量明显提升，财政收入屡创新高。改革开放后到 20 世纪 90 年代初期，福建财政以放权让利为突破口，积极向市场经济体制转轨过渡。1984 年，福建财政部门积极响应 55 位厂长、经理的呼吁，按照中央统一部署，以放权让利为突破口，先后实行利润留成、利改税、承包制、税利分流等重大改革。从 1980 年起，中央对福建实行“划分收支，定额补助，五年不变”的财政大包干体制，一直延续到 1994 年全国实行分税财政体制为止。1985 年后，福建财政收入增长进入快车道，“七五”期间（1986 年至 1990 年）财政收入全国排名升至第十四位。1992 年邓小平南方谈话和党的十四大确立社会主义市场经济目标后，按照国务院统一部署，1994 年福建开始实行分税制财政管理体制，建立以增值税为主体、消费税和营业税为补充的新流转税制。1994年分税制改革后，福建逐步建立起与社会主义市场经济体制相适应的财税体制，财政实力逐步增强，从“中央财政补助省”转变为“收入净上缴省”。1952年，福建财政总收入仅2.20亿元，1977年、1993年分别突破十亿元、百亿元大关，对加快福建经济发展、改善保障民生、有效应对各种风险和自然灾害冲击提供了有力保障。

1998年，我国明确了与市场经济体制相适应的公共财政体系建设目标，财政改革向纵深展开。在1994年分税制改革基础上，我国不断完善税收制度，建立健全以流转税和所得税为主体，其他税种相配合的“双主体”、多税种、多环节、多层次调节的工商税制。2002年以后，我国逐步将绝大部分企业所得税和全部个人所得税实行中央与地方按比例分享，2004年开始实行由中央与地方共同负担出口退税的新机制。2007年福建财政总收入达到1284亿元，为1978年15.13亿元的85倍，相当于新中国成立后到1974年总共25年的财政收入总和。

2013年11月，党的十八届三中全会通过的《中共中央关于全面深化改革若干重大问题的决定》提出，财政是国家治理的基础和支柱，要改进预算管理制度，完善税收制度，建立事权和支出责任相适应的制度，我国现代财政制度建设进入了新的历史阶段。自2016年5月1日起，“营改增”试点在全国全面推开，对服务业与制造业实行统一征收增值税，有利于公平税负，能够为企业减税降负，优化税收服务发展环境。党的十八届三中全会以来，按照国家治理体系和治理能力现代化要求，福建紧紧围绕建立现代财政制度目标，创新改革思路和举措，充分发挥财政在国家治理中的重要支柱作用，为建设“机制活、产业优、百姓富、生态美”的新福建提供了强有力的财政保障。

随着改革开放不断深入，福建综合实力明显增强，财政收入持续增加。1977 年至 1993 年，福建财政收入由突破 10 亿元增至超过 100 亿元，2006 年财政收入突破 1000 亿元，财政收入高速增长，人民得到的实惠显著提升。2016 年至 2020 年，福建一般公共预算总收入从 4295 亿元提高到 5158 亿元，年均增长 5.6%；地方一般公共预算收入从 2655 亿元提高到 3078.96 亿元，年均增长 4.7%；新增减税降费规模分别达到 370 亿元、260 亿元、290 亿元、605 亿元、626 亿元；全省一般公共预算支出从 4275 亿元提高到 5078 亿元，年均增长 6.1%。近年来，福建通过扩大企业技改基金规模，有效推动制造业技术改造，撬动社会资本进入实体经济。通过设立中小微企业纾困专项资金，出台了一系列加快外贸转型升级奖励政策，发行新增地方政府债券，及时为企业解决发展中的资金难题。此外，第三产业对福建发展的拉动作用日益突出，第三产业税收占全部税收收入比重已由“十二五”末期的 54.6% 上升至 2019 年的 60.2%，提高 5.6 个百分点。从细分行业看，福建现代服务业、高技术制造业、信息技术等产业税收增长较快。与此同时，福建财政支出保持较快增长，2016 年至 2019 年分别达到 4287 亿元、4719 亿元、4836 亿元、5097 亿元，年均增长率达到 6.3%。

当前，福建的财政实力、财政自给能力明显增强。2020 年，福建地方一般公共预算收入 3078.96 亿元，居全国第十一位，其中税收收入 2184.64 亿元，税收收入占一般公共预算比重的 70.95%，居全国第十二位，财政收入质量较高；一般公共预算支出 4807.96 亿元，居全国第二十四位，财政平衡率 64.04%，仅次于上海、北京、广东、浙江和江苏，排名全国第六；政府性基金预算收入

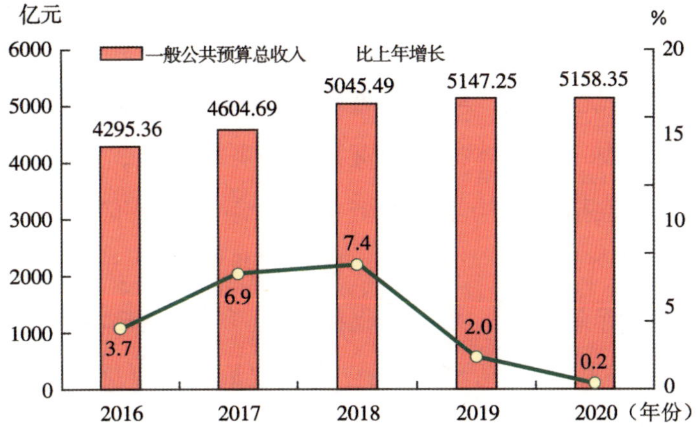

"十三五"期间福建一般公共预算情况

3429.71 亿元，居全国第七位，其中国有土地使用出让收入 3278.86 亿元，占全省政府性基金预算收入的 95.60%。2020 年尽管受到了新冠肺炎疫情冲击、减税降费等因素影响，福建一般公共预算收入仍同比增长 0.85%，居全国第十二位，其中非税收收入同比上升 5.97%，政府性基金预算收入规模为 860.03 亿元。财政收入增加有效支撑了落实减税降费、降低经营性收费和金融服务惠企工作。2020 年全省累计新增减税降费共计 626.24 亿元，对民营企业和外资外贸企业分别减税降费 428.35 亿元、72.61 亿元。在社保费降费中，全省有 64.76 万户中小微纳税人享受免征养老、工伤、失业保险政策，共减免 240.62 亿元，占社保降费总量的 72%；全省为服务业小微企业和个体工商户减免房屋租金 19.75 亿元，对符合条件的工业企业和电力用户实行电费减免 5% 等优惠政策，并落实下调气价优惠政策，有效降低了企业运营成本。实行政府定价的货物港务费、港口设施保安费两项港口经营服务性收费标准均降低 20%。有序治理涉企违规收费，大力推动创业担保贷款政策落实，2020

年全省新发放创业担保贷款 7.25 亿元，较上年增长 74.38%；全省财政贴息资金共计 0.54 亿元，较上年增长 112.19%。通过融资担保风险补偿、代偿补偿、降费奖补和保费补贴等方式，加大对小微企业和“三农”等主体提供融资担保服务的力度。2020 年，全省政府性融资性担保机构累计融资担保总额 455.78 亿元，7.03 万户（次）中小微企业和“三农”主体受益。截至 2021 年 4 月，纾困贷款惠及全省所有市县、18 个行业和 7400 多家中小微企业，贴息后平均贷款利率仅 3.33%。整合设立省级政策性优惠贷款风险分担资金池，依托“金服云”平台支持科技贷、商贸贷、外贸贷和线上经济贷等“快服贷”产品，为企业贷款提供有力支持。2021 年，福建一般公共预算总收入 5744 亿元，比上年增长 11.3%，其中地方一般公共预算收入 3383.38 亿元，增长 9.9%。2021 年新增减税降费 263 亿元，新登记市场主体增长 52%。总之，福建财政实力稳步增强，财政政策加力提效，促进了经济良性循环，全省产业结构持续优化，市场主体不断壮大，新增长动能快速成长，为全省经济社会发展提供了坚实保障。

3. 科技水平显著提升

新中国成立后，福建省科技创新呈梯度发展状态，经历了解放思想、科技复苏的探索阶段，科教兴闽、面向未来的推进阶段以及自主创新、建设创新型省份的深化阶段。党的十八大以后，福建全面实施创新驱动发展战略。

新中国成立初期，福建科技水平落后。1978 年 3 月，邓小平在全国科学大会开幕式上提出“科学技术是第一生产力”“‘四个现代化’关键是科学技术现代化”的战略思想。1984 年，中共福建省委召开三届九次全会，作出加强科技工作决定，指出要振兴福建经济一定要依靠科技进步，以智取胜。为此，先后组织实施了高新技术园区计划、“星火计划”、“863 计划”、“火炬计划”、“软科学研究”、重大项目攻关计划、重点成果推广计划，建立自然科学基金制，对推进福建经济增长、提高综合实力，实施脱贫攻坚战发挥了重要作用。1995 年，第三次全国科技大会提出“科教兴国”战略。1999 年福建省委六届十次全会作出《关于加快实施科教兴省战略的决定》，紧紧围绕经济建设中心，把科技进步放在经济社会发展的关键地位；把教育作为优先发展的战略重点，动员全社会力量，深化改革，扩大开放，建立多元化投入机制，推进素质教育和加强技术创新，发展高科技，实现产业化，促进科技、教育和经济的紧密结合，全面提高国民素质，实现经济增长方式根本转变和生产力跨越式发展，促进社会全面进步，为推进新一轮创业和建设海峡西岸繁荣带提供人才支持、知识贡献、创新动力和发展后劲。2006 年在第四次全国科学技术大会上，中共中央、国务院发布实施《国家中长期科学和技术发展规划纲要（2006—2020 年）》，强调加强自主创新、建设创新型国家。同年，福建出台《福建省中长期（2006—2020 年）科学技术发展规划纲要》《福建省科技发展第十一个五年规划纲要》，确定了未来科技发展的战略方针、战略目标和主要任务，福建科技创新发展逐渐进入快速平稳发展阶段。

党的十八大以来，在以习近平同志为核心的党中央坚强领导下，创新驱动发展战略得到了全面实施。创新是引领发展的第一动力，摆到国家发展全局的核心位置，福建全面实施创新驱动发展战略，扎实推进科技体制改革，科技创新投入明显加大，研发实力显著增强，创新活力竞相迸发，创新生态环境改善优化，科技产出成果丰硕，为培育经济发展新动能，推动经济转型升级，建设创新型省份提供了强有力支撑。党的十八大以来，福建积极创新知识产权管理体制和公共服务机制，加快构建知识产权保护体系，推动知识产权与经济深度融合，进一步优化知识产权生态环境，专利创造保持量增质升良好势头。福厦泉国家自主创新示范区作为全国创新改革的重要试验田，大胆先行先试，释放创新活力。2020 年，福建研究与发展（R&D）经费投入 842.4 亿元，研发强度 1.92%，科技经费投入总量居全国第十三位，比 2012 年上升两位；专利申请受理 180399 件，专利授权 145929 件，其中发明专利授权 10250 件。截至 2020 年底，全年共登记技术合同 10943 项，成交额 183.86 亿元。

福建始终坚持创新发展，紧紧围绕关键核心技术攻关与产业链供应链自主可控能力提升，加快先进制造业强省和创新型省份建设，越来越多的“福建制造”“福建服务”正在走向全国、走向世界。加快高水平研发创新平台建设，大力推进重点研发机构发展，积极引进境内外高端研发机构，中科院海西研究所、国防科技大学军民融合协同创新研究院、中船重工厦门材料研究院等新一批“国字号”研发机构已经落地，为壮大福建创新驱动动能提供了保障。积极拓展创新平台，福厦泉国家自主创新示范区外溢效应不断释放，泉州、龙岩获评国家创新型城市，高效太阳电池装备与技术国家工程研究中心获批建设，极大激发了企业创新活力。在全国率先实施企业研发投入分段补助等政策，企业研发费用税前加计扣除额近三年年均增长 40% 以上。2020 年 11 月 3 日在京举行的国家科学技术奖励大会上，福建有 7 项成果荣获 2020 年度国家科学技术奖。

2021 年 3 月习近平总书记来闽考察时强调：“要坚持创新在现

代化建设全局中的核心地位，把创新作为一项国策，积极鼓励支持创新。创新不问‘出身’，只要谁能为国家作贡献就支持谁。”福建坚持把创新作为推动发展的重中之重，持续深化福厦泉国家自主创新示范区建设，高水平打造创新实验室和创新研究院，强化企业创新主体地位，积极营造一流创新环境，加快建设创新型省份，涌现出了一大批科技型创新企业，如福光股份在全球首创大口径大视场透射式光学系统设计与加工技术，安防镜头出口量居全国第一，市场占有率居全球前三位；福建星云电子开辟锂电池国产检测设备先河，自主研发三毫秒动力电池工况模拟检测系统，成功替代进口设备。截至 2020 年底，福建布局建设 36 家省级产业技术研究院和 31 家省级产业技术创新战略联盟，拥有国家重点实验室 10 个、省创新实验室 4 个、省级重点实验室 235 个、国家级工程技术研究中心 7 个、省级工程技术研究中心 527 个、省级新型研发机构 156 家；建设国家专业化众创空间备案示范 3 家、国家备案众创空间 73 家、省级众创空间 277 家；科技企业孵化器备案 178 家，孵化器总面积 350.04 万平方米，在孵企业 3501 家，在孵企业从业人员 4.77 万人。全省入库备案科技型中小企业 3527 家、省级高新技术企业 3748 家。2020 年福建新认定的国家高新技术企业 2946 家，新认定的国家技术创新示范企业 1 家、国家企业技术中心 7 家、省级企业技术中心 113 家；新认定的省科技小巨人领军企业 527 家，总数达到 2816 家。2021 年福建省首批 4 家创新实验室加快建设，启动建设生物制品、柔性电子 2 家创新实验室。创新能级不断提升，目前拥有国家高新技术企业 6485 家，新增国家级专精特新“小巨人”企业 104 家、制造业单项冠军 10 家，7 项成果获国家科学技术奖，知识产权综合发展指数跃升至全国第七位。创新人才加快培育，拥有一批两院院士、国家杰青优青人才，研究与试验发展人员近 28 万人，科技特派员实现重点行政村全覆盖。2021 年福建高技术产业投资增长 36%。

4. 企业实力不断增强

福建改革领全国风气之先。1984 年 3 月 22 日至 24 日，55 位来自全省各地的厂长、经理到福州参加“福建厂长（经理）研究会成立大会”，交流搞好企业的先进经验，福建第一家中外合资企业福日公司和福州铅笔厂代表作为典型发言。时任福建省经委副主任和福建省企业管理协会负责人的黄文麟，根据各位厂长、经理们的发言，主笔起草了《请给我们“松绑”》的呼吁信。这封“松绑放权”呼吁信得到福建省委、省政府的高度重视，在全国激起了舆论风潮。此后，福建连续出台 9 个下放权力的政策性文件。1984 年 5 月 10 日，国务院发布《关于进一步扩大国营工业企业自主权的暂行规定》，给予企业扩大自主权，这是对原有的计划经济体制的一次重大突破。改革开放以来，福建乡镇企业异军突起，全省民营企业家从实际出发大胆探索、勇于开拓、艰苦创业，突破旧有的生产模式，借助侨胞的外来资金开始尝试创业，走出了一条独具特色的发展经济的新路子。福建民营经济发展大致经历了三个阶段，其中，20 世纪 70 年代末到 90 年代初起步阶段，福建充分利用中央赋予的“特殊政策、灵活措施”，积极发挥侨资优势，大力兴办以股份合作制为主的乡镇企业；80 年代末通过引进侨资，积极嫁接乡镇企业，发展“三资”企业，家族型企业和合资企业得到了较快发展。90年代初至90年代末发展阶段，福建开始实行“公有民营化”，通过企业资产评估作价后向外商出让部分产权的方式，积极引进境

福建日報

FUJIAN RIBAO 1984年3月24日 星期六
农历甲子年二月廿二 第12477号

五十五名厂长、经理呼吁

请给我们"松绑"

本报讯 在福州参加省厂长（经理）研究会成立大会的五十五名厂长、经理，三月二十二日写信给省委领导同志，题目是"请给我们'松绑'。"情词恳切，使人读后有一种再不改革、再不放权，就真是不能前进了的感觉。本报记者认为有必要将这封来信公之于众。以下是该信全文。

我们参加福建省厂长（经理）研究会成立大会的五十五个企业的厂长和经理，汇集在福州二化，就如何当好厂长，搞活企业进行了交流和探讨。根据省经委领导介绍，一九八三年我省工业发展速度不快，经济效益落在全国后面，一九八四年要争取两位数，实现三同步。面对这种形势，作为生产经营单位的厂长、经理，我们感到担子很重。我们都想干一番事业，都想为振兴福建贡献一份力量。然而，现行体制条条框框捆住了我们手脚，企业处在只有压力，没有动力，也谈不上活力的境地。真是心有余力不足。这是我们最大的烦恼。最近，你们在省六届人大二次会议上提出要改革、要放权，要[illegible]，狠抓落实，说出了我们的共同心声，给了我们很大的鼓舞。我们认为放权，不能只限于上层地区、部门之间的权力转移，更重要的是要把权力落实到基层企业。为此，我们不揣冒昧，大胆向你们伸手要权。我们知道目前体制要大改还不可能，但给我们松松绑，给点必要的权力是可以做到的。我们认为，目前企业的潜力还是很大的，只要给企业创造一些必要条件，我们的步子就可以迈得大一些。

我们议了一下，目前至少要给以下五条权利：

（一）企业干部管理除工厂正职由上级任命外，副职应由厂长提名，然后由上级主管部门考核任命，其余干部通通由企业自行任免，上面不要干预。企业任命的中层干部，上级主管部门应予承认，并享受与过去上级任命的中层干部同等待遇。

（二）干部制度，要破除"终身制"和"铁交椅"，实行职务浮动，真正做到能上能下，能"干"能"工"，但可保留干部待遇。

（三）企业提取的奖励基金，企业应有权支配使用，有关部门不要干涉，或者采取与上交税利挂钩的办法，核定合理的税利交奖率，奖金随税利增减而浮动，不封顶，不保底。在企业内部，可根据自己的实际情况，实行浮动工资、浮动升级、职务补贴、岗位补贴等多种形式的工资制度和奖励办法。

（四）在完成国家计划指标的情况下，企业自己组织原材料所增产的产品，允许企业自销和开展协作，价格允许"高进高出"，"低来低去"。

（五）改革企业领导制度，试行厂长（经理）负责制，扩大厂长权力，建议先在参加厂长（经理）研究会的企业中选几个厂进行试点。

有的部门可能担心放权会搞乱了，会出问题，我们认为，应当相信大多数。我们要这些权力，绝不是为了以权谋私，只是想在目前条件下，给企业松松绑，使我们能够在搞活企业，落实责任制，克服"大锅饭"方面有所突破，从而实现提高经济效益的目的，为福建能在四化建设中走在全国前头作出努力。如果有人滥用职权，谋取私利，搞违法乱纪，当受党纪、政纪直至国法惩处。

殷切地等待您们的支持。

《福建日报》刊出《请给我们"松绑"》的呼吁信

外资金，组建"嫁接"式合资企业。到90年代末，福建家族式企业逐渐向现代企业改造转变。此后，福建民营企业家为应对入世，积极开展外出"取经"、聘请企业顾问，开始建立自己的质量体系，推动品牌创新，以"爱拼敢赢"精神，利用廉价的人力成本和地理优势，凭借敏锐的市场直觉，迅速抢占市场，使得民营企业在短短几十年时间，迅速成长为推动经济社会发展的重要力量。

从55位厂长、经理呼吁"松绑放权"到30位企业家联名写信给总书记，福建企业家为改革开放作出了积极贡献。习近平总书记多次盛赞福建企业家素有“敢为天下先，爱拼才会赢”的闯劲。福建是民营经济发展较早的地区之一，在改革开放刚起步时，石狮小商品市场就名扬全国。石狮建市伊始，政府放手让民营经济闯市场，利用海外资本、技术与市场意识，把服装做得时尚新潮又物美价廉，风靡全国。进入 20 世纪 90 年代，福建发扬“敢为人先”精神，努力先行先试，在全国率先探索国企市场化改革新路，小而散的民营经济逐步成为发展主体，涌现出宁德时代、福耀集团、安踏集团、七匹狼集团等一大批“独角兽”“巨无霸”企业。2013 年至 2015 年，福建民营经济占全省地区生产总值的比重分别为 67.2%、67.2%、67.0%。2018 年福建民营经济实现增加值 24311.37 亿元，对地区生产总值的增长贡献率达到 68.6%。截至 2018 年，福建规模以上的民营工业企业超过 1.5 万家，占全省规模以上工业增加值的比重为 73%；完成税收约 3000 亿元，占全省税收总额的 70% 以上；吸纳就业人数占全省就业总数的 80%；拥有各类市场主体 340 多万户，占全省总数的 90% 以上。《2021 福建 100 强》报告：2021 年福建企业 100 强合计营收额为 45377.75 亿元，比上年增加 5666.4 亿元，增幅达到 14.27%。2021 年福建制造业企业 100 强合计营收额为 15833.43. 亿元，比上年增加 728.81 亿元，增幅 4.83%。2021 年福建服务业企业 100 强合计营收额为 30287.84 亿元，比上年增加 1713.4 亿元，增幅 6.33%。2021 年福建战略性新兴产业 100 强合计营收额为 2453.47 亿元，比上年增加 435.26 亿元，增幅 21.57%。

2021 年，福建实体经济提质增效，先进制造业快速增长，通过成功举办第四届数字中国建设峰会暨首届数博会，数字技术渗透赋能持续提升，数字经济增加值达到 2.3 万亿元。坚持做大“海上福建”，2021 年海洋生产总值超过 1.1 万亿元，继续保持全国前列。坚持金融服务实体经济，2021 年各项贷款余额增长 13.4%，新增上市企业 19 家。截至 2021 年 12 月 31 日，福建共有 162 家 A 股上市企业，总市值约为 3.88 万亿元；前十名的上市公司分别为宁德时代、兴业银行、片仔癀、紫金矿业、福耀玻璃、亿联网络、兴业证券、瑞芯微、三棵树、法拉电子，公司市值均超过 500 亿元。从地域分布看，厦门、福州、泉州拥有上市公司位居省内前三，其中厦门拥有 62 家 A 股上市公司，主要分布在家居、电子元件及设备等行业；福州占据省会优势，在 48 家上市企业中，国有企业占 40%，涉及设备、软件开发及通信设备等行业；泉州是福建民营经济最为发达的地市，拥有 18 家 A 股上市公司，主要分布在纺织服装及软件开发行业。其他地市拥有的上市公司数量较少，其中龙岩市 8 家、南平市 7 家、漳州市 6 家、三明市 4 家、宁德市 4 家、莆田市 3 家、平潭 2 家。

表 2-2 福建 A 股上市公司市值前 30 名排行榜（截至 2021 年 12 月 31 日收盘）

排名	证券代码	企业简称	总市值（亿元）	所属行业
1	300750	宁德时代	13705.41	电气设备
2	601166	兴业银行	3955.41	银行
3	600436	片仔癀	2637.40	中成药
4	601899	紫金矿业	1997.54	黄金
5	600660	福耀玻璃	944.21	汽车配件
6	300628	亿联网络	734.93	通信设备
7	601377	兴业证券	661.63	证券
8	603893	瑞芯微	571.15	半导体
9	603737	三棵树	523.81	染料涂料
10	600563	法拉电子	522.90	元器件

续表

排名	证券代码	企业简称	总市值（亿元）	所属行业
11	603345	安井食品	417.43	食品
12	601933	永辉超市	367.54	超市连锁
13	603678	火炬电子	347.88	元器件
14	600549	厦门钨业	321.00	小金属
15	600483	福能股份	312.16	火力发电
16	603444	吉比特	303.16	互联网
17	002299	圣农发展	300.77	农业综合
18	600711	盛屯矿业	294.77	小金属
19	000547	航天发展	267.82	通信设备
20	002925	盈趣科技	266.09	电子
21	688778	厦钨新能	260.00	元器件
22	600153	建发股份	259.71	商贸代理
23	002901	大博医疗	205.08	医疗保健
24	002626	金达威	193.14	食品
25	000997	新大陆	187.01	软件服务
26	600057	厦门象屿	183.17	仓储物流
27	601187	厦门银行	182.10	银行
28	603826	坤彩科技	179.15	染料涂料
29	002335	科华数据	167.83	电气设备
30	300685	艾德生物	167.42	医疗保健

数据来源：根据网络相关数据综合整理。

习近平总书记高度重视民营经济工作，强调民营经济是社会主义市场经济发展的重要成果，是推动社会主义市场经济发展的重要力量，是推进供给侧结构性改革、推动高质量发展、建设现代化经

宁德时代

济体系的重要主体，也是我们党长期执政、团结带领全国人民实现“两个一百年”奋斗目标和中华民族伟大复兴中国梦的重要力量。在福建工作期间，习近平同志曾六年七次深入晋江开展调研，并撰文总结晋江发展的成就和实践探索，提出以“六个始终坚持”和“正确处理好五个关系”为核心内涵的“晋江经验”。在福建经济总量中，民营经济是“三分天下有其二”，已发展成为经济发展的重要力量、创业就业的主要领域、技术创新的重要主体、财税收入的重要来源和对外开放合作的开路先锋。改革开放以来，福建民营经济从无到有，民营企业家搏击商海，闯出了敢为人先的新路，书写了爱拼会赢的传奇，承载了福建发展的荣光，展现了履行社会责任的高度担当，是福建发展的特色所在、活力所在、优势所在。

（二）产业转型取得新成效

党的十八大以来，福建产业发展持续优化，不断向中高端迈进。1952 年至 2021 年，福建三次产业增加值之比从 65.9 : 19.0 : 15.1 转变为 5.9 : 46.9 : 47.2，实现了由“一、二、三”向“三、二、一”的转变。福建经济从依赖单一产业为主转向依靠三次产业共同带动，农业现代化成效显著，机械化、数字化、绿色化、功能化、共享化水平明显提高，产业链、供应链现代化水平提升。福建相继实施百亿龙头成长计划、新兴产业倍增工程、培育千亿产业集群等政策，新能源、新材料、生物医药等高技术产业迅速发展，以新一代信息技术、生物技术、高端装备、绿色环保为代表的战略性新兴产业异军突起，成为引领福建高质量发展的重要引擎。“数字福建”建设激发经济发展新活力，产业数字化和数字产业化融合发展加快，前瞻布局以智能技术和量子技术为特征的未来产业。现代服务业加速发展，以“互联网 +”为标志的新业态、新模式层出不穷。积极融入国家战略性新兴产业发展总体布局，形成分工明确、相互衔接的产业发展格局。

1. 产业结构优化升级

改革开放前，福建是落后的农业省份，农业占地区生产总值比重超过三分之一。1952 年，福建三次产业结构比例为 65.9 : 19.0 : 15.1。福建产业结构变动可划分为几个阶段。第一阶段（1952 年至 1978 年）：新中国成立后，为了改变工业基础落后面貌，福建选择优先发展重工业。但由于特殊地理位置，国家基本没有安排重点项目，福建依赖自身有限力量，很难实现重工业化发展。随着工业生产发展，1978 年福建第二产业超过第一产业，三次产业结构比例为 36.0∶42.5∶21.5，其中第一产业比例比全国高 7.8 个百分点。第二阶段（1979 年至 1989 年）：改革开放后，福建加快产业结构调整步伐，农业基础地位增强，轻型工业协调发展，资金积累能力增强，带动了基础产业发展。随着商品经济发展，福建第三产业地位上升，1988 年超过第一产业，三次产业呈现出“二三一”结构。第三阶段（1990 年至 2011 年）：福建产业结构趋向合理化、高级化，农业稳步增长，第二、三产业比重上升。第四阶段（2012 年至今）：福建第一产业比重下降，第二、三产业比重稳中有升，基本形成农业基础稳固、工业生产能力全面提升、服务业全面发展的格局。党的十八大以来，福建第二产业依然撑起半壁江山，第二产业增加值占地区生产总值比重维持在 50% 左右，所占比重下降。从数值看，2012 年至 2021 年，福建第三产业占比增加，占地区生产总值比重从 39.3% 增至 47.2%，对经济增长贡献率不断提高，逐步成为推动经济增长的主力。

党的十八大以来，福建立足资源禀赋与特色优势，着力发展数字经济、海洋经济、绿色经济和文旅经济，并将其写入了省第十一次党代会报告。加快推动传统产业转型升级，力争打造一批百亿龙头企业、千亿产业集群、万亿主导产业，推动经济体系优化升级。2021 年，福建数字经济增加值达 2.3 万亿元，海洋生产总值超 1.1 万亿元，继续保持全国前列；“清新福建”“全福游 · 有全福”品牌闻名遐迩，实现“市市有 AAAAA 级景区”，加快建设福茶、福酒、福果等“福”字号消费品牌，福建产品迈向全国、走向世界。2021 年福建地区生产总值达到 48810.36 亿元。在第三产业中，交

数字福建建设不断突破

通运输、仓储和邮政业，批发和零售业，金融业，房地产业等四大行业增加值占比较高；在传统服务业中，交通运输、仓储和邮政业，居民服务、修理和其他服务业发展较快；在现代服务业中，信息传输、软件和信息技术服务业，租赁和商务服务业，金融业，科学研究和技术服务业，文化、体育和娱乐业加快发展。

表 2-3 福建三次产业结构变动（1952 年至 2021 年）

年份	地区生产总值（亿元）	第一产业		第二产业		第三产业	
		产值（亿元）	占比（%）	产值（亿元）	占比（%）	产值（亿元）	占比（%）
1952	12.73	8.39	65.9	2.42	19.0	1.92	15.1
1962	22.12	10.26	46.4	5.12	23.1	6.74	30.5
1978	66.37	23.93	36.0	28.19	42.5	14.25	21.5
1990	522.28	147.01	28.1	174.47	33.4	200.80	38.5

续表

年份	地区生产总值（亿元）	第一产业		第二产业		第三产业	
		产值（亿元）	占比（%）	产值（亿元）	占比（%）	产值（亿元）	占比（%）
2000	3764.54	616.37	16.4	1622.33	43.1	1525.83	40.5
2010	15002.51	1569.87	9.5	7705.25	51.3	6027.39	39.2
2015	26819.46	1932.84	7.2	13735.68	51.2	11150.94	41.6
2016	29609.43	2145.10	7.2	14683.72	49.6	12780.61	43.2
2017	33842.44	2215.12	6.5	16290.02	48.1	15337.30	45.4
2018	38687.77	2379.02	6.1	18847.75	48.7	17461.00	45.2
2019	42326.58	2595.53	6.1	20065.48	47.4	19665.57	46.5
2020	43903.89	2732.32	6.2	20328.80	46.3	20842.78	47.5
2021	48810.36	2897.74	5.9	22866.32	46.9	23046.30	47.2

数据来源：根据福建统计局数据整理计算。

2. 现代产业体系持续完善

新中国成立以来，福建深化改革、扩大开放，制造业、服务业发展步伐加快，企业规模、发展实力增强，工业经济总量快速增长，现代产业体系持续完善。1952 年，福建工业增加值仅 2.17 亿元，1978 年增至 23.85 亿元；1988 年突破 100 亿元达到 120.45 亿元；1997 年突破 1000 亿元增至 1039.62 亿元；2014 年增加到 10426.71 亿元；2018 年达到 14183.20 亿元。1953 年至 2018 年，福建工业增加值年均增长 13.1%，增幅比全国平均水平高 2.1 个百分点。目前，新能源汽车、智能手机、液晶电视机、平板电脑、平板显示器、路由器、卫星导航定位接收机、城市轨道车辆、家用空气湿度调节装置等工业产品相继投产并形成规模，成为全省龙头产品。福建注重自主创新，加快产品更新换代，已培育出一批拥有自主知识产权，产品技术标准在同行业具有领先优势的“中国名牌”产品。非公经济发展壮大，以股份制、“三资”企业和私营企业为主体的非公有工业从无到有、从小到大、从弱到强迅速发展，成为推动全省经济持续快速增长的重要力量。

福建素有“八山一水一分田”之称，虽然生态禀赋优越，农业多样性资源丰富，但人均耕地面积仅为全国平均水平的三分之一。“十三五”期间，福建茶叶、蔬菜、水果、畜禽、水产、林竹、花卉苗木、食用菌、乡村旅游、乡村物流等十大乡村特色产业全产业链迅速发展。2019年茶产业全产业链总值突破千亿元，茶叶产量、单产、茶树良种推广率、出口额增速、全产业链产值均居全国第一；全省食用菌产量440万吨（鲜重），居全国第二，出口量23万吨、出口额9.5亿美元，均位居全国第一。2019年福建鲍鱼产量超过14万吨，占全国总量的近八成，是当之无愧的鲍鱼养殖第一省。2021年福建创建2个国家优势特色产业集群、5个国家现代农业产业园、37个国家农业产业强镇，形成农业特色产业百亿强县9个、十亿强镇79个、亿元强村146个。全省主要农作物和畜禽良种覆盖率达到98.5%，新增设施农业10万亩，累计达237万亩，主要农作物综合机械化率提高到72%；推进农业全过程应用现代信息技术，建成国家级数字农业示范基地4个、省级数字农业重点项目60个、农业物联网应用基地700个。

2021年福建规模以上工业企业实现利润4353.30亿元，比上年增长24.7%。其中，国有控股企业实现利润503.78亿元，增长52.0%；股份制企业实现利润3087.32亿元，增长32.6%；外商及港澳台商投资企业实现利润1220.76亿元，增长8.9%。规模以上工业高技术制造业增加值比上年增长26.4%，增幅比全国高出8.2个百分点；新能源汽车产量增长2.6倍，半导体存储盘增长1.3倍，装备制造业增加值对工业增长贡献率提升，占全省规模以上工业比重25.3%。

福建围绕“产业优”，坚持优化结构转型升级，加快构建现代产业体系。2021年在全省38个大类行业中，有32个行业实现增加值同比增长。在列入统计的429种重点工业产品中，有268种产量实现同比增长，其中金属集装箱产量同比增长1.5倍，成品糖增长1倍，汽车增长89.9%，运动服类服装增长45.5%。高技术制造业增长较快，2021年全省规模以上高技术制造业增加值同比增长26.4%，增幅高于全省平均水平16.5个百分点，对规模以上工业增长贡献率为35.7%。其中基因工程药物和疫苗制造增加值增长1.8倍，锂离子电池制造增长65.1%，集成电路制造增长46.1%，光电子器件制造增长34.3%。出口对经济发展拉动作用提升，2021年全省规模以上工业出口交货值同比增长12.9%，其中医药制造业出口交货值同比增长1.4倍，化学纤维制造业、黑色金属冶炼和压延加工业、有色金属冶炼和压延加工业、电气机械和器材制造等行业均实现两位数增长。民营工业贡献突出，2021年全省规模以上民营工业增加值同比增长12.3%，增幅高于全省平均水平2.4个百分点，对全省规模以上工业增长贡献率达74.4%；实现出口交货值4193.25亿元，同比增长19.8%，高于规模以上工业6.9个百分点。

习近平总书记在福建考察时强调，要在加快建设现代化经济体系上取得更大进步，完整、准确、全面贯彻新发展理念，推动高质量发展，优化提升产业结构，加快推动数字产业化、产业数字化，加大创新支持力度，优化创新生态环境，激发创新创造活力。这为福建加快推进现代化经济体系建设提供了科学指引。福建国家创新型省份、福厦泉国家自主创新示范区相继获批建设，2021 年国家高新技术企业突破 6500 家，是 2015 年 3 倍多；特色现代农业产业体系更加完善，农产品质量安全合格率达到 98% 以上。2021 年福建工业增加值跃升至全国第六位，三大主导产业增加值年均增长 8.4%，实现“机器换工”约 7 万台（套），厦航荣获第二届中国质量奖，实现全省零的突破。2021 年福建重点项目完成投资 6331 亿元，新开工重点项目 441 个，其中兴泉铁路省界段、建宁至冠豸山铁路建成通车，罗屿 40 万吨铁矿石码头、闽江水口坝下航运枢纽工程建成通航，漳州核电、福州机场二期、城际铁路 F1 线、福厦高铁建设提速，厦门新机场全面开工，古雷炼化一体化一期建成投产，万华化学、永荣石化己内酰胺等重大产业项目扎实推进。成功举办央企项目合作座谈会、民营企业发展大会、资本市场福建对接大会等 8 场重大招商活动，“全闽乐购”等促消费活动成效明显，一刻钟便民生活圈加快建设，福茶、福酒、福果等“福”字号消费品牌加快建设。

3. 现代服务业比例提升

新中国成立初期，福建农业生产得到恢复，工业制造取得进步，服务业平稳发展。改革开放前，福建经济发展以物质产品生产为主，服务业发展程度低，企业规模小，产业结构单一。1952 年至 1978 年，福建服务业增加值由 1.92 亿元增至 14.25 亿元，年均实际增长 7.8%。从产业结构看，服务业增加值比重仅上升 6.4 个百分点。

党的十一届三中全会后，国家出台鼓励服务业发展政策，福建逐渐转变“重生产轻服务”的传统观念，服务业地位和重要性提高，市场准入门槛逐步降低，交通、电信、金融、房地产等行业加快市场化改革，企事业单位内部附属服务业部门开始走向市场，实现自主经营、自负盈亏。随着市场供给改善，福建服务业由弱变强、由小变大，进入迅速发展时期。1979 年至 1990 年，福建服务业增加值由 14.77 亿元增至 200.80 亿元，年均实际增长 16.2%，占地区生产总值比重从 19.9% 上升至 38.4%。

党的十八大以来，福建抓住供给侧结构性改革机遇，服务业发展乘势而上，传统服务业加快转型升级，新兴服务业蓬勃发展，在优化结构、提高质量、促进就业、拉动消费、改善民生等方面，服务业发挥了重要作用，成为拉动经济增长主力和新引擎。福建省委、省政府出台了一系列改革措施，深化服务业供给侧结构性改革，加大简政放权力度，放宽服务业准入门槛，积极培育服务业新兴领域和新型业态，为现代服务业发展提供了良好机遇，服务业发

福建现代服务业发展持续壮大

展潜力不断释放，发展动能快速集聚。培育提升服务业新动能，平台经济、共享经济、数字经济等现代服务业迅猛发展，进入了高质量发展时期。2020 年受新冠肺炎疫情影响，福建服务业发展受到了冲击，随着复工复产有序推进，互联网信息技术和高技术引领服务业孕育新机，带动了相关服务业增长。2020 年福建服务业实现增加值 2.08 万亿元，居全国第十一位、东部地区第七位；服务业占地区生产总值比重 47.5%，居全国第十一位、东部地区第十位。2021 年福建服务业发展势头良好，增速明显提升，其中信息传输、软件和信息技术服务业增长 17.4%，批发和零售业增长 15.4%，住宿和餐饮业增长 14.2%，交通运输、仓储和邮政业增长 13.1%，租赁和商务服务业增长 7.9%，金融业增长 5.2%，房地产业增长 4.8%。

随着“互联网 + 流通”深度融合，福建现代服务业加快转型升级步伐，电子商务进入黄金发展期，创新驱动传统产业迸发新活力。“互联网 +”向服务业和制造业全面渗透，新产业、新业态、新商业模式不断涌现。2021 年福建全社会消费品零售总额 18626.45 亿元，其中城镇消费品零售额 16178.61 亿元，乡村消费品零售额 2447.84 亿元。按消费形态统计，福建商品零售额为 16886.89 亿元，餐饮收入额 1739.56 亿元。

（三）开放型经济迈向新辉煌

党的十八大以来，福建实施更大范围、更宽领域、更深层次的全面开放，从推动高质量融入共建“一带一路”到打造海峡论坛等一系列重要平台，从设立自由贸易试验区到不断优化营商环境，开放型经济新体制加快建成。越来越多的外国企业来闽投资兴业，对外贸易结构持续优化，2021 年福建货物贸易进出口 18449.6 亿元，其中与“一带一路”沿线国家贸易额为 6446 亿元，高附加值产品出口实现新突破。双向投资规模扩大，2021 年福建新设外商投资企业 2742 家，实际使用外资 369.1 亿元人民币，高技术产业吸收外资提升，占全省的 27.5%；截至 2020 年底，福建共有 2257 家境内企业设立 2942 家境外投资企业和分支机构，分布在全球 125 个国家（地区）。对外合作水平提升，新增备案 220 个境外投资项目，中方协议投资额 52.3 亿美元。闽台交流合作持续加深，融合发展不断深化。

1. 对外贸易结构优化

福建对外通商的历史可追溯到汉代。泉州曾是古代东方第一大港，海上丝绸之路的重要起点，福州是郑和七次下西洋的驻泊地和开洋地。改革开放前，我国经济处于相对封闭状态，货物进出口由国家集中安排，进出口贸易在较低水平徘徊。1950 年福建进出口总额仅 1034 万美元，1978 年增至 2.03 亿美元，其中出口 1.90 亿美元，经营主体仅为几家专业外贸公司。改革开放初期，福建对外进出口规模很小，主要集中在中国香港地区、日本、东南亚及部分西欧国家。随着对外贸易发展，到 20 世纪 80 年代，福建出口商品结构开始由初级产品为主向工业制成品为主转变，1985 年工业制成品出口比重超过初级产品。

党的十一届三中全会以来，福建坚持改革开放方针，大力发展外向型经济，不断推进外贸体制改革，对外贸易取得迅猛发展，进出口贸易结构得到优化。1986 年以前，福建几乎没有高新技术产品出口，2018 年高新技术产品出口额 1028.62 亿元，占出口总额的

13.5%。贸易方式由加工贸易向一般贸易转变。改革开放初期，随着外资企业大量入驻，来料装配和进料加工贸易一度成为福建主要的贸易方式，占到对外贸易的半壁江山。随着人工、土地等要素成本上升，福建加工贸易占比逐年萎缩，一般贸易比重上升。2001年至2018年，福建一般贸易出口和进口占比分别由48.5%、34.7%提高到72.4%、72.2%。技术含量和附加值较高产品出口比重提高，2018年福建机电和高新技术产品占全省出口总值的50.0%。近年来，福建继续稳固美国、欧盟、日本，以及中国香港地区等传统市场，积极开拓新兴市场，出口市场呈多元化趋势。2012年以来，除美国外，福建对中国香港地区以及日本、欧洲出口占全省出口总额比重有所回落。在实施《东盟宪章》后，随着共建“一带一路”战略的实施，福建与东盟对外贸易不断加强，2016年，福建对东盟出口171.08亿美元，占全省出口总额的16.5%；对“一带一路”沿线国家进出口占全省进出口总额的30.2%。此外，福建深化国际

福建港口贸易

市场研究，精心组织经贸推介活动，大力扶持各种展会，鼓励企业“走出去”建立营销机构，在巩固发展传统市场的同时，积极开拓新兴市场，与东盟及“一带一路”沿线国家外贸合作不断加强。

党的十八大以来，面对全球经济进入新的调整期，贸易保护主义抬头，贸易摩擦此起彼伏的形势，党中央审时度势，支持福建进一步加快发展，赋予建设中国（福建）自由贸易试验区、21世纪海上丝绸之路核心区、生态文明先行示范区等“六区”叠加政策。福建主动融入全球经济，全面深化改革，以国家重大战略实施为契机，积极培育发展新优势。据福州海关统计，2021年福建货物贸易进出口总值达到18449.6亿元，同比增长30.9%。其中，出口10816.5亿元，增长27.7%；进口7633.1亿元，增长35.7%；前三大贸易伙伴依次为东盟、美国、欧盟，其中出口额分别为3753.9亿元、2288.6亿元和2065亿元，合计占到同年福建货物贸易进出口总值的43.9%；对“一带一路”沿线国家进出口额6446亿元，增长31.8%，占34.9%；对中国台湾地区进出口1046.6亿元，增长26.2%。从统计数据看，福建高附加值产品出口实现新突破，2021年机电产品出口额3985.4亿元，增长24.6%。其中锂离子蓄电池、液晶监视器、自动数据处理设备及其零部件出口增幅分别达到180%、42.2%、31.1%；同期纺织服装等七大类劳动密集型产品出口3652.5亿元，增长21.9%；农产品出口754.7亿元，增长17.4%；免疫制品出口199.4亿元，增长3.5倍。福建自贸试验区按照中央和省委、省政府的部署要求，扎实推进各项工作，取得了新成效。2021年，福建自贸试验区新推出35项创新举措，其中全国首创25项，对台特色5项，在全国率先开通台企台胞征信查询，开展“台商台胞金融信用证书”试点，“推动两岸征信信息互通优

中国（福建）自由贸易试验区厦门片区

化信贷服务”实践案例入选全国自贸试验区“最佳实践案例”。截至目前，全国自贸试验区累计推出的 278 项制度创新成果中，福建经验有 41 项，占 15%，继续走在全国前列。福建积极探索构建更高水平的开放型经济新体制，重点试验任务取得突破，新增 6 项成果在全国复制推广，上线国际贸易单一窗口 4.0 版，新推出 25 项全国首创举措，获批新型离岸国际贸易试点。

2. 双向投资规模扩大

改革开放前，福建对外交流活动很少，处于较封闭状态。改革开放初期，外商对福建投资多数属于“投石问路”性质，项目数量不多，投资金额小，大多是海外侨胞投资的“三来一补”简单加工项目。1979 年，全省批准外商投资项目 5 项，实际利用外资 83 万美元，不足全国总量的 1%；实际利用外资以制造业为主。随着对外开放深入推进，对外合作日益增多，外商投资规模扩大，福建利用外资加快向宽领域、优结构、高质量发展，外资来源呈现多元化发展态势。

党的十八大以来，福建深化外资管理体制改革，不断放宽外资准入，加快国家级经济技术开发区和边境经济合作区发展。在对外投资方面，深化管理体制改革，创新管理服务和保障方式，扎实推进境外经贸合作区建设，深化国际产能合作，推动重大项目落地。加强事中事后监管，完善风险防控体系，对外投资实现健康有序发展。随着招商引资从传统的依靠要素引资向提供更优良营商环境、市场环境转变，促进经济转型升级，不断扩大投资机遇，为吸引外资创造了条件。2013 年至 2016 年，福建共新批总投资千万美元以上项目 1055 项，项目平均合同外资规模 3111.85 万美元，世界 500 强企业、知名跨国公司来闽投资踊跃。

“十三五”期间，福建实际使用外资年均增长 5.9%，外资企业贡献全省五分之一左右税收、三分之一左右进出口额和规模以上工业总产值，一大批外资企业成为福建的主导产业、先进制造业和现代服务业的重点骨干企业，有力带动产业转型升级、集聚发展。福建引资质量持续提高、结构不断优化，服务业利用外资比重稳步提高。吸收外资形式扩展，现有企业增资成为吸收外资的重要方式。2021 年，福建新设外商投资企业 2742 家，比上年增加 508 家；实际使用外资 369.1 亿元人民币，同比增长 6.1%。高技术产业吸收外资占比提升，占到全省的 27.5%，其中研发与设计服务业、医疗仪器设备及仪器仪表制造业、信息服务业、科技成果转化服务业、电子器件制造业等行业，分别增长 642.9%、184.9%、112.1%、47.1%、19.6%。服务业实际使用外资增长较快，受朴朴科技、美图之家等大项目拉动，科学研究和技术服务业、信息传输和信息服务业、住宿和餐饮业、租赁和商务服务业、物流业等服务业实际使用外资快速增长。

福建积极实施“走出去”战略，对外直接投资从无到有、从小到大稳步发展。20世纪70年代，福建仅少数企业开展对外交流。随着经济全球化发展，综合经济实力增强，福建加快投资便利化、政策配套化、管理信息化、服务优质化进程，有力推动企业“走出去”发展。1980年至2018年，福建累计签订对外承包工程合同额、完成营业额双双突破百亿美元，分别达到101.81亿美元、107.98亿美元。进入21世纪，随着“走出去”战略实施，福建有序推进国际产能和装备制造合作，加快建设境外营销网络、生产基地和资源基地，对外投资出现良好增长势头。截至2020年底，福建共有2257家境内企业设立2942家境外投资企业和分支机构，分布在全球125个国家（地区）。在2020年新增备案的220个境外投资项目中，中方协议投资额52.3亿美元，同比增长36.4%。从地区分布看，福建境外投资集中在欧洲、亚洲、美洲，投资额分别为21.8亿美元、138亿美元、12.7亿美元。其中，欧洲投资以塞尔维亚、德国为主，亚洲投资以中国香港地区、越南以及新加坡为主，美洲投资以加拿大、美国为主。福建对“一带一路”沿线国家和地区投资增加，越南、新加坡和马来西亚为前三大投资目的地，对区域全面经济伙伴关系协定（RCEP）成员国投资迅速发展。福建对外直接投资区域广泛，行业更加多元，在境外企业和机构中，从事批发零售、生产制造和资源开发占比增多。从行业分布看，主要投资采矿业和制造业，对制造业投资以电器机械制造、玻璃制造和钢铁制造业投资为主。从投资来源地看，主要集中于龙岩市、厦门市、宁德市、福州市。

3. 对外合作水平提升

1994年，福建所有县（市、区）全部实施对外开放，通过拓展渠道，全面推进国际交流合作。1995 年 1 月，菲律宾驻厦门总领馆设立，厦门成为我国最早设立外国总领馆的经济特区。1993 年至 1999 年，福建分别启动“荣誉公民”“友谊奖”评选活动，有 26 名外国友人获评福建省“荣誉公民”，132 位外国专家学者、国际友人获得福建省“友谊奖”。福建积极利用外国驻华使领馆和外国专家、友人、友好组织资源，积极与世界各国开展交流合作。党的十一届三中全会以来，福建充分运用中央赋予的“特殊政策、灵活措施”，不断深化改革、扩大开放，积极探索出一条符合福建实际的对外开放和经济建设发展的新路子，经历了从局部开放到全方位开放、从沿海开放到山海联动开放、从“三来一补”到积极参与国际经济大循环等过程，形成了包括经济特区、经济技术开发区、保税区、台商投资区、旅游度假区、沿海开放城市、沿海开放区等在内的多层次、多功能、全方位的对外开放格局。

党的十八大以来，我国提出共建“一带一路”倡议，积极推动设立金砖银行、丝路基金，形成全方位对外开放新格局。福建积极主动参与“一带一路”建设，将共建“一带一路”视为融入国家对外开放战略和提升对外开放水平的契合点，加快建设 21 世纪海上丝绸之路核心区，促进基础设施互联互通，推进中欧（厦门）国际班列常态化运营，进一步密切与“海丝”沿线国家和地区经贸关系，推动国际产能和装备制造合作，在肯尼亚、柬埔寨、马来西亚、刚果（金）等国家建立一批境外产业园区、境外远洋渔业综合基地，数量与规模居全国第一位。统筹协调“海丝”核心区对外交往活动，服务福建高水平对外开放和高质量发展落实赶超。2017 年金砖国家领导人峰会在厦门召开，这是在福建举办的层级最高、规模最大的多边外交盛会。习近平总书记在会议期间为福建做的

“超级广告”，赋予了福建发展强劲新动能，福建抓住这一难得的发展机遇，全面提升对外合作质量与水平。2021 年，福建全面贯彻落实习近平总书记对友城工作的重要指示批示精神，在外交部、全国对外友协协助下，努力克服新冠肺炎疫情影响，积极拓展国际“朋友圈”，成功促成福建省与埃塞俄比亚亚的斯亚贝巴市、柬埔寨金边市，福州市与越南下龙市、美国檀香山市，厦门市与以色列内坦娅市正式建立友城关系。目前，福建友城总数达到 120 对，其中省级友城 33 对，友城布局进一步优化，为更好服务新发展阶段新福建建设开拓了更多的对外交流合作渠道。

改革开放初期，福建对外工程承包规模较小，主要集中在中国香港地区以及日本、东南亚及部分西欧国家。经过培育发展，福建对外承包工程规模和质量位居全国前列，中福公司、武夷公司蜚声海内外。随着全球经济复苏和结构调整，世界各国都把基础设施建设作为刺激经济增长的重要手段。2020 年，福建对外工程承包完成额 12.9 亿美元，位居全国第十七位。从地区分布看，福建对外工程承包集中在非洲、亚洲、欧洲，分别完成营业额 4.8 亿美元、4.4 亿美元、2.9 亿美元。非洲主要为肯尼亚、埃塞俄比亚和乌干达；亚洲主要为中国香港地区以及孟加拉国和菲律宾；欧洲主要为乌克兰、亚美尼亚和塞尔维亚。“一带一路”沿线国家和地区重点国别为亚美尼亚、菲律宾和塔吉克斯坦。在 RCEP 成员国中，重点国别为菲律宾、柬埔寨和马来西亚。福建对外工程承包行业分布，主要集中在交通运输、电力工程等领域。从对外劳务合作项目看，集中在交通运输、邮政、仓储等行业。2020 年，福建共派出各类劳务人员 40741 人次，年末在外人数达 57033 人次，位居全国第一位。从地区分布看，福建劳务外派集中在亚洲地区，占全省派出各类劳务人员的八成以上，澳门、香港和台湾地区占据着重要地位。

近年来，福建持续巩固拓展对外开放优势，深入推进制度型开放，加快建设开放强省，主要措施是：加快建设厦门经济特区高质量发展示范区，高标准建设厦门金砖国家创新基地；深化建设21世纪海上丝绸之路核心区，推动自贸试验区扩区提质，不断提高贸易和投资自由化便利化水平。随着闽港合作、闽澳合作持续深化，福建与闽港澳台地区青少年交流持续取得新进展。深化闽台青年交流合作，开展海峡青年论坛、两岸青年联欢节、海峡青年节等活动；深化闽港澳青年交流，举办闽港行业青年交流、闽港澳青少年八闽行等活动；组团开展国际交流，与东南亚闽籍青年社团建立合作关系、实现定期互访活动。2021年，金砖国家新工业革命伙伴关系论坛在厦门成功举办，厦门金砖国家创新基地建设进一步提速，福建“丝路海运”联盟成员突破220家，“丝路海运”航线达到70条，中欧（厦门）班列发运超过271列，海丝中央法务区落地厦门，第七届海上丝绸之路国际旅游节、第八届丝绸之路国际电影节、第六届世界妈祖文化论坛顺利举行。积极参加中国国际进出口博览会，福建采购商规模和采购金额快速增长。与此同时，大力扶持各种展会，鼓励企业“走出去”建立营销机构，积极巩固福建与美国、欧盟、日本，以及中国香港地区等传统市场，大力拓展“一带一路”市场，福建与“一带一路”沿线国家经贸合作不断加强，东盟已成为福建第一大贸易伙伴。

4. 闽台融合发展深化

福建与台湾“五缘”关系深厚，台湾80%以上同胞祖籍地在福建，闽台两地语言、文化、风俗习惯相近，宗亲、乡亲、姻亲、民间信仰、同名村镇等成为两岸民间交流合作的重要情感纽带。1979 年，中央提出“和平统一 、一国两制”方针，发表了《告台湾同胞书》，打破了海峡两岸长期军事对峙的僵局。福建是最早对台开放和开展两岸交流的省份之一，在全国开两岸交流合作之先河。据统计，1979 年至 1985 年，闽台贸易额不到 3 亿美元。1987 年台湾当局废除了“戒严令”，开始有限度地实施一些新政策，开放民众赴祖国大陆观光探亲，允许台湾记者到祖国大陆采访，台湾有关机构人员可以到祖国大陆从事文教交流活动等，由此掀起了台胞来闽祭祖认亲、祖庙进香、观光等热潮。闽台交流合作不断深化，2001 年福建沿海地区与台湾金门、马祖、澎湖直接往来开通，2004 年福建居民启动赴金门旅游，2006 年厦门成为两岸“春节包机”“节日包机”航点，2008 年厦门、福州相继成为两岸“周末包

福建“海峡论坛”

机”“平日包机”航点，福建8个沿海主要口岸成为两岸海运直航港口。2009年5月15日至22日，首届海峡论坛在福建厦门隆重举行，逐渐成为两岸文化交流的重要平台。

福建与台湾一水相隔，处在两岸融合发展的最前沿，有利于充分发挥福建在促进祖国统一中的重要作用。福建在全国率先开通两岸空中直航、海上货运直航、客滚运输，逐渐成为两岸直接双向“三通”的主通道。习近平总书记明确要求，福建要突出以通促融、以惠促融、以情促融，勇于探索海峡两岸融合发展新路。据统计，自2001年1月启动以来，截至2018年，福建“小三通”客运航线累计运营19.79万航次、运送旅客1993.1万人次。闽台客滚航线自2009年开通以来，截至2018年，累计运营4856航次、运送旅客105.6万人次。福建沿海与台湾地区海上直航是两岸人员往来的重要通道，2018年闽台海上客运航线运送旅客达到215.2万人次，其中“小三通”海上客运班轮共运送旅客197.2万人次；闽台客滚运输运送旅客18万人次。福州、厦门率先实施赴台旅游签注自助办理立等可取政策，闽台空中直航航线航班加密，台湾远东航空入驻福州机场和厦门机场。两岸共同家园建设取得了新实效，平潭综合实验区率先实施对台职业资格采信、两岸影视产业合作，率先采信台湾地区第三方检验检测机构结果；全面采认134项台湾地区执业资格，发布18项职业资格比对标准，启用大陆首个三合一“两岸快件中心”、全省首家跨境电商O2O商场。厦门市率先试点直接认定、匹配认定台湾人才专业技术职务任职资格职称，率先支持台胞独资设立个体诊所。闽台社会融合持续加强，在服务台胞就业创业、就学就医、购房出行和推动台胞政治参与等方面，福建专门出台鼓励措施。据不完全统计，2021年在闽经商、工作、生活和学习的台胞超过10万人，超过11万对闽台同胞喜结良缘。平潭综合实验区加强青年创业平台建设，新设两岸青年创业就业、教育交流培训基地，推行“两岸青年英才行动计划”“台湾青年就业创业引领计划”，鼓励台湾人才来平潭就业创业；持续拓展两岸基层交流交往，积极探索台胞参与基层治理，引进台湾村里长、社区发展协会理事长担任平潭村（居）委会执行主任，聘请台湾专才参与公共事务管理。厦门市积极推进厦（门）金（门）融合发展先行区建设，实现厦金航线周末及节假日加班船常态化，首创游客自发包艇直航金门方式。

党的十八大以来，习近平总书记多次对闽台融合发展作出重要指示批示。2019年1月，习近平总书记在《告台湾同胞书》发表40周年纪念会上发表了重要讲话，对福建对台先行先试作出明确指示，要求两岸要应通尽通，提升经贸合作畅通、基础设施联通、能源资源互通、行业标准共通，可以率先实现金门、马祖同福建沿海地区通水、通电、通气、通桥。2019年3月，在全国“两会”期间，习近平总书记在参加福建代表团审议时强调：“要探索海峡两岸融合发展新路”“努力把福建建成台胞台企登陆的第一家园”。2021年3月，习近平总书记亲临福建考察指导，强调要“以通促融、以惠促融、以情促融，勇于探索海峡两岸融合发展新路”，为新时期闽台融合发展擘画了蓝图、指明了方向。近年来，福建持续完善落实保障台胞福祉和享受同等待遇政策，加大惠台利民政策知晓、兑现、落地力度，创新推出“66条”“42条”惠台政策举措，扩大台湾地区专业技术资格直接采认范围，全面落实农业、金融、文教、医卫等各领域融合发展措施，惠及更多的台胞台企；加快建设“数字第一家园”一体化服务平台，完善台胞医保服务中心、台胞台企服务专窗等公共服务平台布局；健全完善台湾青年来闽实习就业创业政策措施，加强政策解读和基地建设，不断提高台湾青年的获得感。福建突出深化交流交往，实施亲情乡情延续工程，深化寻根谒祖、信俗交流，加强闽台科技教育、文化体育交流，努力推动沿海地区与金门、马祖通水、通电、通气、通桥，加快建设台胞台企登陆的第一家园。截至 2021 年 12 月 31 日，福建累计向金门供水工程安全供水 1245 天，持续提供优质水达 1703 万吨，日均供水约 1.36 万吨。2021 年 11 月以来，福建向金门供水工程日均供水达到 2 万吨，创下日均供水量新高。目前，福建向金门供水占到金门自来水厂日常供水总量的 73%，金门民生用水依靠地下水占比从 68% 降至 14.3%，“以通促融”“以惠促融”“以情促融”成效显著。2021 年 10 月初，随着台湾华冈集团“华航 3”集装箱船舶投入使用，“平潭—台北”货运直航班次从一周三班增至一周六班。据统

两岸一家亲　共饮一江水

计，在大陆口岸出口对台跨境电商货物中，从平潭口岸发出的货物占六成以上。与此同时，福建加大对台先行先试力度，闽台人文交流持续深化，来闽实习就业创业台湾青年累计超4万人，累计吸引台湾建筑师和文创团队95支、乡建乡创人才超过300名，全省新增12家省级对台交流基地。2021年，福建公布225项在闽台胞台企同等待遇清单，闽台乡建乡创、教育融合发展扎实推进，更多台胞台企融入新时代新福建建设。在政策红利加持下，越来越多的台湾同胞特别是台湾青年跨过海峡，来到福建追梦、筑梦、圆梦，在基层治理、乡村振兴、科技服务、弘扬传统文化等领域展现才华、实现抱负，形成“1+1 > 2”效应。2021年，福建新增台资企业1495家，增长21.2%，在大陆各省市中居前列。

福建对台经贸合作实现从资金、项目向技术、管理、服务、人才等全方位拓展。40多年来，台资企业为福建产业链构建、农业现代化和外向型经济发展等作出重要贡献。福建是台商投资大陆的主要聚集地，迄今累计引进台资项目2.1万个，在闽台资企业超过1万家，实际利用台资约305亿美元，仅次于江苏、广东。“十三五”期间，福建累计新批台资项目6497个，居全国首位，实际到资30亿美元，居全国第二位，台湾百大企业有56家在闽直接投资。2020年，全省规模以上台资电子信息企业70多家，总营收占全省同类型企业总产值的20%以上。福建台商投资以沿海地区为主，重点投向集成电路、电子信息和精密仪器等制造业，已形成台商投资区、专业园区聚落，带动电子信息、机械制造、石化产业等主导产业迅速发展的格局。其中，集成电路产业有联芯、晋华、矽品等重点台资企业，形成涵盖集成电路设计、制造、封测、装备、材料及应用产业链；新型显示产业有宸鸿、友达、冠捷、捷联、华映光电、华映显示等重点台资企业；先进装备制造有福欣特殊钢、统一马口铁、六合机械、东刚精机、巨霸机械、翊峰机械等重点台资企业；石油化工全省规模以上台资石化企业有125家，总营收占全部同类型企业总产值的10%左右；生物与新医药产业有台塑厦门长庚医院、泉州颐和医院、台湾基亚生物科技公司等台资企业；现代纺织服装有鹏程实业、台帆纺织、宏汉制衣、南洋制衣、龙豪制衣、依瑶服饰等台资企业。福建对台农业合作全国领先，全省累计批办台资农业项目为2789个，合同利用台资额达到42.2亿美元，福建6个台创园已经连续多年包揽全国台创园综合评价前六名，成为两岸农业合作交流的示范样板。现代物流业方面，福建已开辟5条闽台客滚航线、12条闽台海上集装箱班轮航线、31条闽台海上不定期散杂货运输航线；金融证券保险业方面，在闽设立分支机构或参股设立台湾金融机构共25家，部分台资金融机构在闽设立法人总部或分支机构。

闽台经贸往来持续提升，2021年闽台贸易额首次突破千亿元人民币。福建开大陆赴台投资之先河，福建新大陆科技集团成为大陆首家赴台投资企业。积极完善台湾商品通关模式，台湾水果实现“台湾上午采摘，大陆下午上架”，福州海关实现与台湾关贸网电子数据交换，打造海峡两岸经济合作框架协议（ECFA）原产地证书“绿色签证”通道；厦门海关开展两岸AEO（经认证的经营者）互认试点，进口试点票数和金额居大陆3个试点海关之首。随着海交会、台交会、食交会、农订会、机博会、花博会、林博会、渔博会等海峡两岸专业展会持续拓展，闽台人员往来更加密切。

三、全面小康的文化建设成效

福建在全面小康建设进程中，文化建设成效显著。党的十八大以来，福建认真贯彻落实习近平总书记在文艺工作座谈会上的重要讲话精神，落实国家文化强国战略和文化体制改革的要求，大胆改革、勇于探索、先行先试，有力推动文化事业、文化产业发展。全省已形成五级公共文化设施网络，全部向社会免费开放；着力打造一批思想精深、艺术精湛、制作精良的福建原创作品，推动文化遗产保护传承创新、传统工艺振兴、文旅融合发展；着眼于满足人民文化生活新期待，形成一批地域特色明显、群众乐于参与的活动品牌。以内容为主的广告业、演艺娱乐业、文化会展业、新闻出版业、广播影视业等文化服务业迅速发展，文化产业结构优化更加明显。持续推进“人文海丝”“海丝茶道”重点工程建设，促进对外多元文化交流交融、文化贸易和文化投资发展，提升福建文化对外影响力。

（一）文化事业全面进步

新中国成立前，福建文化基础薄弱，全省文盲、半文盲者占总人口的 80%，学龄儿童入学率仅 13%。新中国成立后，福建地处海防前线，备战任务重，文化建设面临许多限制。1949 年 10 月，福建省人民政府教育厅下设文化科。1952 年 7 月，成立福建省文化事业管理局，省市县三级文化行政管理机构相继设置，各类文艺团体先后建立。改革开放后，福建文化设施建设逐步改善，文艺精品创作成果颇丰，舞台艺术精品成绩显著，尤其是党的十八大以来，福建文化事业取得全面进步。

1. 公共文化服务日益完善

新中国成立初期，福建文化建设秉持毛泽东同志《在延安文艺座谈会上的讲话》精神，1951 年全面完成“一县一市一个文化馆”建馆任务。1956 年，福建省群众艺术馆成立，全省群众文化网络初步形成。党的十一届三中全会后，为人民群众服务重新成为文化建设工作重点，1985 年全省农村集镇文化中心增至 501 个，公办文化站达到 3 万多个。城市、厂矿群众文化工作迅速发展，到 1983 年底，福建拥有各类工人文化宫、俱乐部 601 个，工会图书馆 4292 个，存书 400 多万册，电影放映单位约 400 个，职工体育活动场所 4518 个，各种业余文化团队 424 个，文艺创作组织 166 个。

（1）文化惠民工程全面落实

“十一五”期间，福建新增改建乡镇文化站 599 个，建成农家书屋 8450 个，覆盖全省 56% 的行政村；提前实现 20 户以上自然村通广播电视目标，基本实现农村电影数字放映和“一个行政村一月放映一场电影”，圆满完成农村中央广播电视节目无线覆盖工程建设任务。“十二五”期间，全省广电有线网络数字化率达 91.48%。

县级博物馆全面达标，建设500个激情广场群众性文化示范点，新建500个乡镇综合文化站文化信息共享服务点，扶持32个非物质文化遗产地方剧种剧团公益性演出。

“十三五”时期，制定出台了《关于加快构建现代公共文化服务体系的实施意见》《福建省基本公共文化服务保障实施标准（2015年—2020年)》《关于加快构建现代公共文化服务体系的重点任务分工和督查落实方案》《关于推进基层综合性文化服务中心建设实施方案》《福建省村（社区）综合性文化服务中心建设服务基本标准》《关于做好政府向社会力量购买公共文化服务工作的实施意见》《福建省文化厅关于进一步加强我省公共文化服务供需精准对接的实施方案》《福建省县级文化馆图书馆总分馆制建设的实施方案》等政策文件，为推进构建现代公共文化服务体系提供了政策保障。随着公共文化服务设施不断完善，公共文化服务水平逐年提高，公共文化资源不断丰富，基本公共文化服务标准化建设完成率达98.8%。

（2）现代公共文化服务设施网络健全

“十三五”期间，全省基本形成布局合理、覆盖城乡、惠及全民的省、市、县（市、区）、乡镇（街道）、村（社区）五级公共文化设施网络，80%的县级及以上图书馆、文化馆达到国家三级馆以上标准，旅游集散服务中心实现县域全覆盖，城乡基层文化设施基本完成功能整合。

公共图书馆。全省公共图书馆快速发展，县市级公共图书馆如雨后春笋般建立起来。至2007年，全省所有的县级及以上行政区域均建立公共图书馆。到2020年，全省各级公共图书馆97个，其中省级馆2个、市级馆12个、县级馆83个。在文化部组织的全国公共图书馆评估定级中，全省上等级的公共图书馆有 77 个，图书总藏量 4606.3 万册（件）。部分图书馆加快打造具有地方特色的馆藏体系，成为本地区文化信息资源中心。随着城市建设跨越式发展，许多县、市图书馆已从原有的狭小空间搬入新建成的现代化文化艺术中心，为读者提供环境优美的阅读学习和文化休闲场所。各级公共图书馆和高校图书馆每年均举办大量的读者活动、艺术展览、文化讲座、公益培训、电影放映等，推出“福建省图书馆云阅读”平台。到 2020 年，建成全省高校、公共、科研三大系统图书馆联盟文献资源共建共享机制，实现文献传递、联合借阅个性化信息资源“一站式”服务。

文化馆、文化站。全省现有文化馆（艺术馆、群众艺术馆）98 个，其中省级馆 1 个、地市级馆 9 个、县区级馆 88 个。文化部公布全国文化馆评估定级结果显示，福建 80 个文化馆进入国家等级馆（达标馆）。全省有乡镇街道综合文化站 1122 个。至 2020 年，全省乡镇（街道）和村（社区）综合性文化服务中心实现服务功能整合近 16000 家，占 99.6%。“八闽文化云”“福建省数字文化馆”等数字文化平台公共服务效应显现，省艺术馆的数字文化馆完成电脑端和微信端平台功能建设，并向公众开放。

博物馆。全省现有登记设立备案博物馆 145 家，其中国有博物馆 103 家，非国有博物馆 42 家。其中，国家一级博物馆 5 家，分别为福建博物院、中国闽台缘博物馆、泉州海外交通史博物馆、古田会议纪念馆、中央苏区（闽西）历史博物馆；二级博物馆 20 家；三级博物馆 20 家。2018 年第八届“博博会”在福州成功举办，福建文博展区获得“最佳展示奖”。国家文物局向全国推介 100 项 2021 年度“弘扬中华优秀传统文化、培育社会主义核心价值观”

主题展览，福建博物院的“世遗汉风——迎接第44届世界遗产大会特展”、厦门市博物馆的“厦门经济特区建设历史陈列”和龙岩市博物馆的“百年辉煌 · 闽西荣光——庆祝中国共产党成立100周年龙岩老区苏区成就展”成功入选。

广电设施网络。全省完成广播电视村村通建设任务，广播综合人口覆盖率99.82%，电视综合人口覆盖率99.85%。完成农村有线广播“村村响”工程建设，广播电视节目无线数字化覆盖工程建设、县级广播电视台数字化升级改造，超额完成农村电影放映工程年度计划。

（3）现代公共文化服务工作机制创新

推进文化体制机制改革。全省文化、旅游和广播电视、电影、新闻出版等部门机构改革顺利完成，省文联、省记协、省作协通过改革转换职能。国有文化企业公司制改革基本完成，公共文化机构理事会制度和文化馆图书馆总分馆制改革加快推进。积极参与全国有线电视网络整合和广电5G建设一体化发展，“放心游福建”服务承诺机制在全国推广。截至2021年8月，文化和旅游部、财政部公布了四批国家公共文化服务体系示范区（项目）名单，厦门、三明、福州、泉州先后获评示范区，艺术扶贫机制建设、村级文化协管员队伍建设、激情广场大家唱活动、古田县溪山书画院建设管理服务模式先后获评示范项目。

推进公共文化服务供需对接。有序推进公共文化设施向社会优惠或免费开放，全省文化部门管理的博物馆（纪念馆）和公共图书馆、美术馆、文化馆、乡镇（街道）综合文化站等“四馆一站”全部向社会免费开放。以“全福游”“闽政通”“八闽文化云”平台、“福建文化记忆”数据库群、“文化一点通”菜单式服务系统为支撑，构建全省公共文化服务一站式服务大平台。“中国（福建）公共数字文化大数据中心”项目入驻长乐大数据产业园区。到2021年8月，全省IPv6地址分配用户数4629万，占比78.7%；IPv6活跃连接数达4356万，占比74.1%。

发展文化志愿服务。广泛开展“情系八闽——文化志愿服务走基层”系列文化为民惠民活动。2004年创立“福建艺术扶贫工程”，分别获得第三届文化部创新奖、国家文化创新工程、第十五届群星奖等荣誉，入选全国首批创建国家公共文化服务体系示范项目，全省有13个志愿服务项目入选文旅部2019年“春雨工程”项目名单。

加强基层公共文化队伍建设。从2006年起，福建实施以县聘、乡管、村用方式选聘村级文化协管员，由省级财政安排专项经费，覆盖全部行政村。村级文化协管员项目荣获文化部群星奖，入选国

艺术普及志愿服务

全省村级文化协管员示范性培训班

家公共文化服务体系建设示范项目。福建省委办公厅、省政府办公厅出台《关于进一步加强农村“六大员”队伍建设的意见》（闽委办发〔2014〕1号），进一步明确村级文化协管员服务职能。福建省文化厅出台了《福建省文化与食安协管员管理暂行办法》（闽文社〔2015〕31号），规范村级文化协管员的选聘、管理和使用制度。

（4）公共文化产品和服务供给丰富

社会力量参与公共文化服务。制定出台《关于做好政府向社会力量购买公共文化服务工作的实施意见》，对推进政府向社会力量购买公共文化服务作了部署安排。鼓励各地先行先试，厦门爱乐乐团、厦门青年民族乐团、奥林匹克博物馆、宏泰艺术中心、篔筜书院、中华儿女美术馆和古龙酱文化园等民办文化机构，提供社会化、多样化的文化供给，成为公共文化服务的重要补充；龙岩新罗区积极发展文化大户；三明市采取定向补助、以奖代补等形式，鼓励支持兴办具有公益性质的民间美术馆、图书馆、博物馆、读书社、书画社等文化组织和机构；南平建瓯市推广农村文化“站+协会”服务模式，扶助建立乡镇书画协会、摄影协会等文艺协会，荣获中宣部、原文化部、原国家新闻出版广电总局联合表彰奖励，被授予第六届全国服务农民、服务基层文化建设先进集体称号。创新文化供给手段，厦门市推出“文化惠民点单式服务”工程，三明市探索建立“半台戏”公共文化服务配送体系，变政府确定服务项目为以群众需求为导向的互动型预约式供给服务。吸收社会力量参与建设、管理和服务，1987 年海外侨胞柬庆堂在福州三中捐建全国中学首家声像图书馆；1994 年晋江图书馆搬迁至菲律宾华侨陈延奎、蔡琼霞伉俪捐建的“陈延奎图书楼”，2013 年 10 月，该馆被改造成晋江少年儿童图书馆正式对外开放；台湾财团法人陈沼涛文教基金会在祖籍地安溪县捐建安溪县图书馆，1996 年该馆更名为安溪县沼涛图书馆；2009 年 4 月，香港康业国际集团董事局主席李常盛在母校福建农林大学捐建的图书大楼揭牌并投入使用；2017 年 12 月，福耀集团董事长曹德旺捐赠 4 亿元人民币兴建福州海峡图书馆正式开馆；等等。全省已形成政府主导，社会各界力量广泛参与的建设机制，推动图书馆事业健康发展。

高品质供给文化产品。1979 年至 1997 年，福建共诞生长篇小说 120 多部，题材涉及改革开放、闽台情缘、海防斗争、历史人物、红土地风云等方面。戏剧戏曲方面，1982 年至 1996 年，福建连续 8 届有 6 个剧种、14 个剧目在文化部和中国戏剧家协会举办的全国话剧、戏曲、歌剧评奖中荣获优秀剧本奖；连续 7 届有 5 个戏曲剧种和歌剧、舞剧、舞蹈诗等 12 个剧目获文化部举办的“文华奖”，其中 3 个剧目获文华大奖。舞蹈艺术方面，1996 年大型舞蹈诗剧《悠悠闽水情》分别获得文化部第六届“文华新剧目奖”和中宣部第五届“五个一工程”奖。大型舞剧《丝海箫音》获优秀剧目奖、演出奖、优秀作曲奖、舞美、服装设计奖。1993年3月，《丝海箫音》获中宣部“五个一工程”奖、文化部第三届文华大奖。

福建认真贯彻落实习近平总书记在文艺工作座谈会上的重要讲话精神和《中共中央关于繁荣发展社会主义文艺的意见》，制定出台《福建省文艺精品创作“五大工程”管理办法》，推出文艺精品创作“五大工程”（传统戏曲传承保护与发展工程、舞台艺术精品打造工程、优秀中长篇小说创作生产工程、优秀电影电视剧培育工程和马克思主义文艺理论建设工程），着力打造一批思想精深、艺术精湛、制作精良的福建原创作品。围绕改革开放40周年，创排话剧《松绑》《天演惊雷》、舞台剧《红土》等；围绕新中国成立70周年，创排舞剧《望海》、歌剧《与妻书》等；围绕建党100周年，创排京剧《使命》等一批剧目。“十三五”以来，福建新创舞台艺术精品剧目近百部，高甲戏《大稻埕》、闽剧《生命》、电影《古田军号》、电视剧《绝命后卫师》、广播剧《闽宁镇》、图书《谷文昌》等12部作品荣获全国“五个一工程”奖，成为全国首个实现“五个一工程”满堂红省份；4部剧目入选文化和旅游部“国家舞台艺术精品创作扶持工程”年度重点扶持剧目，实现该项目4届蝉联（全国仅福建、上海两省市）；闽剧《生命》、民族歌剧《松毛岭之恋》等12部作品入选文化和旅游部“庆祝中国共产党成立100周年舞台艺术精品创作工程”，入选数居全国第一；1人获得中国文化艺术政府奖文华表演奖、3人获中国戏剧梅花奖、2人获得曹禺剧本奖，1个节目获得国际金奖。2017年至2019年，全省获得国家艺术基金资助金额连续三年突破2000万元，3部剧目分别获得年度滚动资助（优中选优）。诗集《去人间》首次荣获鲁迅文学奖。大型舞剧《丝海梦寻》应邀赴联合国总部、联合国教科文组织总部、欧盟总部等国内外重要场合演出近 60 场。中国电影金鸡奖连续 10 年落户厦门。“十三五”期间，福建制作或参与制作的广播电视和网络视听优秀作品达 116 个。

2. 传统文化传承焕发活力

福建文化资源丰富，拥有闽南文化、客家文化、红色文化、湄洲妈祖文化、船政文化、朱子文化、闽都文化、畲族文化等一批区域特色传统文化。历史上，福建是儒家思想重镇，拥有丰富的非物质文化遗产。近代以来，福建文化坚守求新求变气质，林则徐、严复等人在中国文化现代史上具有重要地位。党的十八大以来，以习近平同志为核心的党中央高度重视文化遗产保护利用工作，作出一系列重要指示和重要部署，为文化遗产保护工作指明了方向，对福建文化遗产保护传承创新、传统工艺振兴、文旅融合发展具有重要作用。2021 年 7 月 16 日，在第四十四届世界遗产大会开幕式上，孙春兰副总理宣读了习近平总书记致第四十四届世界遗产大会的一封贺信，为福建深化世界遗产交流合作，推动构建人类命运共同体增添了信心和动力。

（1）文化遗产保护传承

文物保护。福建是文化遗产资源大省，经第三次全国文物普查，全省共登记不可移动文物 33251 处，总量居全国第十位（全国 70 万处）。经第一次全国可移动文物普查，全省共登记可移动文物 469222 件 / 套（769364 件），全国重点文物保护单位 169 处，省级文物保护单位 941 处，市、县级文物保护单位约 5100 处。其中，不可移动涉台文物 1515 处，约占全国涉台文物总数的四分之三；“海丝”文物 218 处；三明万寿岩遗址（2000 年度）、浦城猫耳山商代窑址（2005 年度）、浦城管九村土墩墓（2006 年度）、漳平奇和洞遗址（2012 年度）、永春苦寨坑窑址（2016 年度）等入选当年全国十大考古新发现；万寿岩遗址、城村汉城遗址、明溪南山遗址、德化窑遗址以及万里茶道（武夷山，跨省项目）、明清海防（崇武城墙、镇海卫城址、胡里山炮台、马江海战炮台、亭江炮台等，跨省项目）等 6 项列入国家“十三五”期间重要遗址。

非物质文化遗产传承。2004 年出台《福建省民族民间文化保护条例》，2008 年成立福建省非物质文化遗产保护中心，2011 年出台《福建省传统工艺美术保护办法》，2015 年发布《关于传承和弘扬福建戏曲的若干意见》，2019 年出台《福建省非物质文化遗产条例》，成为全国首个出台非物质文化遗产条例的省份。到 2021 年，全省共拥有寿山石雕、福州脱胎漆器髹饰技艺、木拱桥传统营造技艺、元宵节（马尾—马祖元宵节俗）、软木画、咏春拳、建窑建盏烧制技艺、白茶制作技艺（福鼎白茶制作技艺）、南音、莆仙十音八乐、泉州拍胸舞、高甲戏等国家级非遗项目 145 项、省级非遗项目（含 13 个新增保护单位）530 项；国家级非遗传承人 143 名、省级非遗传承人 917 名；市县级非遗名录 3000 多项。其中，南音、妈祖信俗、中国剪纸（漳浦剪纸、柘荣剪纸）、中国传统木结构建筑（闽南民居）营造技艺、送王船——有关人与海洋可持续联系的仪式及相关实践等 5 个项目，入选联合国教科文组织人类非物质文化遗产代表作名录；中国水密隔舱福船制造技艺、中国木拱桥传统营造技艺 2 个项目，入选联合国急需保护的非物质文化遗产名录；福建木偶戏后继人才培养计划入选联合国教科文组织保护非物质文化遗产优秀实践名册。福建是我国首个也是迄今唯一在国际非遗保护三个系列中获得大满贯的省份。从福建省人民政府公布的共6批、530项省级非物质文化遗产项目类别结构看，传统技艺182项，占比34%；民俗106项，占比20%。

表3-1 国务院公布的五批国家级非物质文化遗产福建省上榜项目

批次	公布时间	项目数量
第一	2006年5月20日	43
第二	2008年6月7日	51
第三	2011年5月23日	19
第四	2014年11月11日	17
第五	2021年5月24日	15
合计		145

表3-2 福建省政府公布的六批省级非物质文化遗产项目

批次	公布时间	项目数量
第一	2005年10月31日	101
第二	2007年8月28日	99
第三	2009年5月31日	88
第四	2011年12月14日	74
第五	2017年1月11日	89
第六	2019年2月25日	79
合计		530

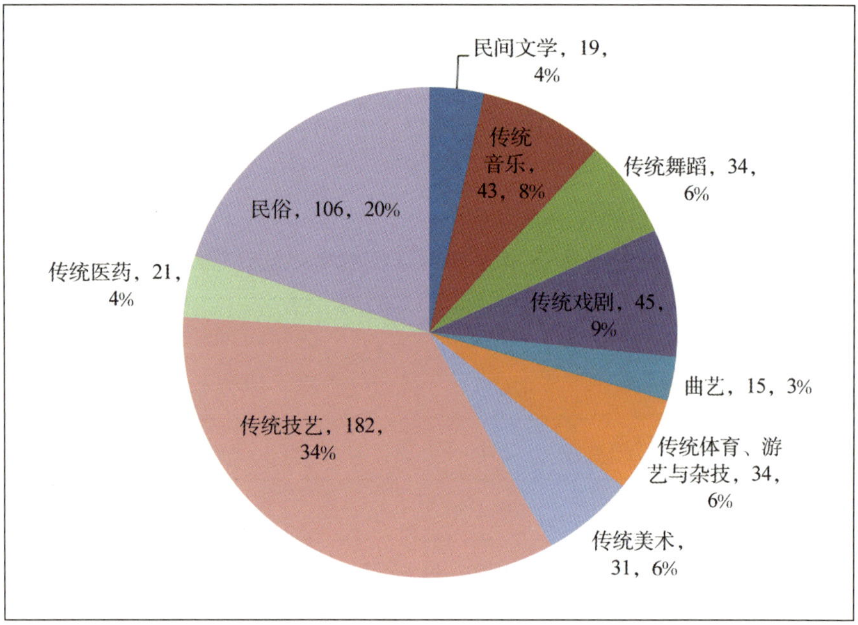

福建省六批省级非物质文化遗产项目类别及所占比例

表 3-3 福建入选世界级非物质文化遗产名录项目

序号	名称	类别	批次	申报地区	保护单位
1	南音	传统音乐	人类非物质文化遗产代表作名录	福建省—泉州市 福建省—厦门市	泉州市艺术馆（泉州市闽南文化生态保护中心、泉州市非物质文化遗产保护中心）、厦门市南乐团
2	中国剪纸	传统美术	人类非物质文化遗产代表作名录	福建省—宁德市 福建省—漳州市	宁德市柘荣县文化馆、漳州市漳浦县文化馆

续表

序号	名称	类别	批次	申报地区	保护单位
3	中国传统木结构建筑营造技艺	传统技艺	人类非物质文化遗产代表作名录	福建省—泉州市	泉州市艺术馆（泉州市闽南文化生态保护中心、泉州市非物质文化遗产保护中心）、惠安县文化馆、南安市博物馆、泉州市鲤城区文化馆
4	送王船——有关人与海洋可持续联系的仪式及相关实践	民俗	人类非物质文化遗产代表作名录	福建省—厦门市	厦门市闽南文化研究会
5	妈祖信俗	民俗	人类非物质文化遗产代表作名录	福建省—莆田市	湄洲岛管委会、湄洲妈祖祖庙董事会
6	中国水密隔舱福船制造技艺	传统技艺	急需保护的非物质文化遗产名录	福建省—宁德市 福建省—泉州市	宁德市蕉城区水密隔舱福船研究会、晋江市文化馆
7	中国木拱桥传统营造技艺	传统技艺	急需保护的非物质文化遗产名录	福建省—宁德市	宁德市寿宁县文化馆、屏南县文化馆
8	福建木偶戏后继人才培养计划	传统戏剧	非物质文化遗产优秀实践名册	福建省—泉州市 福建省—漳州市	泉州晋江市掌中木偶剧团、漳州市木偶剧团

布袋木偶戏表演

（2）文化生态保护

文化生态保护区。福建非物质文化遗产保护一直走在全国前列，坚持保护优先、整体保护、见人见物见生活的理念，实现“遗产丰富、氛围浓厚、特色鲜明、民众受益”目标，逐步探索出一套行之有效、整体性保护的福建模式。

闽南文化生态保护实验区是我国第一个国家级文化生态保护实验区（2007 年 6 月文化部批准设立）、首批国家级文化生态保护区之一（共 7 个，2019 年 12 月文化和旅游部公布）。2017 年，客家文化（闽西）生态保护实验区被列入国家级实验区。2010 年，福建设立湄洲妈祖文化生态保护实验区（省级）。至 2021 年 9 月，福建省人民政府认定公布了五批省级历史文化街区，其中国家级历史文化名城 4 座（福州市、泉州市、漳州市、长汀县），省级历史文化名城 5 座（莆田市、邵武市、武夷山市、建瓯市、厦门市），中国历史文化街区 4 条，省级历史文化街区 45 条，中国历史文化名镇 19 个，中国历史文化名村 57 个，省级历史文化名镇 35 个，省级历史文化名村 89 个，中国传统村落 492 个，省级传统村落 543 个，省级畲族文化生态保护示范点 15 个。

区域性世界文化遗产。福建有 4 个世界文化遗产项目，即武夷山世界文化与自然遗产（1999 年 12 月）、福建土楼世界文化遗产（2008 年 7 月）、厦门鼓浪屿：历史国际社区世界文化遗产（2017 年 7 月）、泉州：宋元中国的世界海洋商贸中心（2021 年 7 月）。

其中，武夷山文化与自然遗产地处福建武夷山市西南部，其中，中西部的国家级自然保护区、东部的自然与文化景观保护区以及古汉城遗址保护区为核心区域，中部的九曲溪生态保护区为次核心区域。武夷山世界文化遗产点主要有架壑船棺、闽越王城、武夷精舍、兴贤书院等。

武夷山文化与自然遗产

福建土楼

福建土楼是中国东南山区土楼中最出色的代表和最值得保护的典范，建造于13世纪至20世纪，坐落于肥沃的深山峡谷之中，是一个社区族群长久以来共同生活和抵御侵害的居住传统的独特见证，代表7个多世纪以来夯土建筑技艺的创新、发展和杰出水平。福建土楼数量众多，总量在3000座左右，入选世界遗产的土楼由永定、南靖、华安三县的“六群四楼”组成，即永定的初溪、洪坑、高北土楼群及衍香楼；南靖的田螺坑、河坑土楼群及和贵楼、怀远楼；华安的大地土楼群，共计46座土楼。

鼓浪屿位于厦门市思明区，是厦门岛西南隅一座面积1.88平方公里的小岛，开拓于宋末元初。在多元文化共同影响下，鼓浪屿发展、完善为近代居住型社区的独特范例，完整见证了19世纪中叶到20世纪中叶，传统社会融入现代公共设施，向新社会形态转变的历史变革。

泉州是10世纪至14世纪世界海洋贸易网络中高度繁荣的商贸中心之一，作为宋元中国与世界的对话窗口，展现了中国完备的海洋贸易制度体系、发达的经济水平以及多元包容的文化态度。泉州——宋元中国的世界海洋商贸中心由22处代表性的古迹遗址及其关联环境构成，包括九日山祈风石刻、市舶司遗址、德济门遗址、天后宫、真武庙、南外宗正司遗址、泉州府文庙、开元寺、老君岩造像、清净寺、伊斯兰教圣墓、草庵摩尼光佛造像、磁灶窑址、德化窑址、安溪青阳下草埔冶铁遗址、洛阳桥、安平桥、顺济桥遗址、江口码头、石湖码头、六胜塔、万寿塔。

（3）红色文化传承弘扬

革命文物保护。福建是全国著名革命老区，原中央苏区的核心区。土地革命战争时期，毛泽东、周恩来、朱德、刘少奇等老一辈无产阶级革命家在闽西等地进行了长时间的革命斗争实践，积淀形成了众多革命文物。福建革命文物内涵丰富、数量众多、分布广泛、区域集中。从2014年起，福建省文物局在全省范围内开展了革命文物资源专题调查，经2018年补查统计，全省拥有革命文物1832处，其中全国重点文物保护单位58处，省级文物保护单位319处，市县级及不可移动文物点1458处，可移动革命文物11.3万件/套，全省共登记8家革命纪念专题博物馆，主要有古田会议旧址、长汀革命旧址、厦门破狱斗争旧址、上杭临江楼、龙岩闽西工农银行旧址、建宁红一方面军领导机关旧址、漳州中国工农红军东路军领导机关旧址、上杭毛泽东才溪乡调查旧址群、长汀红九军团长征出发地等。2019年5月，福建省委办公厅、省政府办公厅印发了《福建省革命文物保护利用工程实施方案》，组织编制《福建省革命文物保护利用经费需求规划》《中央苏区（闽西）革命旧址保护利用规划》，重点实施中央红军长征、中央苏区红色交通线、北上抗日先遣队、中央苏区毛泽东调查研究之路等精品红色文化线路整体保护项目，集中力量推进原中央苏区片区、长征片区等革命文物集中连片保护利用工程。《革命文物保护利用片区分县名单（第一批）》名单中，福建省有三明、泉州、漳州、南平、龙岩市的 41 个县区被纳入原中央苏区片区，漳州有 2 个县区被纳入海陆丰片区，南平、宁德有 13 个县区被纳入闽浙赣片区。

传承弘扬红色文化。习近平总书记强调："革命传统资源是我们党的宝贵精神财富，每一个红色旅游景点都是一个常学常新的生动课堂，蕴含着丰富的政治智慧和道德滋养。""无数革命先烈留下的优良传统是永远激励我们前进的宝贵财富，任何时候都不能丢。对于红色文化资源，我们既要注重有形遗产的保护，又要注重无形遗产的传承，大力弘扬红色传统。"福建积极实施红色文化保护、传承和弘扬工程，结合建军 90 周年、红军长征胜利 80 周年、新中国成立 70 周年、古田会议召开 90 周年、建党 100 周年等重大历史事件纪念活动，举办各种展览，开展形式多样的专题展览和爱国主义、革命传统教育活动。策划组织大型展览，并将革命文物资源丰富的村落纳入传统村落保护和文化特色小镇建设范畴。其中，客家文化（闽西）生态保护实验区 8 个片区，都有涉及红色文化与历史文化名城（镇、村）或客家传统村落融合文化生态保护区。福建 5 个国家一级博物馆中，有 2 个革命文物博物馆，即古田会议纪念馆、中央苏区（闽西）历史博物馆。

3. 群众文化生活丰富多彩

1990年2月，福建实施繁荣和发展社会文化《芳草计划》，群众文化发展进入新阶段。1993年，福建涌现出龙海“文化一条街”、厦门“厦禾芳草带”、邵武“一分钱读书社”、尤溪“评选文化户”等新经验，全省“芳草示范点”增至1000多个，群众文化生活质量得到明显改善。

（1）乡村公共文化服务效能提升

乡村是传统文化的原生地、乡土文化的集聚地。福建认真落实《中华人民共和国公共文化服务保障法》，加强统筹整合，健全完善乡村公共文化设施网络。深入实施文化惠民工程，打造乡村群众文化活动品牌。2020年全省文化站举办展览2838个，组织文艺活动13379次，举办训练班7551次，培训人次34.4万人次。突出资源整合共享，加强供需对接，打通公共文化服务“最后一公里”，提升公共文化服务效能。推进“六项功能整合”，利用古厝、祠堂、礼堂、戏台、闲置学校等场所，拓展一批特色文化展示展陈和特色民俗文化活动的村级综合文化服务中心；开展传承实践活动，建设一批非遗传习所。由省级财政安排专门资金，支持扶持建设380家省级示范点。积极推进基层乡镇文化站、村级综合文化服务中心纳入县级文化馆、图书馆体系，实现统一管理、资源共享。2021年8月25日，“寿宁县国家数字乡村试点”揭牌仪式在下党乡举行，寿宁县作为福建省唯一代表县在2021年第四届全国数字峰会上发言，数字乡村建设有了良好开端。

表 3-4 群众文化（艺术）馆站业务活动及经费情况（2020 年）

项 目	群众文化（艺术）馆	文化站	总 计
单位数（个）	98	1122	1220
从业人员（人）	995	3024	4019
举办展览（个）	864	2838	3702
组织文艺活动（次）	2765	13379	16144
举办训练班（次）	5866	7551	13417
培训人次（千人次）	231	344	575
组织公益性讲座次数（次）	536		536
本年收入总额（千元）	408113	219733	627846
本年支出合计（千元）	386234	219618	605852

（2）群众文化活动品牌亮点迭出

福建充分发挥特色优势，全面发展社区文化、农村文化、老年文化、少儿文化、旅游文化、校园文化、民俗文化，形成一批地域特色明显、群众乐于参与的活动品牌。积极发挥各级文化馆专业优势，在全省范围举办福建农民文化周、福建音乐舞蹈节、春燕行动——福建乡村音乐会、乡村春晚、百姓大舞台等活动，各地市特色活动主要有泉州、漳州的“文化墟日”、龙岩的红色文艺轻骑兵“百镇千村”文艺服务、三明的“风展红旗如画三明”文化进万家流动舞台车巡演、平潭的“新时代乡村阅读季”等活动，促进全省农村文化市场及农民文化生活的繁荣和活跃。

打造“百姓大舞台”文化惠民演出品牌。从2017年11月开始，

泉州特色民俗海上泼水节火热的一幕

福建省文旅厅“百姓大舞台”坚持在福建省少儿图书馆广场每周周末举行一场公益性文化惠民演出，年均演出40多场。2018年7月，制定出台《鼓励和引导社会力量参与“百姓大舞台”文化惠民演出实施办法》，促进“百姓大舞台”向常态化、规范化发展，让“百姓大舞台”真正成为百姓共建共享的文化舞台。

创新打造“春燕行动——福建乡村音乐会”。2019年，福建省文旅厅组织艺术家赴武夷山市西郊村、泰宁县际溪村、建瓯市龙村和寿宁县下党村等乡村开展“春燕行动——福建乡村音乐会”文化惠民演出，采取向社会方购买公共文化服务形式，由省音乐推广协会承办，每年安排专项补助省属6个文艺院团开展文化惠民演出活动，为当地村民带去精彩文化大餐，得到村民的赞誉和好评。

引导开展“乡村春晚”文化活动。2019年春节期间，福建省共组织“乡村春晚”968场次，覆盖1610个村，观众人数近182

福建农民文化周

万人次，丰富了乡村群众文化生活，得到基层广大人民群众的肯定和欢迎。

广泛开展“福建农民文化周”活动。2020 年“中国农民丰收节”期间，福建以“八闽丰收节节高、幸福小康样样红”为主题，在全省举办福建农民文化周活动，通过开展丰富多彩的非遗项目展演、民俗活动表演、乡村特色文化展示等活动，展示福建乡村文化活力与魅力，进一步构建乡村文化活动公共空间，丰富乡村群众文化生活。

（3）专业演出与群众活动有机结合

福建着眼于满足人民文化生活新期待，不断创新群众文化工作举措，支持指导各地积极开展群众合唱活动，培育了“激情广场大家唱”品牌，荣获国家公共文化服务最高奖“群星奖”。

专业演出与群众活动有机结合。福建艺术节作为全省最高规格最大规模的综合性文化艺术盛会，突出文艺惠民，将专业演出与群众活动有机结合，鼓励引导更多群众参与，把艺术节办成丰富群众精神文化生活的盛会。2021 年 12 月第八届福建艺术节的群众文化活动，以线上线下互动方式同步推进，扩大覆盖面，增强可及性。

打造多样文化活动品牌。惠及城乡广大群众是福建基层公共文化服务的特色和亮点。如福州市的“激情广场大家唱”“新福州人歌手大赛”“海峡两岸合唱节”“海峡两岸民俗文化节”“相约九日台”等活动；厦门市的“温馨厦门”广场文艺活动、“红领巾读书读报奖章”竞赛活动等；泉州市的“万千百十”文化惠民服务工程；三明市的“三明市群众广场文化活动”“百姓大舞台、想秀你就来”海选活动等；南平市的“我的舞台 · 我的梦”“文化助梦培训”“忘不了的乡愁”等活动；龙岩市的“文化惠民 · 周周有戏”“龙岩唱将台”“文化龙岩群文十大活动”等活动；宁德市的“魅力闽东”文化惠民工程、中国微演艺品牌、一县一歌暨企业有歌声、班班有歌声文艺会演等活动，基层群众评价高，文化活动品牌效应显现。其中，“三明市群众广场文化活动”荣获原文化部“群星奖”。厦门市的“书香鹭岛活动月”被中宣部、中央文明办、原新闻出版广电总局评为全国“全民阅读活动”优秀项目。

（二）文化产业持续发展

福建文化产业优势独特，具有较强的文化产业实力。2000 年党的十五届五中全会通过的《中共中央关于制定国民经济和社会发展第十个五年计划的建议》，首次提出“文化产业政策”。党的十七届六中全会提出，“加快发展文化产业，推动文化产业成为国民经济支柱性产业”，文化建设重要地位进一步提升。福建全面贯彻党中央关于文化产业发展的方针政策，落实国家文化强国战略和文化体制改革各项要求，不断推动文化产业发展。

1. 文化产业提质增效

福建深入实施五大文化产业工程，大力发展十大文化产业，文化产业结构持续优化、实力快速提升，形成以福州、厦门、泉州为核心的创意设计、动漫游戏集聚区，以莆田、泉州、福州为核心的工艺美术产业集聚区，以南平、龙岩等闽西闽北地区为核心的生态和文化旅游产业集聚区。

（1）文化产业体系不断健全

2012 年以来，福建实施文化产业发展“310 行动”计划，加快培育十强文化企业、建设十大重点文化产业园区、打造十大重点文化产业项目，力争推动 1 至 2 家文化企业入选全国文化企业 30 强、1 至 2 个园区入选国家级文化园区（基地），打造一批百亿增加值的文化产业园区，促进文化产业规模化、集约化与品牌化。

表 3–5 福建省 2020 年和 2019 年文化相关产业规模以上法人单位及营业收入数据对比

指标名称	法人单位数（个）				营业收入（亿元）			
	2020 年	2019 年	增速（%）	2020 年占比（%）	2020 年	2019 年	增速（%）	2020 年占比（%）
总计	3522	3538	–0.45	100	5313.05	5416.38	–1.91	100

续表

指标名称	法人单位数（个）				营业收入（亿元）			
	2020年	2019年	增速（%）	2020年占比（%）	2020年	2019年	增速（%）	2020年占比（%）
一、按产业类别分	3522	3538	−0.45	100	5313.05	5416.38	−1.91	100
文化制造业	1424	1459	−2.40	40.43	3247.90	3520.88	−7.75	61.13
文化批发和零售业	537	546	−1.65	15.25	1060.63	1049.09	1.10	19.96
文化服务业	1561	1533	1.83	44.32	1004.52	846.41	18.68	18.91
二、按行业类别分	3522	3538	−0.45	100	5313.05	5416.38	−1.91	100
新闻信息服务	97	85	14.12	2.75	94.32	63.35	48.88	1.78
内容创作生产	1189	1195	−0.50	33.76	2116.79	2273.67	−6.90	39.84
创意设计服务	465	469	−0.85	13.20	449.48	306.08	46.85	8.46
文化传播渠道	416	440	−5.45	11.81	566.18	604.37	−6.32	10.66
文化投资运营	15	14	7.14	0.43	3.58	3.47	3.23	0.07
文化娱乐休闲服务	342	365	−6.30	9.71	37.91	56.91	−33.38	0.71
文化辅助生产和中介服务	545	524	4.01	15.47	652.51	743.55	−12.24	12.28
文化装备生产	120	118	1.69	3.41	414.94	425.01	−2.37	7.81
文化消费终端生产	333	328	1.52	9.45	977.33	939.98	3.97	18.39

文化产业实力不断壮大。福建文化产业已成为产业转型升级新的增长点，逐步成为国民经济支柱性产业。据统计，2016年福建文化产业实现增加值1472.80亿元，占地区生产总值比重4.97%。

2018年全省文化产业实现增加值2055.08亿元，占地区生产总值比重5.31%。截至2018年末，全省有文化及相关产业法人单位7.49万个，从业人员106.12万人，资产总计5226.65亿元。2020年全省文化产业实现增加值2165.68亿元，占地区生产总值比重5.00%；2020年全省规模以上文化及相关产业法人单位数3522个，从业人员期末人数43.28万人，营业收入5313.05亿元。

文化主导产业体系日趋完善。福建文化产业增加值持续提升，广播影视业、文化会展业和动漫游戏业发展强劲，广告业、创意业、文化旅游业和工艺美术业增速加快，新闻出版业和演艺娱乐业发展平稳。据统计，2016年福建工艺美术业实现增加值497.82亿元，占文化产业增加值的41.8%，产业规模在全国居第三位；出口36.90亿元，居全国第二位；广播影视业和新闻出版业增加值

福建省文化产业增加值及GDP占比

分别为 144.46 亿元和 128.35 亿元，占文化产业增加值的 12.1% 和 10.8%，在国家新闻出版广电总局公布总体经济规模综合评价中，福建省新闻出版业位居全国第九位，全省广播电视创收位居全国第十二位，全省电影票房位居全国第十位；演艺娱乐业、动漫游戏业、创意业增加值分别占文化产业增加值的 5.8%、5.0% 和 4.4%，其中动漫游戏业综合实力位居全国第十位，广告业、文化旅游业、文化会展业增加值分别占文化产业增加值的 3.3%、1.4% 和 0.8%。

党的十九大后，福建以内容为主的广告业、演艺娱乐业、文化会展业、新闻出版业、广播影视业等文化服务迅速增长，产业结构持续优化。从 2020 年全省规模以上文化产业法人单位统计看，按照产业类别分，文化服务业法人单位数占比 44.32%，营业收入占比 18.91%。按行业类别分，内容创作生产法人单位数占 33.76%，营业收入占 39.84%。

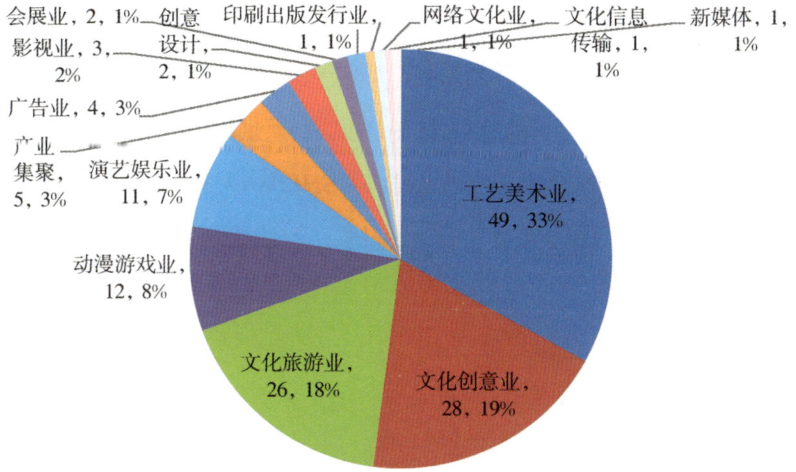

福建文化产业示范基地行业分布

2018年福建原创漫画4317部，居全国首位；全省动漫产业营业收入仅次于广东省，居全国第二位。福州、厦门分别获得“中国软件特色名城”称号，福州软件园获“2018年中国最具活力软件园”称号，厦门软件园是福建首家产值突破千亿的专业软件园区，福州、厦门入选国家级文化和科技融合示范基地。福建公布的11批文化产业示范基地共158家，涵盖工艺美术、文化创意、文化旅游、动漫游戏、演艺娱乐等15个文化行业，文化产业行业集聚度明显。

文化产业发展平台建设成效明显。福建积极落实“三旧”改造扶持政策，支持各类市场主体合理利用闲置厂房、仓储用房、废弃工业设施、传统商业街等存量房产、土地，将其改造建设成为文化产业创业基地。福建省委宣传部牵头对全省150多个文化产业园区进行专项清理，重新认定80多个园区，其中50多家利用“三旧”（旧工业区、旧城镇、旧村庄）改建成文创产业园区。按业态分，创意设计和广告园区占30%，文化旅游园区占20%，动漫园区占30%，影视出版园区占20%，目前形成一批文化业态定位明显、文化内涵特色鲜明、产业链清晰、服务配套比较完善的文化产业园区。福建省发改委认定福建闽台AD创意产业园、海峡两岸龙山文创园、厦门启达文化创意产业园、领SHOW天地广告文化创意产业园等11个省级文化创意集聚示范区。下达服务业发展引导资金，支持陶瓷文化创意产业服务平台公共服务平台项目建设，闽江学院青年漆艺家孵化基地和海峡两岸龙山文化创意产业园获评文化和旅游部“双创”服务体系示范平台。2020年9月，福建省文化改革发展工作领导小组办公室发布的“福建省文化产业重点园区”，包括福州软件园动漫游戏产业园区、福大怡山文化创意园、互联网小镇（飞客小镇）产业园、集美集影视产业园、海丝艺术品中心、漳州金峰经济开发区乐器文化产业园、惠安雕艺文化创意产业园、莆田工艺美术城、仙游工艺产业园、泰宁丹霞文化产业园、晋江洪山文化创意产业园、建阳建盏文化创意产业园等12个园区。

福建加快打造“福建文创市集”文创品牌取得了良好成效。2021年第四届福建文创市集在福州上下杭历史文化街区开市，举办“红色百年”“世遗专场”“非遗新生”“复古国潮”“闽台文创”等主题专场，促进产业资源集聚，助力城市更新。福州动漫游戏、工艺美术产业已形成以漆器、珠宝、寿山石为主的工艺美术集聚区，网龙网络科技有限公司等为代表的动漫游戏产业集聚区。厦门动漫游戏发展的基础好，咪咕动漫、美图网络科技、四三九九等平台和企业具有较强影响力，厦门龙山文创园、厦门软件园等园区集聚大量影视文化、文化创意、动漫游戏企业。莆田工艺美术已形成黄金珠宝首饰、油画、木雕等比较优势产业。泉州形成德化陶瓷、安溪藤铁、惠安石雕等产业集群。

（2）文化骨干企业不断壮大

实施福建文化产业发展“310行动”，加快培育重点企业、重点园区、重点项目，按省属文化集团、省文化企业十强、重点民营文化企业三个层面，组织实施文化产业龙头促进计划。2017年，海峡出版发行集团综合实力进入全国省级出版发行集团中上游，福建广电网络集团获全国文化企业三十强提名。2018年，全省共有4家动漫游戏公司入选中国互联网企业百强榜单，14家印刷企业入选中国印刷业百强榜。在“2019年中国互联网企业百强”评选中，福建7家企业上榜。海峡出版发行集团有限责任公司、福建广电网络集团有限公司、德艺文化创意集团有限公司、厦门多想互动文化传播股份有限公司、漳州市恒丽电子有限公司、福建泉州顺美集团有限责任公司、福建网龙计算机网络信息技术有限公司、厦门吉比特网络技术股份有限公司、福建字节跳动科技有限公司、厦门会展集团股份有限公司等10家企业，入选2020年度福建省“文化企业十强”。

2. 文化业态推陈出新

福建积极培育以“文化+”为核心的产业融合新业态，通过制定系列政策、项目扶持等方式，推动文化产业与相关产业融合发展。

（1）文化和旅游深度融合

把文化产业、旅游产业作为战略性新兴产业，加快打造“清新福建”“全福游·有全福”文化旅游品牌，推动文旅产业高质量发展。深入实施文化与旅游融合示范八大工程，提升旅游业文化内涵，打造清新福建文化旅游品牌，推动历史文化资源保护与开发、文化旅游题材创作生产、文化旅游产业基地（景区）培育等，形成了三坊七巷、武夷山朱子文化园、船政文化景区、鼓浪屿等重点文化旅游景点，源和1916文创园、晋江五店市传统街区等文化旅游园区，闽南传奇、印象大红袍、武夷水秀等文化旅游演艺项目，提升了区域文化吸引力和旅游竞争力。

培育文化旅游融合新业态。出台《关于深化文化旅游融合发展的实施意见》，实施文旅资源内涵提升工程、文旅融合项目带动工程、文旅融合新业态培育工程、老区苏区及乡村文化旅游振兴工程、文旅创意产品提升工程、文化旅游消费升级工程、闽台文旅融合发展工程、文旅融合海外推广工程等八大工程，促进文旅融合发展。推动全域生态旅游发展，创建武夷山、永泰、武平、泰宁、尤溪、德化、集美7家国家全域旅游示范区。提升景区品牌，全省实现“市市有AAAAA”；大力发展乡村旅游，37个村入选全国乡村旅游重点村，评定78个“福建省金牌旅游村”和15个“全域生态旅游小镇”。

推动文化和旅游公共服务功能融合。全省遴选确定25个乡村文化和旅游公共服务机构，探索开展文旅功能融合，试点建设主客共享的乡村文旅服务中心，其中国家级试点5个、省级试点20个。在福州森林公园、金鸡山公园建设“清新书苑”，打造文化与旅游深度融合的阅读空间；组织开展“春燕行动——福建乡村音乐会”进乡村旅游景区演出活动。

（2）文化与相关产业深度融合

文化遗产产业化活态保护。建立推进传统工艺振兴工作机制，对列入第一批国家传统工艺振兴目录的寿山石雕、莆田木雕、惠安石雕、畲族服饰制作技艺等21个项目给予重点帮扶和支持，对25家非遗生产性保护传承单位重点扶持。从2015年起，组织福建艺术职业学院、福建师范大学美术学院、福州大学厦门工艺美术学院参与中国非遗传承人群举办研修班、培训班；举办福建省传统工艺精品大展，组织福建省优秀非遗传统工艺美术项目参加非遗“薪传奖”传统工艺大展等；举办“最美福建”文化旅游创意设计大赛，对入围和获奖的“福建好礼”类优秀工艺美术作品，组织在海峡两岸文博会等展会平台及线上线下等多种渠道进行互动展示、销售。

表3–6 福建省首批非遗代表性项目生产性保护传承重点单位名单

序号	推荐单位	非遗项目名称	单位名称
1	福州市文广新局	福州脱胎漆器髹饰技艺	福州脱胎漆艺制作中心
2	福州市文广新局	福州茉莉花茶窨制技艺	福建春伦集团有限公司
3	福州市文广新局	福州茉莉花茶窨制技艺	福建省福州茶厂
4	厦门市文广新局	厦门漆线雕技艺	厦门惟艺漆线雕艺术有限公司

续表

序号	推荐单位	非遗项目名称	单位名称
5	厦门市文广新局	传统香制作技艺	厦门市妙吉祥香道文化传播有限公司
6	漳州市文广新局	中医传统制剂方法漳州片仔癀制作技艺	漳州片仔癀药业股份有限公司
7	漳州市文广新局	印泥制作技艺（漳州八宝印泥）	漳州市八宝印泥厂
8	漳州市文广新局	古琴传统制作技艺	龙人古琴文化投资（长泰）有限公司
9	泉州市文广新局	德化瓷烧制技艺	福建省德化县泰峰瓷坊
10	泉州市文广新局	惠安石雕	福建省尚艺古建筑工程有限公司
11	泉州市文广新局	红茶制作技艺	泉州泉港涂岭红茶叶专业合作社
12	三明市文广新局	竹纸制作技艺	福建省玉竹金纸文化发展有限公司
13	三明市文广新局	泰宁大源傩舞	泰宁县新桥乡大源傩农家乐专业合作社
14	莆田市文广新局	莆仙戏	福建省莆仙戏剧院有限公司
15	莆田市文广新局	仙游古典家具制作技艺	福建省三福古典家具有限公司
16	南平市文广新局	建窑建盏烧制技艺	福建南平市星辰天目陶瓷研究所
17	南平市文广新局	福建乌龙茶制作技艺（北苑茶）	建瓯市成龙茶厂
18	南平市文广新局	建窑建盏烧制技艺	建阳区御窑陶瓷研究所
19	南平市文广新局	湛卢宝剑铸造技艺	福建湛卢宝剑有限公司
20	龙岩市文广新局	永定万应茶制作工艺	龙岩市永定区福山万应茶厂
21	龙岩市文广新局	连城宣纸制作技艺	连城美玉堂连史纸文化有限公司
22	宁德市文广新局	畲族医药（福安市）	福安市畲医药研究发展中心
23	宁德市文广新局	柘荣剪纸	福州简尚文化发展有限公司
24	宁德市文广新局	银饰锻制技艺（畲族银器锻制技艺）	福建盈盛号文化产业有限公司
25	平潭社会事业局	平潭贝雕	福建映像海坛文化创意有限公司

海洋文化旅游产业融合发展。福建海洋文化产业规模和实力位居全国前列，依托妈祖文化、海丝文化、船政文化、郑成功文化等优势，深入挖掘海洋文化元素和题材，扶持发展海洋文化创意产业。以打造国际知名的海洋旅游目的地为目标，优化海洋旅游产业布局，推进海洋旅游从滨海、海岛向海上延伸，构建蓝色海丝生态旅游带。支持平潭影视基地等建设，积极打造海洋文化演艺精品，形成海洋文化艺术产业。打造“海上丝绸之路国际艺术节”“海上丝绸之路（福州）国际旅游节”等海洋文化节庆，形成有国际影响的品牌节庆活动。

古建筑文化旅游加快发展。积极推动古建筑传统文化元素的保护、传承与发扬，留住历史“文脉”。开展覆盖全省行政村的划定乡村建设历史文化保护线工作，重点划定历史文化名镇名村和传统村落，各乡（镇）、村范围的文物保护单位、历史建筑、其他农业文化遗产等四类历史文化资源的保护范围和建控地带两条保护线。积极挖掘乡村古民居古建筑文化内涵，结合乡村旅游资源，增加民众参与度，形成文化与旅游集聚效应。2021 年 4 月，福建省文旅厅评出文化产业和旅游产业融合发展示范区培育单位 12 个，包括福建土楼客家民俗文化村（龙岩）、三坊七巷历史文化街区（福州）、泰宁县梅口乡（三明）、福建（南靖）土楼景区（漳州）、德化浔中镇（泉州）、上杭县古田镇（龙岩）、长汀县汀州镇（龙岩）、湄洲岛妈祖文化旅游区（莆田）、武夷山五夫朱子文化小镇（南平）、寿宁县下党乡（宁德）、晋江五店市传统文化区（泉州）、马尾船政文化城（福州）。

（3）文化产品和服务数字化

2000 年，时任福建省省长习近平提出建设“数字福建”战略构想；同年10月，省委六届十二次全会将“数字福建”写入福建“十五”规划纲要建议。20多年来，福建积极推进电子政务数字产业化和产业数字化“双轮驱动”，加快“数字福建·宽带工程”、IPv6基础设施、云计算等设施改造。2020年全省数字经济发展指数达74.58，数字经济规模突破2万亿元人民币，占全省地区生产总值比重超过45%。2021年8月，注册成立福建省大数据有限公司。

实施“互联网+新闻出版、广播影视”等10项行动，培育发展重点企业“互联网+文化产业”新兴业态。加强文创、演艺等传统文化企业与互联网科技企业合作，促进数字技术和文化旅游、视听娱乐、遗产保护、出版印刷、医疗健康、生态环保等内容结合。2019年3月，启动《八闽文库》全媒体出版工程。2020年4月，福建省文旅厅和福建省旅游发展集团共同开发的“一部手机全福游”App正式上线，为游客和市民提供一站式文旅数字服务。福州、厦门、龙岩和武夷山被列为“国家智慧旅游试点城市”。在“2021中国智慧景区TOP300”榜单中，福建有10家景区上榜，分别为武夷山（第16位）、厦门鼓浪屿风景名胜区（第92位）、福州市三坊七巷景区（第119位）、龙岩市古田旅游区（第143位）、福建土楼（永定·南靖）旅游景区（第148位）、太姥山风景名胜区（第212位）、泰宁风景旅游区（第217位）、泉州清源山风景名胜区（第220位）、湄洲岛妈祖文化旅游区（第239位）、白水洋—鸳鸯溪旅游区（第264位）。

加快发展新型文化业态，美图公司、零壹动漫、福昕软件、四三九九公司、一品威客、飞鱼科技、葫芦弟弟等一批“互联网+”文创企业高速增长，喜马拉雅、美团、西瓜视频等福建数字文化企业成为全国知名企业，功夫动漫、风鱼动漫、咪咕动漫、天之谷、网龙等动漫游戏企业发展强劲，IGG、网龙、四三九九、点触科技等企业进军海外动漫游戏市场。2020 年，福建“互联网 +”文化产业增加值在文化产业总体增加值中比重超过 50%。“数字中国建设峰会”成为福建数字文化的重要象征符号之一，在第四十四届世界遗产大会上展示出了数字技术对文化遗产保护和弘扬的巨大潜能。

3. 文化品牌深入人心

为打造文化精品，扩大福建文化品牌影响力，福建省委宣传部与省财政厅共同设立“福建文艺发展基金”，制定《福建文艺发展基金项目资助实施办法》，颁发《福建省影视精品创作生产奖励办法（试行）》，专项扶持资助重大文化、艺术门类项目发展，重奖影视精品。“十二五”期间，福建选送的电影《衍香》、芗剧《保婴记》、电视纪录片《船政学堂》、广播剧《跨越海峡的追寻》、歌曲《海峡月光曲》获第十三届精神文明建设“五个一工程”（2012—2014）奖；原创舞蹈《香扇春情》《方志敏》荣获第九届中国舞蹈“荷花奖”；大型闽南风情舞蹈诗《沉沉的厝里情》获第九届中国舞蹈“荷花奖”。《海峡都市报》连续六年跻身“中国 500 最具价值品牌”排行榜，入选全国“百强报刊”。海峡出版发行集团共有 107 种重点图书获得国家级奖项或列入国家重点规划项目，《朱子大传》（福建教育出版社）荣获中国图书奖、首届国家图书奖提名奖和世界太极科学金奖。电视综合频道栏目《帮帮团》荣膺 2014 年“中国民生新闻领导品牌栏目”称号；电视纪录片《船政学堂》获“五个一工程”奖和“2014 中国电视十佳纪录片”。

（1）“清新福建”“全福游 · 有全福”品牌闪亮

“清新福建”代表鲜明的旅游形象和深刻的文化内涵，是福建总体旅游形象的生态文化旅游品牌。近年来，福建在打响生态福建、“清新福建”品牌基础上，提出打造“全福游 · 有全福”品牌，实现福建旅游资源处处可游时时可游，全福建皆可游皆宜游。福建最清新，好山好水好风情；福建最生活，好茶好诗好故事；福建最英雄，一个三坊七巷就是半部近代史，老区苏区县最多。“福”是几千年的中华文明最朴实的根基，弘扬“福文化”寄托了人们对幸福生活的祈愿。

围绕“全福游 · 有全福”品牌，福建实施全媒体、全覆盖、全方位的宣传营销，实施品牌标识“六进”工程，推出“全福游 · 有全福”千团万人福建游系列活动；引导各地精心举办“全福游 · 有全福”主题活动，提升“全福游 · 有全福”品牌知名度和影响力。“清新福建”成为全国唯一实现“商标全要素组合在45个全类别”注册成功的省级旅游品牌，覆盖面及数量为全国之最。

2019年，福建确立“北有平潭、南有厦门、中有泰宁”的全省影视发展格局，着力建设一批特色文创和影视产业基地，促进影视和文化、旅游融合发展。厦门成为2019年第二十八届中国金鸡百花电影节暨第三十二届中国电影金鸡奖举办地。金鸡奖落地厦门，为福建电影和影视旅游发展注入了全新动能和活力。

2020年12月4日至7日，第十三届海峡两岸文化产业博览交易会在厦门国际会议展览中心举行。福建馆以“全福游 · 有全福”为主题，融入闽南古厝、福州三坊七巷建筑元素，全面立体宣传推介历史文化强省和全域生态旅游省建设，提升了“全福游 · 有全福”旅游品牌的知名度、美誉度和影响力。

2021年4月19日，福建旅游（北京）全媒体推介会和“清新福建”嘉年华启动仪式在中央广播电视总台演播大厅举行，福建首

福建南平第十八届樟湖崇蛇文化旅游节上专心致志表演的艺人

次发布“新时代奋进之旅”“山海浪漫之旅”“舌尖品福之旅”“温泉养生之旅”等在内的10条福建旅游主题线路，精心策划300余项旅游主题活动。

2021年，福建评选公布13项“福建文化标识”，包括党史军史上具有里程碑意义的古田会议、近代中国“开眼看世界第一人”林则徐、明末清初伟大民族英雄郑成功、中国唯一信俗类世界非物质文化遗产妈祖信俗、儒学集大成者朱熹、拥有上千年茶文化历史的闽茶、“白如雪、透如绢、润如玉、薄如纸、声如磬”的德化白瓷、中国八大菜系之一的闽菜、宋元中国的世界海洋商贸中心泉州古城、世界文化与自然双遗产地武夷山、“世界民居建筑奇葩”福建土楼、“里坊制度的活化石”三坊七巷、“万国建筑博览”鼓浪屿。

（2）非遗品牌化产业化发展

福建大力培育文创品牌，推动工艺美术创新发展。2017 年以来，福建相继举办福建文创（西湖）市集、福建文创（朱紫坊）市集活动。2019 年 9 月至 11 月，举办“全福游 · 有全福”文旅创意作品大赛活动，吸引众多工艺美术大师、企业参赛。2019 年，认定福建泉州顺美集团有限责任公司等 12 家企业为首批福建省文创旅游商品研发示范基地创建单位，提升“福建好礼”品牌影响力。

2016 年，福建省艺术馆启动“福建农民漆画工程”，探索实现非遗传承、艺术创新、精准扶贫相结合的新模式，央视综合频道《辉煌中国》等媒体做专题报道。在 2017 年全国文化馆年会上，“福建农民漆画工程”获得全国文化馆（站）优秀群众文化品牌的

农民漆画作品

荣誉，并获得 2019 年度国家艺术基金传播交流推广项目立项资助，成为“一带一路”的文化名片。

2014 年，仙游古典家具制作技艺被国务院列入第四批国家级非物质文化遗产代表性项目名录，是福建省非遗的亮丽名片之一。

非遗购物节活动提升非遗品牌效应，树立了非遗和老字号商铺企业的良好形象。畲族文艺类项目参加全国少数民族文艺会演、福建省音乐舞蹈节、中国民歌节等各类文艺会演，畲族服饰制作技艺、畲族银器制作技艺被纳入文化和旅游部、工业和信息化部颁布的第一批国家传统工艺振兴目录。2016 年，中国畲族银文化展示展演中心（畲族银器锻制技艺）列入“十三五”时期国家文化和自然遗产保护利用设施建设规划项目库。

（三）文化交流深化合作

福建不断拓展对外文化交流合作，持续办好海上丝绸之路国际艺术节等国际品牌活动，建设福建文化海外驿站、福建旅游海外推广中心，打造“视听福建”海外播映品牌。持续举办海峡两岸文博会等两岸品牌活动，东南卫视“海峡新干线”抖音号总播放量超过 100 亿次，成为祖国大陆媒体涉台资讯第一大号。

1. 对外交流成果丰硕

积极发挥非遗项目助力对外文化交流纽带作用，持续推进海峡两岸、海上丝绸之路等文化交流和经贸活动平台建设，福建对外文化交流成果丰硕。

（1）文化遗产纽带加强

连续举办海峡论坛·妈祖文化活动周、闽王（王审知）文化旅游节、陈靖姑民俗文化旅游节、东山关帝文化旅游节等文化交流活动，吸引中国台湾和东南亚地区广大民众来闽追根溯源，以同宗同根同源促交流。

涉台文化遗产。涉台文物资源是海峡两岸人民共同创造的文化遗产，其中，涉台“文缘”文物遗产点主要有：厦门市青礁慈济宫、龙海白礁济宫、福州鼓山涌泉寺、古田县古田临水宫、莆田湄洲妈祖庙等。涉台“法缘”文物遗产点主要有：福州戍守台湾将士墓群，泉州施琅宅、祠、墓及纪念碑，厦门陈化成墓，漳浦蓝廷珍府第。涉台“地缘”文物遗产点主要有：平潭岛壳丘头遗址、东山县大帽山遗址、霞浦县黄瓜山遗址等。涉台“血缘”文物遗产点主要有：福州严复故居、墓及祠堂，福州林尔康墓。涉台“商缘”文物遗产点主要有：晋江市东石玉记商行建筑群、石狮市林銮渡、龙海市林氏义庄等。突出地方涉台文化遗产特色优势，加强对台文化交流合作，积极构建“一地一特色、一部门一精品”对台交流体系。在涉台宣传方面，福建日报社重点打造“海峡媒体峰会”平台；福建广播影视集团着力打造“妈祖之光”“客家之歌”电视晚会、“全球闽南语歌曲创作演唱大赛”等系列闽台文化交流活动；海峡电视台率先创办两岸媒体共同制播方式，成功实现全频道节目对台传播落地；海峡出版发行集团加强两岸合作出版，大型图书《闽南涉台族谱汇编》（100 册）、《福建涉台文物大观》等相继出版。此外，通过举办海峡儿童阅读论坛、海峡两岸青少年快乐读书会、海峡两岸亲子军令营、“海峡出版杯”全球儿童画大赛等特色活动，不断深化和密切两岸交流。

海丝文化遗产。在海上丝绸之路发展中，福建扮演着重要角色。泉州被联合国认定为“海上丝绸之路”的起点。海丝文物遗产点主要有：泉州石狮六胜塔和万寿塔、泉州南安九日山祈风石刻、泉州天后宫、德化屈斗宫德化窑址、泉州伊斯兰教圣墓、开元寺、晋江草庵摩尼造像、福州马尾区迴龙桥和邢港码头、福州仓山区淮安窑及码头、漳州龙海月港遗址和帆巷、漳州平和南胜窑址、莆田妈祖庙等。积极打造海丝文化品牌，“21世纪海丝之旅”被原国家旅游局列入2016年首批推出的中国十大国际旅游品牌。泉州举办首届“海上丝绸之路青年设计展”和海丝文化衍生品创意设计大赛；厦门启动建设海丝艺术品中心；平潭有序推进国际南岛语族学术研究基地建设、壳丘头遗址公园配套工程，加快建设以“碗礁一号”为代表的反映海上丝绸之路文化的“水下博物馆”。2020年，由我国和马来西亚联合推荐申报的“送王船——有关人与海洋可持续联系的仪式及相关实践”项目，被成功列入联合国教科文组织人类非物质文化遗产代表作名录。成功举办五届世界妈祖文化论坛，促进与21世纪海上丝绸之路沿线国家和地区在妈祖文化传承、文化遗产保护、文化旅游融合等方面的交流合作。

（2）交流合作平台支撑

建好文化交流基地。加强中国闽台缘博物馆、泉州海外交通史博物馆、客家祖地、湄洲妈祖祖庙等国家级和省级文化教育交流基地建设，建设闽台文化产业试验园区，打造两岸影视产业基地。

中国闽台缘博物馆。国家一级博物馆，位于泉州市丰泽区西湖北侧，是反映祖国大陆与台湾历史文化亲缘关系的专题博物馆。博物馆共分四层，现有馆藏文物11498件/套，其中珍贵文物592件/套，全年对公众开放免费参观，展示闽台之间地缘相近、血缘相亲、文缘相承、商缘相连、法缘相循的历史事实，先后被中宣部授予“全国爱国主义教育示范基地”，被团中央授予“全国青少年教育基地”，被国台办授予“海峡两岸交流基地”。

泉州海外交通史博物馆（简称“泉州海交馆”）。国家一级博物馆，创建于1959年，2003年在主体楼东侧建成“泉州伊斯兰文化陈列馆”，现有馆藏文物9137件/套，其中珍贵文物1442件/套，以宋元时期东方第一大港——刺桐（即Zaitun，泉州别称）港历史为轴心，生动再现我国古代悠久辉煌的海洋文化，展示中华民族对人类开辟“海上丝绸之路”的重大贡献，以及航海与造船技术的许多伟大发明。目前，海交馆辟有“泉州：宋元中国的世界海洋商贸中心”“泉州湾古船陈列馆”“泉州宗教石刻馆”“中国舟船世界”“阿拉伯—波斯人在泉州陈列馆”等固定陈列及1个预约开放展览——“庄亨岱藏品馆”。

客家祖地。坐落于三明市宁化县石壁村土楼山，1995年落成后，每年都举办世界客属石壁祖地祭祖大典，每年公历10月定为“祭祖月”。“客家祖地”被海内外客家人公认为客家人的“朝圣中心”，被确认为“中国华侨国际文化交流基地”和“海峡两岸交流基地”。

湄洲妈祖祖庙。位于莆田市湄洲岛，始建于北宋雍熙四年(987年)，是世界上第一座妈祖庙，中华妈祖文化发祥地，妈祖信俗“世遗”地。2006年5月25日，妈祖祖庙被国务院公布为第六批全国重点文物保护单位。1994年创办世界妈祖文化论坛暨中国湄洲妈祖文化旅游节，妈祖祖庙被确认为“中国华侨国际文化交流基地”、首批“港澳台侨交流基地”。

闽台文化产业园。2012年，闽台文化产业园被命名为国家级文化产业试验园区。其中，闽台（福州）文化产业园以三坊七巷历史文化街区为核心区，以福州软件园为产业延伸区，以仓山的福州海峡创意产业园和长乐的海西动漫创意谷为产业拓展区，形成以数字内容、动漫游戏、创意设计、工艺美术、文化旅游为闽台文化示范的特色文化产业体系。闽台（厦门）文化产业园涵盖 30 个分园区，承载海峡两岸文化生产、文化消费和政策先行先试实验功能，重点发展数字内容与新媒体、创意设计、影视演艺、古玩艺术品、文化旅游等产业集群，形成海峡两岸文化产业交流合作最活跃的平台与文化产业深度合作的集聚区。

南岛语族国际学术研究基地。经中央台办同意，在平潭综合实验区设立海峡两岸南岛语族考古教学实习基地。2019 年 10 月 29 日，“南岛语族考古研究高端研讨会”在福建平潭举行。壳丘头考古遗址公园被列入第一批省级考古遗址公园，被国务院列入第八批全国重点文物保护单位。

闽台家园台湾青年创新创业基地。从 2017 年成立至今，招收入驻台企近 20 家，以文创、文体、演艺、工艺设计以及艺术培训为主体，协助举办闽台文化交流活动，共计邀请 2000 多名台湾青年来闽参访实习，为台湾青年来闽创业就业提供“在路上的家”。

高水准办好各类文化交流展会。成功打造一批文化经贸活动平台，主要有海峡两岸（厦门）文化产业博览交易会、海峡两岸图书交易会、海峡印刷技术展览会、海峡版权（创意）产业精品博览交易会。自 2015 年起，已成功举办六届“海上丝绸之路”（福州）国际旅游节，邀请俄罗斯、缅甸、菲律宾、新加坡等“一带一路”沿线国家参加。自 2005 年起，已成功举办十六届海峡两岸旅游博览会，成为拓展“一带一路”沿线国家和海峡两岸及香港、澳门交流合作的品牌旅游展会。海峡两岸（厦门）文化产业博览交易会主会场设在厦门国际会展中心，重点打造省市名企、工艺艺术、创意设计、数字影视、文创旅游五大专业板块。2021 年 7 月，第四十四届世界遗产大会在福州举办，泉州项目以“宋元中国的世界海洋商贸中心”为题申报世界文化遗产，成为《世界遗产名录》中的新晋成员，弥补了世界遗产中东方海洋文明的空白，对海上丝绸之路的论述具有重要的支撑作用。

2. 文化“走出去”不断拓展

福建持续推动“海丝”题材文化艺术精品“走出去”，建好福建文化海外驿站、福建旅游海外合作推广中心，办好海峡媒体峰会，积极发展对外文化贸易。

（1）交流合作机制不断完善

充分利用华侨华人优势，积极推进建设“福建文化海外驿站”“福建旅游海外推广中心”。2017 年以来，在马来西亚、菲律宾、印度尼西亚、日本、新加坡等国家设立 8 家福建文化海外驿站和 8 家福建旅游海外推广中心，加强与当地华侨华人社团、旅行社和媒体联系，在美国、南非首创设立“闽侨文化中心”“闽侨书屋”，扩大福建海丝文化传播。

依托海外驿站、推广中心开展活动。2019 年，福建省与哥本哈根中国文化中心开展合作，在丹麦海事博物馆和冰岛博物馆开展《丝路帆远——中国海上丝绸之路文物精品图片展》，福建省闽剧艺术团参加“哥本哈根歌剧节”活动，福建省歌舞剧院和省杂技团组团参加“天涯共此时”系列文化活动。夯实欧洲国家文旅宣传，2021 年福建省与日本东京中国文化中心联合开展“福建文化年”系列活动。福建省文旅厅依托日本、菲律宾、马来西亚、澳大利亚、阿根廷等国的福建文化海外驿站，在海外讲好中国春节故事，传播中国传统文化。福建旅游海外推广中心成为拓展对外交流合作的全新窗口，有力提升“清新福建”“全福游·有全福”品牌的国际影响力。

开展线上对外文化交流活动。面向旅居世界各地的华侨华人和国际友人，采用互联网展播方式成功举办 2021 年新年线上音乐会（福建）。福建省文化和旅游厅、中国国家图书馆、中国图书馆学会联合主办的“金牛贺岁·福运迎新”2021 年中国春节年俗展（云展览）正式上线。在中国农历虎年春节来临之际，由福建省文化和旅游厅主办，福建省歌舞剧院承办，面向全球播放的“欢乐春节”——2022 年新春歌舞晚会（福建）成功举办，在福建海外 120 个友好城市、斯德哥尔摩中国文化中心线上平台、各福建文化海外驿站、福建旅游海外推广中心所在国家同步播放。半个多月里，晚会全球网络点击播放量达到 3700 多万次。

（2）文化产品出口保持增长

福建 2012 年评选认定 23 家“福建省文化出口重点企业”。2017 年，全省文化进出口总额达 29.21 亿美元。从出口产品类型看，居前四位的为工艺美术和收藏品、文化用品、出版物、文化专用设备。《丝海梦寻》舞剧赴欧盟总部、联合国教科文组织总部和马来西亚、印度尼西亚、新加坡等地巡演，引发沿线国家观众强烈共鸣。网龙公司收购全球领先的互动学习技术提供商普罗米修斯，在海内外布局游戏动漫、数字教育等产业。零壹动漫公司出品的《功夫鸡》成功打入迪士尼、尼克全球儿童动画频道，登陆全球最大的新媒体视频点播平台 Netflix。福昕软件公司成功收购西班牙、德国软件公司，成为全球领先的 PDF 软件方案和服务提供商。四三九九公司产品覆盖北美、日本、韩国、东南亚。美图公司推出了美图秀秀、美颜相机、美拍、美图手机等知名产品，为全球超过 12 亿移动端用户提供影像技术产品及服务。

3. 文化影响力持续提升

福建持续推进对外文化交流平台建设，“请进来”拓展交流内涵，“走出去”以多种方式讲好福建故事，对外文化影响力提升。

（1）文化品牌影响力提升

持续推进“人文海丝”“海丝茶道”重点工程建设，提升海上丝绸之路（福州）国际旅游节、丝绸之路（福州）国际电影节、海上丝绸之路（泉州）国际艺术节、海上丝绸之路国际舞蹈艺术交流周、厦门南洋文化节、莆田世界妈祖文化论坛等平台影响力，加强对“福州：西方国家领事馆建筑群”“鼓浪屿：国际历史社区”“泉州：宋元中国的世界海洋商贸中心”等“海丝”文化遗产保护传承。实施对台文化交流品牌提升工程，办好海峡论坛、世界妈祖文化论坛、海峡两岸文博会等大型活动，拓展交流内涵。

促进文旅融合发展。2019 年 7 月 5 日，福建省与外交部联合举办外交部福建全球推介活动，向世界推介展示开放自信的福建形象。深化福建—东盟“海丝”文化旅游品牌合作，推出“海丝”休闲之旅、山海浪漫之旅等十条主题旅游线路，串联福建“海丝”旅游资源。组织“海丝”文化艺术、文博文物、图书精品等前往“海丝”沿线国家和地区开展交流，举办“海丝茶道”文化展演、“妈祖下南洋”等活动。积极邀请闽籍华侨华人参加“寻根”旅游踩线，举办福建省海外青年精英研修班、中国寻根之旅夏（冬）令营期间安排旅游踩线活动。

坚持高水准办好海上丝绸之路国际艺术节、海上丝绸之路国际旅游节、丝绸之路国际电影节、厦门海峡两岸文博会、世界妈祖文化论坛、海峡论坛、海峡旅游博览会、海丝国际茶文化论坛等重要展会论坛活动，邀请“一带一路”沿线国家和地区政府官员、企业代表、艺术家等人员参会，形成福建文化展会品牌。自 2015 年起，通过举办境外旅行商采购大会，邀请境外旅行商来闽体验“海丝”旅游精品线路。福建省文旅厅牵头推动沿海 10 个省份与香港、澳门旅游主管部门共同建立“21 世纪海上丝绸之路旅游推广联盟”。推动大型舞剧《丝海梦寻》《茶道》和“丝路帆远——海上丝绸之路文物精品图片展”等赴海外巡演巡展，积极参加“欢乐春节”、“国家文化年”、海外“中国文化节”和海外文化中心活动。加强海外华文教育，组建“丝路华教”联盟，推动设立丝路华教基金。打造“视听福建”海外播映品牌，利用新媒体网络平台宣传福建文旅。在美国国家地理频道投放《美丽中国——扬帆海丝》形象广告片，覆盖 20 多个国家 3 亿海外观众。

提升文化品牌知名度。常态化开展文旅品牌宣传，办好海峡两岸文博会、艺博会、旅博会、版博会、海峡论坛。持续运作“清新福建”台湾旅游服务中心，优化宣传渠道，推广福建文化旅游品牌形象。在海峡旅游博览会设立福建馆，打造海峡两岸书院联盟，推动闽台同名村镇乡亲交流，推进建设“福建省闽台青年文旅创意产业促进中心”“闽台家园台湾青年创新创业基地”。持续举办海峡两岸图书交易会，开展“迁台记忆”档案文献整理与研究，推动闽台族谱网上对接。举办“琴深诉说祖国情”——2021 年闽台艺术青年音乐会，奏响“两岸一家亲”华美乐章。

南音表演

“走出去”积极宣传福建文旅。持续办好福建文化宝岛行系列活动，支持非遗文化、民间曲艺入岛巡展巡演；举办“非遗文化进马祖”“南音进社区”“福石传缘”两岸寿山石交流等活动。组团参加澳门国际旅游（产业）博览会、台北两岸观光博览会、香港国际旅游展、海峡两岸台北夏季旅游展等展会，提升“全福游 · 有全福”“清新福建”品牌知名度。组织福建省歌舞剧院赴澳门开展“闽韵流芳”——福建音乐家澳门专场音乐会演出、“闽澳情 · 爱国心”音乐会演出活动；策划组派提线木偶等非物质文化遗产代表性项目参加香港中联办公众开放日活动，促成福建梨园戏传承中心、厦门小白鹭民间舞艺术中心、厦门市南乐团赴香港进行文化交流演出。

（2）讲好福建故事

通过多种方式讲好福建故事，促进对外多元文化交流交融。

讲好“全福游 · 有全福”品牌故事。整合福建文化海外驿站与海外旅游推广中心资源，扩大“全福游·有全福”品牌影响力。精心编写《福建如你》歌曲，精心策划《厦门，一座高颜值的生态花园之城》《土楼，一部天外飞碟的传奇》《武夷山茶，改变世界的味道》等国际旅游故事。推动“网络大V说福建”活动，设置展示漳浦剪纸、柘荣剪纸、宁化木活字印刷术等非遗技艺专区，给观众留下更深的福建记忆。

举办2022年新春歌舞晚会（福建）。作为文化和旅游部2022年“欢乐春节”品牌活动之一，福建省与瑞典斯德哥尔摩中国文化中心年度部省合作启动项目，海外国际友人、华人华侨、港澳台同胞热情参与，并在海外社交媒体平台上发布晚会图文、视频信息。瑞典斯德哥尔摩中国文化中心、福建外事、福建统战、福建台港澳办等合作单位微信公众号及网站主页发布了活动信息，央视新闻频道、人民网、新华网、中国文化网、华人头条、日本头条、《欧洲时报》、《北欧时报》、美国SNN电视台、《欧洲邮政公报》、美国福克斯电视台、《每日先驱报》、美国早晨新闻网、菲中电视台、迪拜新闻网、西非在线、东盟华商在线、法国青年网、阿根廷华通网、南美华人之声等上百家国内外主流媒体，持续关注福建欢乐春节晚会动态和影响力。

讲好福建文化遗产故事。秉持“见人见物见生活”的理念，积极讲好非遗保护传承的福建故事。以“非遗保护·中国实践·闽台传承”为主题，精心组织2019年“文化和自然遗产日”非遗宣传展示系列活动。以国家级非遗项目龙岩采茶灯为题材的电影《扑蝶》，展现红色苏区老区的乡俗、乡情，对保护、传承非物质文化遗产具有重要意义。成功组织“全福游·有全福”、“非遗与美好生活”、闽台文创三大主题展区以及“全福游·有全福”文化旅游投融资合作暨重大项目推介专场活动。2021 年 11 月 1 日，福建省文旅厅组织的海外华文媒体“海丝 + 土楼之旅”采风行在福建泉州正式启动，来自美国、日本、法国等国家和地区的海外华文媒体代表以及新华网、《台湾新生报》等媒体记者参与本次活动。媒体采风团赴泉州、漳州、厦门等地实地采风，走访泉州西街、开元寺、清源山、洛阳桥以及漳州云水谣、田螺坑土楼群等历史文化底蕴深厚的景区景点，亲身体验首批国家非物质文化遗产之一的泉州木偶戏，聆听国家非遗传承人讲述蟳蜅民宿渔村的“簪花围”“蚵壳厝”。2022 年 2 月 15 日至 17 日，由中华文化联谊会指导、福建省文化和旅游厅主办、福建省闽台文化交流中心承办的“两岸一家亲 · 上元尚团圆”——2022 年闽台青年元宵民俗文化研习营活动在福建举办，邀请来自台湾的 30 名青年与来自福建的 10 多名青年在泉州市、漳州市欢度元宵佳节，研习元宵民俗文化，亲身感受浓浓的福建年味。

四、全面小康的民生福祉保障

小康是中华民族的千年梦想和夙愿。1921 年中国共产党成立，这是开天辟地的大事变，开启了中国人民的幸福路。特别是党的十八大以来，福建坚持以人民为中心，把人民群众对美好生活的向往作为奋斗目标，大力弘扬和传承“马上就办”“弱鸟先飞”“滴水穿石”精神，着力解决好教育、就业、医疗卫生与健康、养老、住房等人民群众最关心、最直接、最现实的利益问题，在共建共享中绘就“机制活、产业优、百姓富、生态美”的新福建蓝图，提前一年实现脱贫，民生事业发展得到全面跃升。

（一）民生事业持续改善

全面小康要以人为本，民生为先。民生连着民心，民心凝聚民力，改善民生是社会和谐发展之要，福建已实现由贫困走向富裕，由挨饿到温饱再到全面小康的历史性转变，人民生活全方位全生命周期有了可靠保障。党的十八大以来，福建持续推进保障和改善民生，加快补齐医疗卫生、教育、就业、住房、环境、社会保障等短板，人民生活得到了切实保障，在“幼有所育、学有所教、劳有所得、病有所医、老有所养、住有所居、弱有所扶”上民生事业不断取得新进展，人民安居乐业，社会和谐有序充满活力，人民群众的获得感、幸福感、安全感不断增强。

1. 就业工作取得历史性成就

就业是最大的民生工程，是保障和改善民生的头等大事。20世纪50年代后半期至1978年福建城市实行就业“统包统配”，80年代开始实行劳动部门介绍就业、自愿组织就业、自谋职业的“三结合”就业制度，从1994年起福建逐步建立与社会主义市场经济体制相适应的就业制度，不断完善市场导向就业机制。从计划分配到市场就业、自由择业、自主创业，从传统就业方式到新型就业形态、大众创业万众创新，劳动者就业观念发生了深刻变革，就业空间更加广阔、就业方式日益多元化。党的十八大以来，福建持续深化就业创业体制机制改革，不断完善促进就业创业政策措施，人民群众充分发挥爱拼会赢、敢为人先的勇气，将自身的兴趣爱好、特长禀赋与个人创业意愿、社会需求、国家需要结合起来，全社会的创新创造热情不断迸发，就业总量持续增长，就业结构不断优化，就业局势保持稳定，对如期建成小康社会发挥了重要作用。

（1）就业总量持续增长

就业是重大的民生问题，一头牵着千家万户，一头连着国家和社会。福建始终坚持就业优先战略，积极实施就业政策，实现更高质量和更加充分就业。党的十八大以来，福建开始实施“劳动者自主就业、市场调节就业、政府促进就业和鼓励创业”就业政策，千方百计稳定和扩大就业，积极推进就业制度、就业服务平等化，推动就业规模扩大、就业结构优化，就业质量得到显著提升，有效保障劳动者待遇权益，提升了劳动者技能素质，走出了一条具有福建特色的就业发展道路。据统计，1952 年至 2020 年，福建就业人数从 474 万人增长到 2206 万人，增长 3.65 倍；社会就业人数占全省总人口比重由 39.05% 增长到 71.19%，城镇登记失业率由 1978 年的 9.1% 降低到 2020 年的 3.82%。目前，有 1100 多万农民工活跃在全省各行各业，成为福建产业工人主体，是一支推进新型城镇化、工业现代化、农业现代化建设的新型劳动大军。

（2）就业结构不断优化

福建积极落实就业优先战略，大力推动大众创业、万众创新，鼓励以创业带动就业，健全覆盖城乡的公共就业创业服务体系。加强职业培训，维护职工和企业合法权益，构建和谐劳动关系，推动实现更高质量和更充分就业，就业结构持续优化。坚持把高校毕业生就业摆在就业工作首位，多渠道实施大学生就业促进计划、创业引领计划，统筹实施“三支一扶”、村官选聘、志愿服务和服务社区，高校毕业生就业率保持在 90% 以上。从就业结构看，第二、三产业从业人数占比上升，第一产业从业人员占比下降。1952 年至 2020 年，福建三次产业从业人员比重由 81.9∶5.2∶12.8 变为 14.6∶32.6∶52.8，第三产业就业作用凸显，成为吸纳就业的主体，就业人数由 1978 年的 106 万人增至 2020 年的 1164 万人，占全部就业人员比重由 11.4% 增至 52.8%。从经济类型看，私营和个体经济发展壮大，已成为吸纳就业主渠道，城镇地区非公有制经济从业人数从 1952 年的 32.83 万人增加到 2018 年的 1144.04 万人。从城乡结构看，随着城镇化推进，城乡就业结构发生重大变化，就业人员规模扩大，就业人数比例趋向更合理。从供求关系看，全省人力资源市场保持供需两旺，综合市场对劳动力需求始终旺盛，市场供需总体平衡。

（3）就业政策实现根本性变革

福建认真贯彻落实党中央、国务院有关就业创业方针政策，立足实际，出台了一系列具有地方性特色的法律法规，促进就业制度根本性转变。一是就业政策与时俱进。从20世纪80年代初的“三结合”就业政策，到90年代的“劳动者自主择业、市场调节就业、政府促进就业”政策，再到党的十八大以来的“劳动者自主就业、市场调节就业、政府促进就业和鼓励创业”政策，全方位公共就业服务体系加快构建，市场导向就业机制逐步完善。二是劳动就业法治化建设稳步推进。1983年，福建开始了劳动合同制试点，1986年实行劳动制度四项改革；从1995年《劳动法》出台到2008年《就业促进法》《劳动合同法》实施，我国促进就业和劳动关系调整的法律体系逐步完善，福建劳动者合法权益得到保障，劳动报酬保持增长，劳动所得受到保护，涌现出“1118”和谐劳动关系创建示范、莆田“1+N”矛盾多元调解模式等典范。截至2020年底，福建企业劳动合同签订率达到99.25%，集体劳动合同签订率达到91.56%，有效维护劳动者合法权益，实现了就业稳定发展。三是休假权利得到保障。从“单休制”到“双休制”，从“黄金周”到带薪年休假，福建劳动者休息休假权益得到保障，工作生活更加平衡，劳动最光荣、最崇高、最伟大、最美丽已成为全社会共识和行动，勤奋做事、勤勉为人、勤劳致富形成新风尚，崇尚劳动、尊重劳动、热爱劳动氛围更加浓厚。

（4）就业服务体系日益健全

改革开放以来，福建坚持促进就业责任不放松，各级党委、政府强化就业责任，建立健全就业目标责任制，形成一级抓一级、层层抓落实的积极就业政策服务体系。党的十八大以来，福建加快构建全方位的公共就业服务体系，劳动关系更加和谐，就业质量持续提升。一是建立公共就业服务网络。从早期开办劳务市场和人才市场，到劳动力市场、人才市场向人力资源市场整合发展，福建逐步建立覆盖省、市、县、街道（乡镇）、社区（村）的五级公共就业服务网络，免费提供就业政策咨询、信息发布、职业指导、职业介绍、创业服务，基本形成覆盖城乡的公共就业服务体系。二是健全就业保障机制。完善劳动关系、工资支付机制和就业服务保障机制，稳住高校毕业生等青年群体、农民工等重点群体就业底线；强化创业引领就业，加大财政资金投入力度，加快建立公共就业创业服务体系；健全面向全体劳动者的职业培训制度，扩大职业技能培训规模，提高劳动者就业能力。三是创造公平就业环境。破除妨碍劳动力、人才社会流动的体制机制障碍，加强人力资源市场监管，切实维护劳动者合法权益，构建更加和谐的劳动关系。实施就业援助制度，创造更多就业岗位，通过社会政策托底等渠道帮助就业困难人员，兜牢民生底线。

2. 基本公共服务明显增强

推进基本公共服务均等化是确保如期全面建成小康社会的重要内容。党的十八大以来，为促进社会公平正义、增进人民福祉、增强全体人民在共建共享发展中的获得感，福建出台了《关于加快社会事业发展补齐民生短板确保如期全面建成小康社会的决定》，加快医疗卫生、教育、养老事业发展和城乡民生基础设施建设，确保到 2020 年基本公共服务与经济发展总体协调，公共服务体系更加完善，供给能力显著增强，幼有所育、学有所教、劳有所得、病有所医、老有所养、住有所居、弱有所扶等基本公共服务保障能力迈上新台阶。

（1）规范健全基本公共服务制度

保障和改善民生没有终点，是民之所盼、政之所向。福建加快建立政府主导、市场参与、社会联动的新型保障机制，稳定基本公共服务体系框架，制度标准比较完整并实现动态调整，可持续发展的长效机制基本形成。加快建设全省城乡居民基本养老保险、劳动用工管理、社会保险基金监管、人力资源和社会保障 12333 公共服务平台等信息系统，进一步提升就业信息化服务能力。

（2）均等共享基本公共服务

基本公共服务资源布局与人口分布协调性提升，城乡基本公共服务水平差距缩小，群众就近享有基本公共服务可行性提高，公共服务实现基本均等化。目前，福建已发放社会保障卡 3567.6 万张，各地社会保障卡制发放窗口全部建设到位，基本实现立等可取。加大保障性安居工程建设，保障性住房供应能力增强，住房建设规模和质量明显提高。加快解决城镇居民基本住房、城镇棚户区住房改造、农村危房改造以及农村困难群众住房安全问题，更好地保障住有所居。

（3）持续提升基本公共服务效率

基本公共服务供需对接更加精准，逐步形成共建共享的多元化供给体系，服务资源共享利用逐步显现，基本公共服务可及性、便利性显著改善。到“十三五”期末，福建基层就业和社会保障服务平台实现全覆盖。全省依托技工院校和龙头企业，建成 24 个产业技工培养基地。各类养老床位总量由“十二五”期末的 15.5 万张提高到24.75万张，每千名老年人拥有养老床位数由30.1张提高到37.1张，基本社会服务效率明显提升。

（4）稳步提高基本公共服务水平

加强各类公共服务供给，加大政府购买公共服务力度。持续完善基本公共服务各领域设施标准、服务标准，服务项目有序增加，保障标准调整升级，就业服务规范化、精细化水平明显提升。人力资源和社会保障服务设施建设快速推进，高技能人才培养工程成效显著，信息化建设取得突破性进展。

表4–1 “十三五”期间福建省基本公共服务领域主要指标

指　标	2016年	2020年
基本公共教育		
九年义务教育巩固率（%）	98.1	>98
义务教育基本均衡县（市、区）的比例（%）	100	100
基本劳动就业创业		
城镇新增就业人数（万人）*	60.7	280.7
农民工职业技能培训（万人次）*	24.5	104.5
基本社会保险		
基本养老保险参保率（%）	87.7	90
基本医疗保险参保率（%）	>95	>95
基本医疗卫生		
孕产妇死亡率（1/10万）	12.4	低于全国平均值
婴儿死亡率（‰）	3.7	低于全国平均值

续表

指 标	2016 年	2020 年
5 岁以下儿童死亡率（‰）	4.9	低于全国平均值
基本社会服务		
养老床位中护理型床位比例（%）	21.9	30
生活不能自理特困人员集中供养率（%）	11	50
基本住房保障		
城镇保障性安居工程建设（万套）*	12.8	32.4
建档立卡贫困户、分散供养特困人员、低保户、贫困残疾人家庭和其他贫困户，以及原中央苏区、革命老区国家重点优抚对象和革命“五老”人员家庭等农村危房改造（万户）*	2.9	6.5
基本公共文化体育		
公共图书馆年流通人次（万）	2603	3000
文化馆（站）年服务人次（万）	235	1600
广播、电视人口综合覆盖率（%）	99	99.5
国民综合阅读率（%）	79.6	83
经常参加体育锻炼人数（万人）	1330	1640
残疾人基本公共服务		
困难残疾人生活补贴和重度残疾人护理补贴覆盖率（%）	93	>95
残疾人基本康复服务覆盖率（%）	24	80

注：带 * 号的主要发展指标为“十三五”期间累计数。

（5）社会事业建设取得新突破

党的十八大以来，福建努力把满足城乡群众多层次、多样化、高质量的社会事业发展需求作为落脚点，坚持强基本、抓服务、补短板、兜底线，切实保障和改善民生，提升公共服务供给水平，全省民生社会事业发展成效明显。加大民生投入，全省一般公共预算民生支出占比保持在七成以上。实施“我为群众办实事”，切实解决群众“急难愁盼”问题。2021 年，全省一般公共预算民生支出占比达到 75.4%，省级财政投入民生支出超过 1463 亿元，占比达到 75%，人民群众最关心、最直接、最现实的民生项目建设取得新成效。

表 4–2　2021 年福建省委省政府“为民办实事”项目

序号	民生项目	投入金额（亿元）	项目建设内容
1	就业和社会保障	141	用于就业促进、困难群众救助、城乡居民养老保险保障等，福建已连续 23 年提高企业退休人员养老金。
2	教育高质量发展	101	用于扩大学前教育普及普惠、促进义务教育优质均衡、推动高中教育多元发展，支持新改扩建公办幼儿园达到 212 所。
3	健康福建	169	用于公共卫生服务、城乡居民医保、公立医院综合改革。2021 年共拨付 66.13 亿元用于疫情防控和医疗救治。
4	城乡品质提升	82	用于保障性安居工程、海绵城市、黑臭水体治理，助力两个设区市入围全国全域推进海绵城市建设示范城市。
5	交通建设	124	用于加快推进铁路、公路、民航机场等建设，支持包括拓展“丝路海运”航线和集装箱国际航线等建设。

续表

序号	民生项目	投入金额（亿元）	项目建设内容
6	文化强省	33	用于公共文化服务体系建设、文化产业发展、文化遗产传承保护等，支持包括世遗大会、世遗项目申报等工作。
7	乡村振兴	159	用于提升农业质量效益和竞争力、提升农村基础设施和公共服务水平等，支持1000个乡村振兴试点示范村和一批重点特色乡镇。
8	生态环保	96	用于重点生态保护修复、海湾海岸线综合整治等，中央财政支持九龙江流域生态保护修复工程建设。
9	基层政府公共服务保障	451	用于均衡性转移支付、县级基本财力保障机制奖补，有效增强基层政府“三保”及基本公共服务保障能力。
10	为民办实事	107	用于落实省委省政府确定的29项办实事项目，加上执行期间中央财政追加资金，共完成年初计划的127.7%。

资料来源：根据2021年福建省委省政府“为民办实事”项目整理。

3. 社会保障惠及全民

全面小康是惠及全体人民的小康。社会保障是保障和改善民生，维护社会公平，增进人民福祉的基本制度保障，是促进经济社会发展，实现广大人民群众共享改革发展成果的重要制度安排，是治国安邦的大问题。改革开放以来，我国社会保障制度实现了由政府和企业保障向社会保障、由职工保障向城乡全体居民保障的重大变革。党的十八大以来，福建认真贯彻落实习近平总书记关于医疗保障工作系列重要讲话重要指示批示精神，总结提升推广“三明医改”经验，全面深化医疗保障体制机制改革，多项工作在全国率先实现突破，人民群众医疗保障水平显著提升。

（1）健全多层次医疗保障体系

福建坚持党对医保工作领导，加快建设覆盖全民、统筹城乡、公平统一、可持续的多层次医保体系，为群众提供全方位全周期医保服务。

一是提高基本医保水平。基本医保主体地位更加突出，到2020年底，全省基本医保参保人数达3840.48万人，参保率保持在95%以上，城乡居民基本医保人均筹资822元，比“十二五”末增长65.97%；医疗救助政府补助稳步提高，大病保险和医疗救助保障功能不断加强。2020年，福建职工基本医保和城乡居民基本医保住院费用政策范围内的报销比例分别达到85.97%和65.04%，比“十二五”末分别提高4.01个和4.98个百分点，基本医保基金支出比例逐年提升，群众就医更加方便。各级政府加大对基本医保投入，2020年全省各级财政对城乡居民基本医保最低补助标准为550元，比“十二五”末增加170元。新增财政补助资金重点向贫困人口和大病保险倾斜，重点救助对象符合规定的门诊慢性病和住院费用医疗救助后报销比例达到84.41%。降低药品耗材虚高价格，全省125种药品和5类高值医用耗材实行集中带量采购，减轻群众就医负担。推进国家医保信息化试点省建设，探索互联网医院诊疗医保网上结算服务，全省近900万参保人员激活医保电子凭证。全面推进医保支付方式改革，全省按病种收付费病种数达到1374个，县级公立医院按病种收付费参保患者出院人次占比达到59%。

二是完善医保制度。推动医保制度整合，实行职工基本医保、城镇居民基本医保、新型农村合作医疗“三保合一”管理体制，医药价格管理、药品和医用耗材招标采购、医疗救助等职能纳入医保统一管理，更好发挥医保在医疗、医保、医药联动改革中的基础性作用。整合城镇居民基本医保，统一城乡居民基本医保待遇，全面实现基本医保市级统筹，基本医保制度更加公平。实施职工基本医保与生育保险合并，统一参保登记、统一基金征缴管理、统一医疗服务、统一经办和信息服务。完善职工基本医保个人账户，实行职工基本医保个人账户家庭共济，提高个人账户资金使用效益。以市级统筹为基础，实行职工基本医保基金省级统筹调剂制度，合理均衡地区基金负担。开展药品、医用耗材集中采购改革，建立药品和医用耗材采购、配送、监管、结算一体化平台，创新药品联合限价阳光采购机制，实行药品最高销售限价和医保支付结算价制度。开展药品货款医保结算改革，实行药品货款医保统一代为结算，全省药品货款统一结算率达 99.19%，缩短了药品回款时间，降低药品供应成本。

三是优化医保集成服务。全面推行集成服务，实现“一窗受理、全城通办”，医保政务服务事项线上可办率达到 50%。深化“放管服”改革，推进省市经办业务协同，11752 个村卫生所开通医保服务，基本实现医保服务“村村通”。完善异地就医结算系统，拓展异地就医备案服务方式，省内异地联网定点医疗机构达到 3600 家。全省二级及以上医院均设置医保服务站，医保服务窗口前移到医疗服务一线。完善重大疫情医保机制，对确诊和疑似新冠肺炎患者实行免费救治，费用由医保和财政综合保障，让患者放心、安心就医；预付医保基金保障“先救治、后付费”，让医疗机构快速、放心救治。调整医保待遇政策，将核酸检测项目纳入住院报销范围；积极做好药品耗材采购，保障药品耗材供应，满足临床救治需要。对41个紧密型县域医疗卫生共同体实行医保基金打包支付，统筹医保基金和公共卫生经费使用，赋予医疗卫生共同体健康管理责任，促进基层诊疗模式向以健康为中心转变。

（2）健全社会保障体系

按照全覆盖、保基本、多层次、可持续方针，加快推进社会保险法定人群全覆盖。深化社会保险制度改革，完善社会保险待遇调整机制，加强社会保险基金监管和服务，实现法定人群全覆盖社会保障制度更加公平、可持续。基本建成包括基本养老保险、城镇基本医疗保险、失业保险、工伤保险、生育保险、社会救助、住房保障等在内的社会保障体系，加快向全覆盖、保基本、多层次、可持续目标迈进，促进人的全面发展和社会全面进步。

一是医疗保障体系实现全覆盖。实施全民参保计划，推进社会保险法定人群全覆盖。至“十三五”末，全省城镇职工基本养老保险、城乡居民基本养老保险、失业养老保险、工伤保险参保人数分别达到1200.57万人、1588.16万人、664.41万人和936.85万人，基本养老保险参保率达到95.53%，高于90%的预期目标。在基本医保制度基础上，通过城乡居民大病保险等补充保险，给予大病患者高额医疗费用保障。积极构筑以最低生活保障、特困人员救助供养、受灾人员救助、医疗救助、教育救助、住房救助、就业救助、临时救助为主体，社会力量广泛参与为补充，应救尽救综合性社会救助体系。为保障受疫情影响的困难群众基本生活，截至2021年底，全省纳入城市最低生活保障居民6.50万人，比上年末增加0.26万人；纳入农村最低生活保障居民48.40万人，比上年末增加3.16万人；纳入城乡特困人员6.7万人。“十三五”期间，福建职工医疗保险、城镇居民医疗保险政策范围内住院费用支付比例分别稳定在

75% 以上和 75% 左右。

二是社会保障制度改革持续深化。养老保险方面，深化改革社会统筹与个人账户相结合的城镇职工基本养老保险制度、企业职工基本养老保险省级统筹以及独立于机关事业单位之外的养老保险制度，构建包括职业年金、企业年金和商业保险在内的多层次养老保险体系。医疗保险方面，健全全民参保计划，基本养老保险覆盖全体职工和适龄城乡居民，基本医疗保险覆盖全民，失业、工伤、生育保险覆盖职业人群，社会保障制度更加公平、更可持续。建立健全职工医疗保险和居民医疗保险设区市统筹、职工大额医疗费用补充保险和城乡居民大病保险制度与重特大疾病保障机制、职工医疗保险个人账户政策，全面开展医疗费用智能化审核监控、跨省异地就医结算试点，管理服务水平进一步提高。失业保险方面，建成失业保险标准与社会救助、物价上涨挂钩联动机制，进一步健全失业保险制度。工伤保险方面，建成省、市相结合的工伤康复网络体系，进一步提高工伤保险统筹层次。生育保险方面，落实生育保险政策，实现生育医疗费刷卡即时结算和生育津贴社会化发放。养老服务方面，深化居家社区养老服务集成改革，加快建立居家社区机构相协调、医养康养相结合的养老服务体系，基本建成与经济发展相适应，以居家为基础、社区为依托、机构为补充，医养结合的多层次养老服务体系，让广大老年人不离家、不离村就能享受到专业养老服务，加快实现老有所养、老有所依、老有所乐、老有所安的目标。2021 年底，福建各类养老床位数 26.31 万张，每千名老人拥有养老床位 38.80 张；建立社区服务中心（站）18212 个。全年销售社会福利彩票 39.93 亿元，筹集福利彩票公益金 12.90 亿元。

三是社会保障惠及全体人民。福建社会保障制度改革已进入系统集成、协同高效发展阶段。省委、省政府认真贯彻落实习近平总书记对社会保障工作的重要论述，深刻把握社会保障领域与其他相关领域改革的关系，提高统筹谋划和协调推进能力，确保各项改革形成合力；强化问题导向，紧盯老百姓对社会保障反映强烈的烦心事、操心事、揪心事，积极发挥多层次、多支柱养老保险体系的作用，更好满足人民群众多样化需求。党的十八大以来，福建建立覆盖全省居民的基本医疗保险制度，4000多万人的“看病难、看病贵”问题得到解决。全省公立医院破除了“以药养医”逐利机制，实现药品“零差率”销售，切断了医疗机构收入与药品销售的经济联系。公共卫生服务范围扩大，可及性增强，应对突发公共卫生事件能力提高，新冠肺炎疫情得到有效控制。全国首创“集成化医改”模式，实现全面下沉医疗资源，提供近在咫尺的“医”靠，让人民群众在“家门口”能够放心看病。加大提供优质医疗资源，建设国家区域医疗中心华山医院福建医院，积极推进福州市中医院分院、福州市第一医院外科病房大楼等重点项目建设。制定伤残津贴、生活护理费和供养亲属抚恤金定期待遇调整办法，稳步提高工伤职工待遇保障水平。促进社会保障预算与一般公共财政预算相衔接，努力实现财政对社会保障投入规范化和制度化。建立完善基本养老保险基金投资运营监管制度、基金投资信息报告和信息披露制度、社会监督与行政监督相结合监督机制，实现社会保障待遇调整机制化。建立城市居民最低生活保障制度和农村低保制度，进一步完善医疗、教育、住房、就业等领域专项救助和临时救助制度，促进社会救助体系日益完善，保障水平提高，社会保障兜底民生功能增强。

（3）共享安居权益有效保障

住房问题事关老百姓个人及家庭，是共享发展的客观要求，更是政府职责所在。改革开放以来，福建根据经济发展水平和财政的承受能力，尽最大的努力，通过持续加大投入，最大限度地为群众提供住房保障，住有所居保障工作取得了历史性成就。特别是党的十八大以来，福建坚持“房子是用来住的，不是用来炒的”定位，建立健全以政府为主提供基本保障，市场为主满足多层次要求的住房供应体系，住房保障体系持续完善，住房保障能力增强，住房建设规模和质量明显提升，基本满足人民群众“居者有其屋”的需求，实现从“有居”向“宜居”迈进。

一是住房保障建设取得突破。福建省委、省政府高度重视，各级各部门齐心协力、攻坚克难，提前超额完成保障性安居工程目标任务。“十三五”期间，福建加大保障性安居工程建设力度，增加保障性住房供应，改善中低收入家庭住房条件，到2020年底保障性住房覆盖率达到25%，重点满足新市民需求。全省各类棚户区改造项目取得新突破，到2020年底累计改造40万户，基本完成城市棚户区和危房改造。实现房地产平稳健康发展，住房供需基本平衡，供应结构更加合理，空间布局更加优化，居住品质明显提升，城镇居民人均住房面积明显增加。

二是居民住房条件持续改善。从1998年开始，福建住房制度由住房实物分配转变为住房分配货币化，开启经济适用房制度、住房公积金制度、廉租住房制度的成功实践，加快全省住房市场的商品化和市场化进程，激发民众需求，改善居民住房条件，探索出一条行之有效的城镇住房制度。福建城镇人均住房建筑面积由1980年的11.3平方米增至2020年的43.8平方米，增长近三倍，比全国平均水平高出6平方米；农村居民人均住房使用面积从1981年的8.3平方米增加到2016年的68平方米，增长7.19倍。

三是环境宜居指数逐年提高。党的十八大以来，福建大力实施宜居环境建设行动计划、市政提升“五千工程”等，全省居住环境质量继续保持优良，森林覆盖率继续居全国首位，生态环境状况指数继续保持全国前列。主要流域整体水质为优，Ⅰ—Ⅲ类水质比例97.3%；县级以上集中式生活饮用水水源地水质达标率达到100%。列入国家考核的142个近岸海域国控点中，一、二类海水水质面积占比85.2%。城市供水普及率达到99.6%，公共供水管网漏损率降至3%。天然气利用迅速发展，成为城镇燃气主要气源，燃气普及率达到97.5%。人均公园绿地面积15.02平方米，城市建成区绿化覆盖率为40.77%，在全国率先实现设区城市全部建成省级以上园林城市。市县生活垃圾无害化处理率100%，市县污水处理率97%，位居全国前列。截至目前，全省30个市县获得国家生态文明建设示范市县命名，将乐县、武夷山市等5个县市被国家授予“绿水青山就是金山银山”实践创新基地称号，宁德环东湖生态景观整治、长泰县上蔡村村庄环境整治、漳州闽南文化生态走廊圆山新城段等6个项目获得中国人居环境范例奖。现有各类自然保护地357处，拥有世界自然遗产（含双遗产）2处、世界地质公园2处。

（二）社会事业蓬勃发展

“没有全民健康，就没有全面小康。”卫生健康事业事关人民群众幸福安康。新中国成立以来，福建从疫病横行到可防可控，从缺医少药到病有所医，从本地报销到逐步异地报销，从到医院单纯排队就医到家庭医生签约服务，医疗卫生体系不断健全，医疗资源配置持续优化，人们看病难、看病贵问题基本得到解决。

1. 医疗卫生水平持续提升

卫生健康关乎人民生命安全和生命质量。新中国成立以来，党和政府高度重视人民健康，动员群众开展大规模爱国卫生运动，以预防和减少疾病，保护人民健康。改革开放以来，福建省委、省政府紧紧围绕“建设人民满意的医疗卫生事业”，率先大胆探索医疗体制改革，持续改善医疗卫生条件和服务供给质量，形成了一批具有全国性影响力的创新经验，全省医疗卫生健康事业全面进步。

（1）医疗卫生服务水平稳步提升

建立健全卫生健康服务体系，城乡区域医疗资源布局进一步优化，配置更趋均衡，公共卫生服务水平、医疗服务整体效率和质量显著提升，居民健康水平稳步提高。

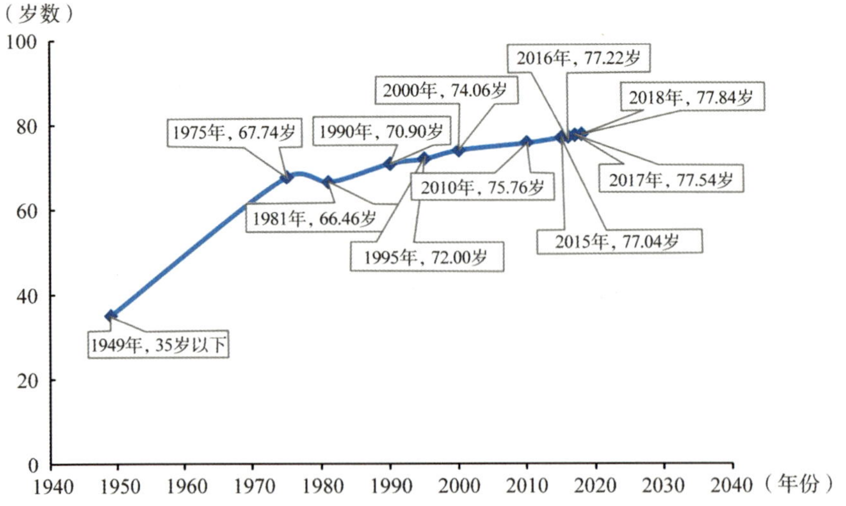

新中国成立以来福建人均预期寿命情况

一是医疗卫生质量稳步提升。新中国成立后，福建大力发展卫生健康事业，全力保障人民健康，居民健康水平大幅提升，居民人均预期寿命、孕产妇死亡率、婴儿死亡率等重要指标好于全国

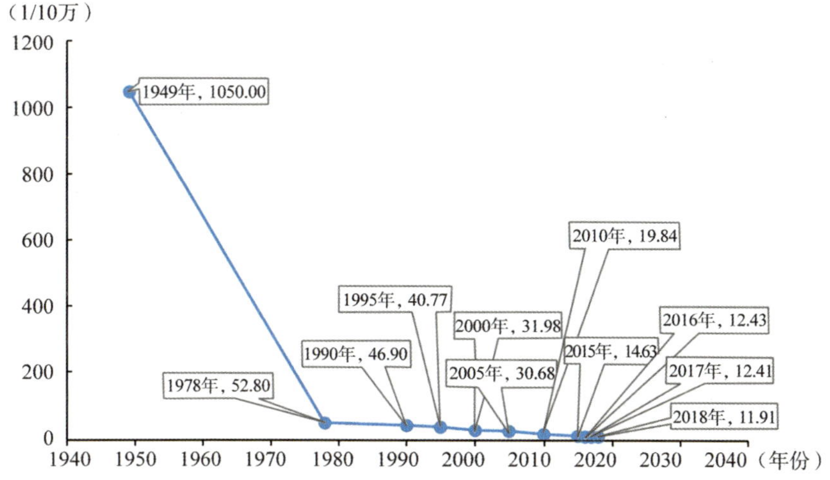

新中国成立以来福建孕产妇死亡率情况

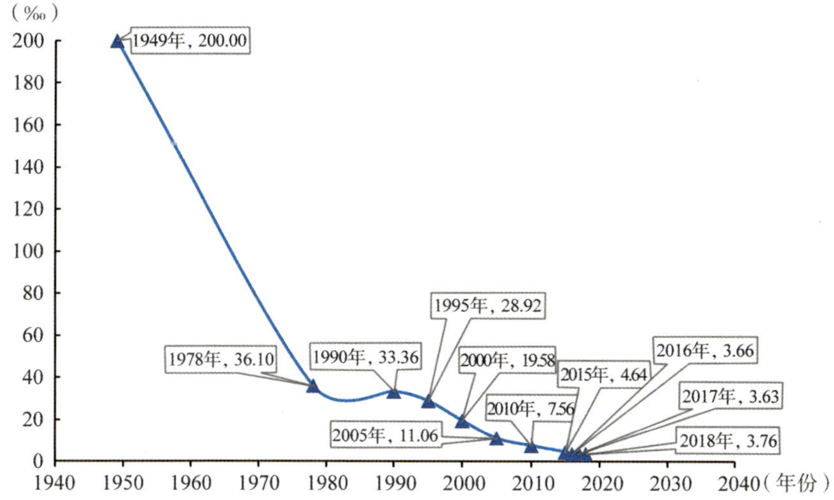

新中国成立以来福建婴儿死亡率情况

平均水平。据第七次全国人口普查，2020 年全省常住人口人均预期寿命 78.49 岁，比 1949 年提高 43.49 岁以上，比全国平均水平高 1.49 岁。从性别看，2020 年全省男性平均预期寿命 75.81 岁，女性 81.55 岁。2018 年，全省孕产妇死亡率 11.91/10 万，比 1949 年下降 98.87%，比全国平均水平（18.3/10 万）低 34.92%；婴儿死亡率 3.76‰，比 1949 年下降 98.12%，比全国平均水平（6.1‰）低 38.36%。医药卫生体制改革取得新突破，医疗、医保、医药“三医联动”积极推进，全省医药卫生体系整体效能持续增强；公立医院综合改革效果评价连续五年位居全国前列，在 2019 年全国三级公立医院绩效考核中，福建综合排名位居全国第六名，门诊和住院患者满意度均居全国第三名。在 2019 年全国县级医院服务能力评估中，福建基本标准和推荐标准达标率分别居全国第五名和第八名。多项医改经验已向全国推广，全省城乡居民健康水平持续提高，主要健康指标继续保持在全国前列。

二是公共卫生能力不断增强。坚持预防为主，防治结合，加大传染病、慢性病等疾病预防控制力度，推动公共卫生服务的可获取性和均等性不断提高。2020 年，全省每千人口全科医生 2.5 人，每千人拥有卫生机构床位数 5.2 张，建立居民健康档案 3537 万份。适龄儿童免疫规划疫苗接种率保持在 95%以上，15 岁以下儿童乙肝表面抗原携带率降至 1%以下。加快疾病预防控制体系建设，积极构建公共卫生突发事件应对能力体系，强化公共卫生医疗救治能力建设，不断提高公共卫生服务能力。加快疾控体系综合改革试点，落实传染病综合防控措施，传染病报告发病率保持较低水平。应对突发事件能力提升，建立健全突发公共卫生事件应急机制，建成 6 类 26 支省级卫生应急队伍。坚持把人民群众生命安全和身体健康放在首位，尽最大努力将感染率和病亡率控制在最低水平，平等无差别救治患者，拯救生命，新冠肺炎疫情防控积极有效，人民群众工作生活逐步恢复正常秩序。

三是医疗卫生健康服务体系更加健全。随着经济社会发展，福建医疗卫生健康服务质量持续提升，基本实现每个乡镇（街道）至少设置 1 所卫生院或社区卫生服务中心，个体诊所、门诊部等基层医疗卫生机构基本建成 15 分钟医疗圈。县级及以上疾病预防控制、妇幼保健、卫生监督、采供血、急救等专业公共卫生机构基本实现全覆盖，医院、专业公共卫生机构、基层医疗卫生机构分工协作的卫生健康服务体系基本形成。至 2020 年底，全省共有医疗卫生机构 28152 所（其中医院、卫生院 1585 个），是 1949 年的 134.5 倍。基本建立省、市两级综合性区域医疗中心和专科性区域医疗中心，全省共有三级医院 77 所，每个设区市均有 1 所以上的三级甲等综合医院，服务人口达到 80 万人的县（市）三级综合医院 6 所，人口数超过 30 万人的县（市）均有 1 所二级甲等及以上综合医院。

（2）医疗卫生资源总量持续增长

党的十八大以来，福建省委、省政府高度重视人民健康问题，加大补齐短板，增强医疗服务能力，提升公共卫生服务水平，人民群众健康水平和身体素质得到较大提高，卫生健康发展成效显著。

一是医疗保障能力不断增强。党的十八大以来，福建公共卫生体系全面加强，基本公共卫生服务均等化加快推进，建立由医院、医疗卫生机构、专业公共卫生机构等组成的覆盖城乡的卫生服务体系，实现免费向全体城乡居民提供 14 大类国家基本公共卫生服务项目。2020 年，全省共有医疗卫生机构床位 21.68 万张，是 1949

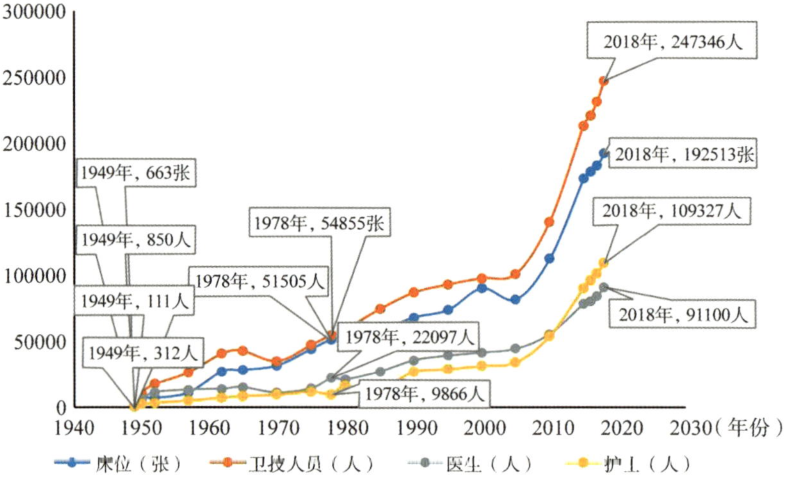

新中国成立以来福建主要卫生资源总量情况

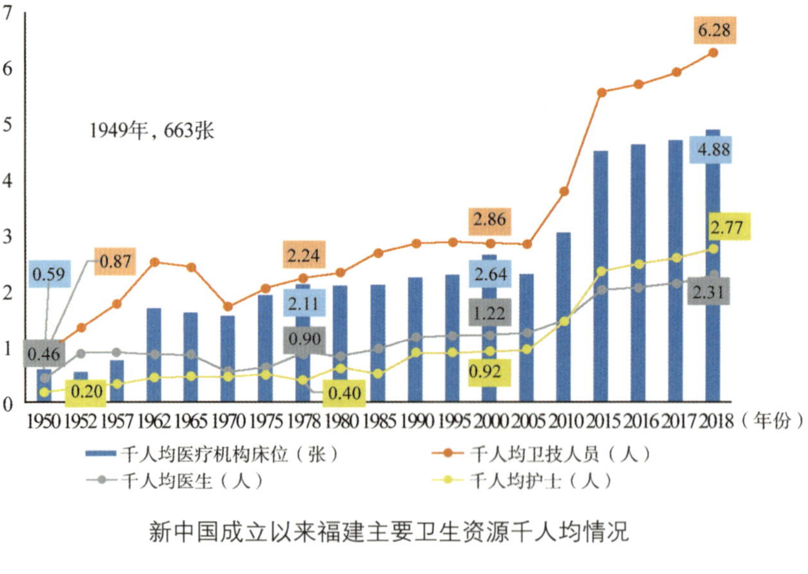

新中国成立以来福建主要卫生资源千人均情况

年的 328 倍；卫生技术人员达到 27.84 万人，是 1949 年的 327 倍，其中医生 10.55 万人，是 1949 年的 959 倍；注册护士 12.25 万人，是 1949 年的 395 倍。2020 年，全省每千人均医疗机构床位数 5.2

张，比 1950 年增加 4.7 张；千人均卫生技术人员、医生、护士分别为 6.59 人、2.5 人和 2.90 人，比 1950 年分别增加 5.72 人、2.04 人和 2.79 人。2020 年，全省有三级医院 84 家，比 2015 年增加 19 家，超百万人口县（市）有 5 家三级医院；2 家医院进入复旦版全国医院百强，全省 13 个专科进入全国十强提名，38 个专业、72 个临床专科进入华东五强或五强提名。

二是城乡医疗资源布局持续优化。充分利用资源重组、机构拆分、举办分院、合作办医等多种途径，引导中心城区医疗资源向新建城区、新区和基层延伸，疏解中心城区过密医疗资源，优化配置周边区域医疗资源。福建医科大学附属第一医院、协和医院等省级医疗机构“头雁”作用明显，区域医疗中心建设加快推进，形成一批具有较强引领和辐射带动作用的优势医疗服务、医学科研和人才培养高地，重点疾病诊疗水平与省会城市明显缩小。推动省内优质医疗资源扩容和向群众身边延伸，基本实现大病重病在省级解决、常见病多发病在市县解决、头疼脑热在乡村解决的目标，优质医疗资源扩容和均衡布局持续优化。全省 41 个县域（县总医院）开始实质运作，乡镇、村医疗卫生机构被纳入医共体统一管理，真正形成上下联动的工作机制。个体诊所、门诊部等其他医疗卫生机构由市场调节，不受规划布局限制，基本实现 15 分钟医疗就医圈。

三是优质资源下沉共享扩大。实施双下沉长效机制，加大城市三级甲等医院资源下沉力度，形成医疗资源依次梯度下沉，实现城市医院资源下沉县（市），县（市）医院下沉乡镇全覆盖；城市医院通过学科合作、合作办院、建立分院或独立举办医疗机构等形式，推动城市优质资源精准下沉、精准对接。按照省帮市、市带县、县乡和乡村一体化发展原则，加快建设城市医疗联合体，进一步优化各类医联体布局，省市级中医医院、妇幼保健院等牵头组建专科联盟、远程医疗协作网等医联体，持续扩大优质资源辐射服务范围。全面实施分级诊疗制度，以区域医疗中心和医联体建设为重点，合理配置医疗资源和就医秩序；推进家庭医生签约服务，落实签约居民就医转诊，完善远程医疗、“互联网＋医疗”，基本形成大病重病不出省，常见病多发病在市县解决，一般基本小病在基层解决的工作机制。稳妥推进医师多点执业，探索大医院医生到基层医疗卫生机构多点执业，提升基层的医疗水平。

（3）全民健康托起全面小康

健康是促进人的全面发展的必然要求，人民健康是民族昌盛和国家富强的重要标志，历来受到党和国家的高度重视。党的十八大以来，福建大力推进“健康福建”建设，努力为人民群众提供生命全周期的卫生与健康服务。积极落实《“健康福建2030”行动规划》，坚持以健康问题和人民健康需求为导向，不断增强健康与经济社会发展的协调性和可持续性，构建全方位和全周期保障人民群众健康的体制机制。2020年，全省基本建立覆盖城乡居民的基本医疗卫生制度，健康水平、健康生活、健康环境等主要指标保持在全国前列。

一是不断提高城乡居民健康水平。党的十八大以来，福建全力推进健康福建建设，推动以治病为中心向以健康为中心转变，卫生健康事业改革发展取得显著进展，城乡居民健康水平持续提高。2020年，全省常住人口人均预期寿命78.33岁，比2015年提高1.29岁；孕产妇死亡率、婴儿死亡率、5岁以下儿童死亡率分别为10.35/10万、2.54‰、3.53‰，比2015年分别下降29.25%、

45.26%、38.50%。妇幼健康服务能力提升，全面开展孕产妇妊娠风险筛查评估，母婴安全等妇幼健康指标居全国前列，2020 年全省严重致死致残出生缺陷发生率为 8.32/ 万，比 2015 年下降 35.2%。加强人口监测，全面实施两孩政策。2020 年，全省总人口 4154 万人，人口出生率和自然增长率分别保持在 13‰、7‰左右。居民主要健康指标继续保持在全国前列，以较少卫生资源实现较高的健康效益。

二是深入实施健康福建行动。树立“大卫生、大健康”理念，扎实推进健康福建专项行动计划，建立由政府主导、部门协同、社会参与健康福建机制，健全涵盖健康环境、优化健康服务、完善健康保障、普及健康生活、发展健康产业等方面制度体系。建立健全城乡社区卫生健康网格化服务体系和全民健身公共服务体系，完善城市社区 15 分钟医疗卫生圈和体育健身圈，实现公共卫生、体育健身、便民药房等基础设施“村村有”，基本医疗、医保、医药等健康服务“村村通”。推动健康与养老、旅游、互联网、健身休闲、食品等融合发展，加强社会心理服务和非医疗健康干预，推动卫生健康服务向企事业单位、社区和家庭延伸。推进健康教育促进行动，引导树立个人是健康第一责任人的观念，普及健康知识，落实全民健康素养提升行动，养成健康生活方式。健康领域改革发展取得新成就，全民健身运动蓬勃发展，人民体质不断增强；医疗卫生服务体系日益健全，基本公共卫生服务均等化逐步实现；人民健康水平和身体素质明显提高。2020 年，全省居民人均预期寿命继续保持全国先进水平，主要健康指标总体优于高收入国家平均水平。

三是推广“三明医改”经验。卫生健康事业承载着人民群众对美好生活的向往。福建在全国率先启动医疗、医保、医药“三医”联动改革，在全国率先实现新农合与城镇职工医保、居民医保“三保合一”，在全国率先将城镇职工基本医疗保险、城镇居民基本医疗保险和新型农村合作医疗执行用药目录、诊疗目录、服务标准的“三统一”，推动整合医疗资源和公立医院回归公益性，有效破解长期以来医疗资源条块分割、恶性竞争局面。实现上下联动机制，促进优质医疗资源下沉，让县、乡、村三级资源共享发挥最大效益，使村民享受到医改释放的红利。打通医疗服务“最后一公里”，促进医疗服务能力不断提升，“互联网+医疗健康”持续发展，医药价格逐步回归合理水平，越来越多的常用药、救命药被纳入医保目录。开通城乡居民医保到村卫生所，村民用医保卡就能在家门口看病，打通服务村民的“最后一公里”。城乡基本医疗公共服务均等化持续推进，农村医疗卫生服务体系不断改善，医疗保障制度日益健全。三明市在全国率先建立“124”医保扶贫机制，通过释放“三明医改”红利，做到村居民看病就医有地方、有医生、有保障，因病致贫、因病返贫问题得到有效解决。

福建医疗体制改革从“三医”(医疗、医保、医药）分离到“三医”联动，从只能本地报销到逐步异地结算，从单纯医院就医到医院资源共享，从无号可约到家庭医生签约服务，从因病致贫到医保范围内实际报销比例达91%以上，在全国率先打破“看病难、看病贵”难题，真正托起全民小康。“三明医改”实践证明，只有把公平可及、群众收益作为医疗改革的出发点和立足点，把增强人民群众获得感、幸福感、安全感作为评价改革的重要标准，让医疗改革成果更多更公平地惠及全体人民，才能保障贫困人口能够看得上病、看得起病、看得好病，避免出现因病致贫、因病返贫恶性循环。2021 年 3 月 23 日，习近平在三明市沙县总医院调研时指出："人民健康是社会主义现代化的重要标志。三明医改体现了人民至上、敢为人先，其经验值得各地因地制宜借鉴。"

2. 教育事业蓬勃发展

教育是民族振兴、社会进步的基石，是提高国民素质、促进人的全面发展的根本途径。福建教育事业是在极其落后条件下起步的，经历了从扫除文盲到"有学上""上好学"，从享有入学机会到共享高质量公平教育的历史性变革。特别是党的十八大以来，福建优先发展教育事业，不断加大教育投入，着力促进教育公平，教育整体水平持续提升，教育事业取得了历史性成就。

（1）教育事业蓬勃发展

新中国成立初期，福建文盲人口众多，小学和初中入学率极低。从 1952 年起，福建从开展三次大规模扫盲运动到普及教育、提高全民素质，再到教育强省建设，教育事业进入提高质量、优化结构、促进公平发展新阶段，已建成包括学前教育、初等教育、中等教育、高等教育等在内的现代化教育体系，教育现代化发展总体水平跨入世界中上国家行列。1998 年，福建在全国率先通过"两基验收"，义务教育人口覆盖率达到 100%；率先实现城乡教育免费义务教育，建立涵盖从基础教育到高等教育的完整的助学体系。2019 年，福建学前教育三年毛入学率、九年义务教育巩固率、高中阶段毛入学率、高等教育毛入学率等教育普及主要指标继续保持全国前列，教育体系更加完善，区域、城乡、校际教育差距逐步缩小，从"有学上"到"上好学"，从"学有所教"到"学有优教"，基础教育实现跨越式发展。2020 年，福建学前教育毛入园率、九年义务教育巩固率、高中阶段教育毛入学率和高等教育毛入学率分别达到 98.55%、99.23%、97.03% 和 57.88%，各级教育普及程度均达到或超过中高收入国家平均水平，国民受教育水平不断提升，为全面推进现代化建设奠定了坚实基础。

（2）优先发展教育事业

福建历来高度重视教育事业，始终把教育摆在优先发展战略位置，不断强化教育领域政府责任，持续增加教育投入。改革开放以来，福建逐年加大教育投入，全省财政性预算内教育经费占国内生产总值比例一直位居全国前列。坚持人才优先发展，人才质量不断提高，人才结构不断优化，已初步形成与高质量发展相适应的人才工作格局，培养和造就了一支数量充足、结构合理、素质优良、充满活力的教育人才队伍，全省专业技术人才队伍和高技能人才队伍不断壮大。2020 年，福建普通高等学校在校学生 94.72 万人，是 1980 年 3.86 万人的 24.5 倍；在校研究生 6.73 万人，是 1980 年 261 人的 258 倍。在全省常住人口中，拥有大学（指大专及以上）文化程度人口为 5877073 人，高等教育进入普及化阶段，教育水平迅速跃升。

从 2000 年开始，福建在高校启动实施“闽江学者计划”，加大对高校教育投入，财政教育支出占公共财政支出比例居全国前列。2016 年至 2019 年，福建财政教育支出逐年增长，从 789.4 亿元增加到 964.2 亿元，累计安排支出 3529.9 亿元，年均增长 6.9%，高出全省一般公共预算支出年均增速 0.8 个百分点，成为最大的民生支出。教育支出占一般公共预算财政支出比例保持在 17%—20%，居全国前列，其中 2019 年占比 19%，居全国第二位。2021 年福建完成首轮 12 所省级“双一流”建设高校、110 个“高峰”“高原”建设学科的成效评价；11 所高校的 50 个学科进入全球 ESI 排名前 1%，全省高等教育综合竞争力居全国第十六位。职业技术教育不断发展，为经济社会发展输送大量高素质技能人才，培育出一大批能工巧匠、大国工匠。特殊教育从无到有、加快发展，残疾人享有平等受教育权利。

（3）教育资源分布更加均衡

党的十八大以来，福建全面贯彻党的教育方针，落实“立德树人”根本任务，坚持社会主义办学方向，将公平和质量作为追求目标，教育事业取得了全方位发展，人民群众教育获得感增强，为加快推进教育现代化、建设教育强省、办好人民满意教育奠定了坚实基础。全省城乡九年义务教育全面普及，实施义务教育阶段全面免学费制度，建立和完善家庭经济困难学生资助体系，对农村尤其是贫困地区、民族地区采取倾斜政策，城乡、区域、校级教育资源分布更加均衡，实现全省城乡儿童、青少年享有更加平等的教育机会、更加优质的教育资源。据住户调查，截至 2019 年底，福建公办幼儿园数量从 2010 年的 1287 所增加到 2734 所，新增公办园学位 30 万个。学前教育毛入学率从 2010 年的 40.6% 提升到 98.55%，学前教育覆盖率达 83.7%，均大大高于国家平均水平。实施“优质教育资源共享支持工程”“农村中小学宽带网络接入项目”，推进“校校通”“班班通”，促进教育均衡化发展。大力实施“优质学校、优秀校长、优秀教师”带动工程，推进集团化办学，以优质校带动薄弱校发展。加快构建网络化、数字化、个性化和终身化教育体系，加快建设“人人皆学、处处能学、时时可学”的学习型社会。教育改变了无数人的命运，实现了无数人的梦想，让人们拥有更多人生出彩的机会。

3. 城乡基础建设日益完善

全面小康是城乡共同发展的小康。2021年福建常住人口城镇化率达到64.72%。随着乡村振兴战略深入实施，农民宜居宜业的美丽家园持续增加。

（1）基础设施建设持续完善

“要想富，先修路”。福建持续推进交通运输高质量发展，加快建设交通强国先行区。党的十八大以来，福建加快交通强省建设，高速公路路网密度达4.1千米/百平方千米，居全国第二位，达到发达国家水平。“三纵八横”高速公路主骨架基本建成，与周边省份进出口通道达到16个。

一是交通网络四通八达。强化交通强省建设，实现标准化管理全覆盖，推进运营管理服务标准品牌化，得到了交通运输部肯定并在全国推广。截至2020年，福建84个县（市、区，不含金门县）全部实现15分钟上高速，为全国第四个实现“县县通高速”的省份。“三纵六横两联”综合运输大通道基本形成，建成后将实现所有县市区在15分钟内上高速，95%的中心镇半小时上高速，95%的一般乡镇1小时上高速。截至2021年底，全省公路通车总里程突破11万公里，其中高速公路超过6000公里，综合路网密度居全国各省第三位，达到发达国家水平；普通国道、省道通车里程1.1万公里，实现所有县城连接二级及以上公路；农村公路通车里程9.4万公里，实现全省建制村100%通水泥路和通客车。东南沿海现代化港口群加速崛起，全省沿海港口拥有生产性泊位430个，其中万吨级以上泊位190个，可停靠世界最大的集装箱船、油轮、邮轮和散货船。“十三五”期间，福建平潭海峡公铁大桥合龙通车，福州至长乐机场城际铁路、双龙铁路开工建设，厦门新机场、长乐机场二期扩建工程立项获批，全方位立体交通网络体系基本形成。

二是交通环境更优化。推进智能交通优先发展战略，有序实施交通基础设施数字化、智能化升级改造，推动主要城市道路、公路、水路重点路段、航段和枢纽等重要节点交通感知网络覆盖。应用“数字中国”平台，完善智慧交通云，推动5G、大数据、人工智能、物流网、区块链等新一代信息技术与交通运输融合发展，推动城市公共交通工具和城市物流配送车辆新能源化。加快厦门东南国际航运中心、厦门邮轮母港、福州国际深水港建设，推进港口资源整合，强化各港区错位发展、互补发展，全面提升重点港区规模化、集约化、专业化水平，实现港口群、城市群与产业群联动发展，形成“21世纪海上丝绸之路”核心区大宗货物转运基地。实现审批服务事项“一张网”全覆盖，省级事项办结时限平均压缩67.7%。高频政务服务事项实现5项“跨省通办”、24项“就近办、自助办”、24小时不打烊政务服务。大件运输并联许可系统上线，实现省内外“一网通办”，办理时限平均压缩66%。“十三五”期间，全省新改扩建城市道路1500公里、各类市政管网5700公里，新增城乡公共停车泊位8万个，新建改造城乡公厕3500座，新建改建农村公路1930公里，农村集中供水率达到91.5%，高于全国5.5个百分点。

（2）城乡环境更舒适

改革开放以来，福建基础设施不断健全，社区环境建设取得显著成效，人民生活环境得到极大改善。党的十八大以来，福建积极推动城乡公共服务标准化、均等化建设，公共服务更加健全、更加优质、更加公平，民生环境持续优化，城镇社区居民生活基础设施基本实现全覆盖。

一是公共基础设施更完善。全省商贸市场体系日益健全，集市、超市、便利店迅速发展，互联网和大数据推动城市生活更加智慧，网络购物日趋常态化，“万村千乡市场工程”建设成效卓著，农民生活更加便利。通信条件更加顺畅，计算机与通信技术创新和网络迅速发展，全面实现从信函、电报到固定电话、传呼机再到大哥大、智能手机的升级发展。以电脑和智能手机为中心，把通话、视频等多功能通信方式融为一体，大大缩小时空距离。截至 2020 年底，福建网络建设持续推进，光纤接入占比超九成，接入端口数量达 3370 万个，较上年末净增 138 万个；全省移动电话基站 32.3 万个，较上年末净增 3.3 万个，比 2002 年增长 40 倍；全省县级以上集中式生活饮用水水源水质全部达标，社区主要道路实现水泥或柏油路面硬化，社区垃圾集中处理，社区道路设置有路灯。农民生活基础设施持续完善，村容村貌明显改观；超过九成农村调查户所在社区主要道路设有路灯，社区主要路面以水泥或柏油路面硬化，社区垃圾集中处理。

二是服务体系更完善。全省社区服务主体和服务业态更加多元，线上线下服务机制更加融合，精准化、精细化和智能化持续提升，社区吸纳就业能力增强。基本公共服务均等化明显提升，人民群众的操心事、烦心事、揪心事得到更好解决，全省率先实施“一窗受理、集成服务”，福州军门社区工作法等入选中国改革典型案例。社区服务能力增强，村（社区）党组织书记和主任实现“一肩挑”，党建引领社区服务体系建设逐步完善，以党群服务中心为阵地的城乡社区综合服务设施建设加快推进，城市社区综合服务设施实现全覆盖，农村社区综合服务覆盖率全面提升。

三是生活环境更宜居。2021 年，全省城市空气优良天数比例为 99.2%，$PM_{2.5}$ 年均浓度为每立方米 21 微克，县级以上城市空气质量均达到国家空气质量二级标准。主要流域优良水质比例 97%，近岸海域优良水质比例 85.2%，森林覆盖率连续 43 年保持全国首位，人均公园绿地面积全国第三。福州市获“综合实力五十强城市”“中国优秀旅游城市”“国家卫生城市”“国家园林城市”“全国环保模范城市”“全国双拥模范城市”“国家历史文化名城”“全国文明城市”“全国宜居城市”“福布斯中国大陆最佳商业城市百强城市”等称号；厦门市是中国著名的海滨城市和休闲城市，拥有第一批国家 AAAAA 级旅游景区和世界文化遗产——鼓浪屿，曾连续三次入选中国十大宜居城市；三明市素有“绿色宝库”之誉，拥有“中国优秀旅游城市”“中国百强城市”“全国文明城市”“中国最绿省份的最绿城市”“中国特色魅力城市 200 强”“中国绿都”“中国南方生态乐园”“国家卫生城市”“国家园林城市”“全国双拥模范城”等称号。

（3）人民群众安全感不断提升

民惟邦本，本固邦宁，平安是老百姓的最大福祉。群众安全感是人民群众的主观感受，是衡量社会安全程度的重要指标。新中国成立后，特别是改革开放以来，福建经济迅速发展、社会安全稳定，生动展现了中国特色社会主义制度和国家治理体系的强大生命力和巨大优越性。

一是人民群众安全感提升。福建社会治理法治化、智能化水平提升，平安福建建设成效显著。积极创新基层社会治理，提升网格化服务管理水平，社会治安防控体系持续完善，“最多投一次”阳光信访工作机制延伸到“最后一公里”，人民群众安全感和满意度明显提高。加快推进数字政法建设，不断提高法治福建建设水平，平安福建建设位居全国前列，基本做到小事不出村、大事不出镇、矛盾不上交，预防和化解基层社会矛盾能力增强。网格化管理、精细化服务、信息化支撑、开放共享的基层管理服务体系不断完善，市域社会治理现代化稳步推进。持续治理“餐桌污染”，人民群众“舌尖上的安全”更放心。截至 2010 年 10 月，福建是全国唯一所有设区市连续五届获评双拥模范城（县）的省份，2020 年群众安全感率达 99%，对扫黑除恶好评率达 98.6%，执法工作满意率达 97.3%，三项指标全部创历史纪录。

二是共享发展、安全发展不断深化。食品安全是重大的民生问题，共享安全发展是建设高水平平安福建的基本要求和人民群众对美好生活的期盼。改革开放以来，福建不断健全公共安全体系，持续构建食品药品安全监管机构，建立最严格的覆盖全过程的监管制度、食品原产地追溯制度和质量标识机制。特别是党的十八大以来，福建认真贯彻落实习近平总书记的“四个最严”要求，按照国家食品药品监督管理总局的决策部署，践行“源头严防、过程严管、风险严控”食品药品监管工作，严格落实《福建省食品安全条例》《福建省食品安全信息追溯管理办法》，大力开展“食品安全放心省”“国家食品安全示范城市”创建工作，确保广大群众舌尖上的安全，全省食品质量安全状况和食品安全呈现良好态势。2020 年，福建食品评价性抽检、药品抽检合格率分别达 99.4%、99.8%。深化安全生产管理体制改革，建立隐患排查质量体系和安全预防控制体系，健全防灾减灾救灾体系，有效遏制重特大安全事故发生。2016年以来，福建是全国15个没有发生重特大事故的省份之一。2017年5月28日，福建全面实施《“健康福建2030”行动规划》，对健康福建建设作出全面部署，加快建设“五大工程、三大平台、五大保障”，实施健康福建五大工程，完善健康促进、健康服务、健康扶贫、健康环境和健康产业；构建健康福建三大平台，促进“信息服务、科技创新、对外交流”；强化健康福建五大保障，实现“体制机制、健康筹资、健康人才、食品药品安全、健康法治”，进一步提高人民群众安全感。

三是社会秩序和谐有序。创新社会治理效能，是推进国家治理体系和治理能力现代化的重要内容。新中国成立以来，党和政府顺应社会发展基本规律，针对不同时期社会主要矛盾特征及其演变趋势，不断改革完善社会治理模式。改革开放之前，我国建立高度集中、政府包管一切的社会管理体制。改革开放后，我国逐步建立“党委领导、政府负责、社会协同、公众参与”的社会管理格局。党的十八大以来，福建从维护最广大人民的根本利益出发，积极创建“党委领导、政府负责、民主协商、社会协同、公众参与、法治保障、科技支撑”的社会治理体系，加快构建共建共治共享的社会治理新格局，加快建设人人有责、人人尽责、人人享有的社会治理共同体，社会治理水平不断提高，形成人民安居乐业、社会安定有序的新局面。在新冠肺炎疫情防控的关键阶段，福建坚持人民至上、生命至上，坚持动态清零方针，坚持外防输入、内防反弹总策略，以更快、更严、更实的措施，坚决阻断疫情传播链条，最大程度保障城市运行和社会生活稳定有序，最大程度减少对人民群众生产生活的影响。

（三）人民生活水平显著提高

新中国成立后，福建省委、省政府团结带领全省人民实现了从食不果腹到基本解决温饱，再到总体小康、全面小康的过程，人民群众的获得感、幸福感、安全感显著增强。党的十八大以来，我们党从全面建成小康社会要求出发，把脱贫攻坚作为实现第一个百年奋斗目标的重点任务。福建牢记嘱托、勇毅前行，大力发扬“弱鸟先飞”“滴水穿石”精神，聚焦精准扶贫、精准脱贫基本方略，走出了一条特色鲜明的脱贫奔小康之路。

1. 脱贫攻坚奔小康

福建是全国较早开展扶贫开发的省份。习近平同志在福建工作期间，在全国率先开展山海协作联动发展、造福工程扶贫搬迁、下派扶贫工作队和选派干部驻村任职等行之有效的扶贫开发工作。党的十八大以来，福建把脱贫攻坚作为一项重要政治任务，坚决兑现打赢脱贫攻坚战的“五个确保”“五大战略”（产业扶贫、就业扶贫、教育扶贫、健康扶贫、住房保障），脱贫攻坚战取得决定性胜利。

（1）全面建成小康社会

福建地处台湾海峡西岸，由于历史地理原因，新中国成立后的较长一段时期，福建建设投入少，基础设施落后，群众生产生活困难，农村地区贫困人口发生率较高。改革开放以来，特别是党的十八大以来，福建积极推进扶贫开发，全面实施精准扶贫、精准脱贫，探索出许多成功的经验做法，脱贫攻坚取得决定性成就，实现

2201 个建档立卡贫困村全部摘帽，45.2 万贫困人口全部脱贫，贫困发生率降至 0.01%，用苦干实干书写了一张高质量脱贫的福建答卷。

1988 年 6 月至 1990 年 4 月，习近平同志任宁德地委书记期间，深入实际调查研究，带领闽东人民寻求脱贫致富之道。他以“摆脱贫困”为主线，系统提出“以改革创新引领扶贫方向，以开放意识推动扶贫工作”，大力倡导“弱鸟先飞”“滴水穿石”精神，实施造福搬迁、山海协作、干部驻村、挂钩帮扶、闽宁合作等工作机制，突出产业带动，不断激发和挖掘贫困群体的内生力量，增强自我减贫能力，走出了一条特色鲜明的扶贫开发新路子。

有“中国扶贫第一村”之称的福鼎市赤溪村，是闽东大山深处的一个畲族村，曾经“地瓜苦菜是主粮，一碗盐水做成汤”，村民们过着“家家竹木屋，顿顿揭锅难”的艰辛生活。赤溪村牢记习近平同志在宁德工作时提出的目标，坚持不懈地挪穷窝、拔穷根、走致富路，开创出了一片新天地。如今的赤溪村已经走上全面小康之路，1984 年至 2021 年，农民人均纯收入从 166 元增长到 30000 元；村财政收入从负债 10 多万元增长到 200 万元；人均住房面积从 8.4 平方米的“茅草屋与木瓦房”提升到人均 42 平方米的“砖混结构房”，成为生活更加富裕、乡风更加文明、生态更加优美的畲族旅游明星村。

（2）人民生活水平显著提高

福建省委、省政府始终做到发展为了人民、发展依靠人民、发展成果由人民共享，经济实现了高速发展，综合实力显著增强。1990 年福建顺利实现解决人民温饱问题的第一步目标，2000 年提前实现人民生活达到小康水平的第二步目标，2019 年提前一年实现全面建成小康社会目标，人民生活更加殷实富裕。1978 年至 2020 年，福建城镇居民人均可支配收入由 371 元增加到 47160 元，增长 127.1 倍；农村居民人均可支配收入由 138 元增加到 20880 元，增长 151.3 倍。

“小康不小康，关键看老乡”，“真金白银”最能体现百姓的获得感，也是衡量生活质量变化最直接的指标。全面建成小康社会的重任在农村，福建着力实施居民增收行动，深化工资收入分配制度改革，建立健全劳动、知识、技术、管理等生产要素按贡献决定报酬机制，不断提高劳动报酬在初次分配中的比重，着力增加一线劳动者劳动报酬，推动更多低收入者进入中等收入行列，规范收入分配秩序，合理地调节收入分配差距，让发展更有温度、幸福更有质感。持续优化工资收入分配制度，居民收入增长与经济增长基本同步。党的十八大以来，按照全面建成小康社会目标要求和重点任务，福建全面深化改革开放，加快补齐农业农村短板弱项，大力推进农村全面小康建设，贫困人口收入水平显著提高，全部实现“两不愁三保障”，为决胜全面建成小康社会作出了重要贡献。

2. 物质生活极大改善

满足人民日益增长的美好生活需要，提升民生福祉，关键是人民生活品质得到改善。改革开放以来，福建消费品市场从供不应求向品种丰富、供应充足转变，城乡居民消费层次从“量”的满足向“质”的追求转变，消费需求从生存型消费向发展型和享受型消费转变，人民群众对衣食住行品质有了更高追求。随着餐饮、健康、教育、旅游、文娱等服务性消费持续快速增长，福建居民人均消费支出占比提高，越来越多的人有“钱”有“闲”，“说走就走”不再是梦想，旅游成为人们幸福生活的重要体现。

（1）“吃”上求质

新中国成立初期，因历经战乱洗礼，福建物质匮乏、粮食短缺，人民群众生活贫困、食不果腹。改革开放后，福建餐桌上的菜样丰富起来，街上的饭馆多起来，外来餐饮纷纷进军福建，福建人不出门便可吃遍世界。党的十八大以来，人们开始呼应健康主题，回归天然的“水果蔬菜”备受重视。

食从吃饱到吃出健康。随着居民食品消费水平提高，饮食结构不断改善，福建食品消费质量持续提高。2020 年，福建城镇居民和农村居民人均食品支出分别为 9673 元和 6274 元，是 1978 年的 56.7 倍和 80.4 倍，年均增长率达到 10.3% 和 11.4%。饮食结构持续改善，居民食品消费实现以粮为主向动物性食物和食粮为主转变，实现从高热量、高脂肪、高蛋白质的膳食营养结构转变，膳食结构更趋科学合理。加工食品消费持续增加，各种休闲零食大量进入市场，食品消费更趋休闲、便利。随着生活观念转变和节奏加快，女性职工、双职工家庭增加，居民家庭在外饮食成为日常，各大菜系、异国风味极大丰富了餐饮市场。

夜经济“点亮”消费活力。夜幕降临，华灯初上，夜经济带来了福建消费活力。福建不断完善便利店、社区菜市场等便民消费设施，加快建设一批地标性商圈、高品位步行街、夜间经济示范区，打响了“商博会”“八闽美食嘉年华”“茶酒两红”等品牌。以福州市鼓楼区为例，充分发挥地处省会城市优势，按照所处地理位置、目标客群、消费层次、购买能力等特征，找准市场定位，提高形象辨识度，吸引品牌企业入驻，鼓励商家引进国际、国内品牌，着力打造三大重点夜色经济街区，涌现出达明路夜市、王庄夜市、岳峰夜市、学生街夜市、前屿夜市、鼓西路夜市等夜间经济示范区。一批集艺术交流中心、特色休闲长廊、创意集市为一体的休闲区域，“本地人都想去，外地人都必去”。名副其实的美食街，吸引很多市民前来消费，给市民以及外来游客带来更丰富的美食体验。

（2）“穿”上求美

改革开放之初，我国衣着消费水平较低，原料品种、衣着款式、色彩等极为单调。改革开放以来，随着经济社会发展，福建人穿衣打扮日益向多样化、个性化和私人定制趋势发展。

一是时尚意识增强。新中国成立初期，中山装是我国最庄重的服装，拥有一套毛料中山装成为大多数民众的梦想。20 世纪六七十年代，人民衣着款式简单，颜色以黑蓝灰绿为主，绿军装成为代表性风尚。改革开放后，福建居民服装逐步与国际接轨，自然而然接受新款式，追求多样化和多元化。20 世纪 90 年代开始，福建居民开始讲究品位，突出个性风尚，舶来时装发布会应运而生，服装市场追逐世界潮流，模仿西方衣着时尚，跟风港台明星风格。随着收入水平提高、审美观提升，福建居民不断缩短与世界顶级时尚的距离。

二是衣着消费高档化。随着居民收入水平提高，服装市场供应日趋丰富，各种款式、花样、风格服装琳琅满目，福建居民衣着从穿暖走上了穿美、穿出时尚。2020 年福建城镇和农村居民人均服装支出分别为 1443 元和 755 元，是 1978 年的 51.2 倍和 58.1 倍，年均增长率达到 10.4% 和 10.5%。随着衣着消费向成衣化转变，衣着面料消费逐年减少；服装材质从单一向多样转变，衣着面料转向毛、麻、丝织品、呢绒、绸缎、裘皮制品等中高档面料，各种追求时尚、潮流的配饰成为穿戴时尚。

三是打造知名服装品牌。福建纺织服装致力于品牌培育，目前涌现出柒牌、劲霸、七匹狼、虎都、爱登堡、才子、宝姿、名师路等一批享有盛誉的知名品牌，全省被中国纺织工业协会授予的纺织服装产业集群试点，包括 2 个基地市、1 个特色名城和 11 个特色名镇；一批企业获得中国驰名商标、福建省著名商标等称号，成为中国服装市场的主力军。

（3）“住”上求好

让全体人民住有所居是实现全面建成小康社会的必然要求。改革开放前，国家实行实物福利分房制度，城镇居民住房由国家建造、分配和管理。改革开放后，随着福利分房政策终止，居民购房热情被激发出来。党的十八大以来，中央明确“房子是用来住的，不是用来炒的”定位，让房子回归居住属性，人民群众对住房的满意度不断提升。

一是住房供应大幅增长。全省房地产开发投资、房屋施工面积、新开工面积、竣工面积和销售面积大幅增长。1986 年至 2020 年，福建房地产开发投资从 3.57 亿元增至 4794.23 亿元，增加了 1342 倍。2020 年全省房屋施工面积达到 34556.77 万平方米，是 1986 年的 157 倍；新开工面积达到 6637.99 万平方米，是 1986 年的 28 倍；商品房销售面积达到 6607.18 万平方米，是 1986 年的 90 倍，市场销售呈现平稳发展态势。

二是居住条件持续改善。新中国成立初期，我国城镇居民大部分居住在低矮的平房、土坯房，绝大多数农民住在茅草房中，居住条件异常简陋。改革开放后，福建住宅建设由砖瓦结构平房、预制板楼房向以钢筋混凝土结构和配套功能设施兼具的住宅小区演变，通过稳妥推进旧城改造、城市集中成片棚户区改造，不断提高城市居民的居住保障水平，住房条件改善成为城乡发展的最鲜明写照。2020 年，福建城镇居民人均住宅建筑面积达到 43.8 平方米，比 1986 年的 15.7 平方米增长 2.8 倍；农村居民人均住房建筑面积达到 80.7 平方米，比 1981 年增加 72.4 平方米；农村居民家庭独用自来水、独用厕所普及率分别为 93.9% 和 94.2%。随着居民收入水平提高，电梯房、大户型、高档小区及别墅等改善型需求逐步提高。

三是住房保障体系日益完善。党的十八大以来，福建省委、省政府认真贯彻落实“房住不炒”新定位，逐步构建以廉租房、经济适用房、公共租赁住房、限价商品住房为主的多层次住房保障体系，加强对保障性安居工程建设的资金、用地等方面优惠。在福州、厦门、泉州、漳州等城市，率先实施老旧小区综合整治工作，加快解决排水、通行、照明、安防等配套设施，不断提升老旧小区管理水平。2020 年，福建开工棚户改造 4 万套、公租房 2.4 万套，老旧小区改造 24 万户。

（4）“用”上求新

新中国成立后，福建居民对家电需求已从单品到成套，从被动控制到自动调控转变，智慧生活让家变得更美好。改革开放前，人们追求拥有手表、自行车、缝纫机三大件，20 世纪 80 年代追求彩电、冰箱、洗衣机新三件，如今追求更多的是中高档消费品。据统计，截至 1980 年底，福建城镇和农村居民每百户家庭分别拥有自行车 101.0 辆和 16.0 辆，缝纫机 73.0 架和 20.5 架，收音机 64.0 台和 19.3 台，手表 214.0 只和 71.2 只。到 20 世纪八九十年代，以彩电、冰箱和洗衣机为代表的小家电迅速普及，人民生活变得多姿多彩。截至 2000 年底，福建城镇和农村居民人均生活用品及服务支出分别为 1519 元和 874 元，是 1978 年的 63.6 倍和 130.6 倍；城镇居民家庭每百户拥有彩电 128.07 台、冰箱 87.80 台、洗衣机 93.20 台、电炊具 113.87 台，分别比 1985 年底增加 104.07 台、77.80 台、61.2 台和 83.87 台；农村居民家庭每百户分别拥有彩电 73.02 台、冰箱 19.40 台、洗衣机 35.55 台，比 1990 年底增加 68.02 台、18.40 台和 31.55 台。进入 21 世纪以后，空调、电脑和移动电话相继进入普通家庭，人民生活更加舒适便捷。截至 2020 年底，福建城镇居民家庭每百户拥有空调 194.11 台、计算机 80.26 台、移动电话 158.82 部、电冰箱 102.01 台、热水器 117.23 台、家用汽车 36.11 辆、空调机 194.11 台；农村居民家庭每百户拥有空调 95.21 台、电冰箱 104.58 台、热水器 106.57 台、家用汽车 18.47 辆、计算机 25.9 台和移动电话 253.58 部，比 2000 年底均有较大幅度提高。

3. 高品质生活有效保障

高品质生活均有经济上满足自己、精神上升华自己的属性，旨在追求品位、舒适，是一种博雅的情怀与境界，追求美好生活是永恒的主题。

（1）在“行”上求便

1997 年 12 月，福建第一条高速公路——泉厦高速公路正式通车，今天，福建已形成纵横交错的基础设施体系。随着国家高速公路网福建境内段全面建成，福建已形成“三纵八横”的主骨架网，全省所有县城实现 15 分钟内上高速，80.6% 的陆域乡镇实现 30 分钟内上高速。随着综合客运枢纽和高效衔接的综合货运枢纽相继建成，中心城区公交站点实现500米全覆盖，群众出行更加舒适、更加便捷。2020年，福建交通旅客周转量1086.22亿人公里，是1978年的30.4倍；铁路营业里程3187公里，是1978年的3.16倍；高速公路通车里程5039公里，是1997年的53.6倍。平安畅通的交通环境让人耳目一新，2014年底全省实现“村村通客车”。截至2020年底，全省城镇居民家庭每百户拥有家用汽车36.11辆，比2000年底增加35.7辆；农村居民家庭每百户拥有家用汽车17.6辆，比2005年底增加17.0辆。

（2）在“享”上求悦

改革开放以来，福建坚持以满足人民群众精神文化需求为落脚点，文化娱乐生活发生了新变化，人民群众对精神文化的追求不断提高。

一是群众文化生活日益丰富。改革开放以来，福建扎实开展基层群众文化活动，不断完善文化基础设施，加快构建现代公共文化服务体系，丰富人民群众精神文化生活。积极开展“文明单位”“和谐家庭”“好媳妇”“读书之星”等评比活动，持续营造明德尚礼、家庭和睦、邻里团结、尊老爱幼的良好社会氛围，正能量得到弘扬壮大。

二是群众文化需求多样化。改革开放之初，受物质条件等限制，群众娱乐休闲设施匮乏。改革开放后，福建省委、省政府持续加大文化娱乐设施投入，相继建成了一批功能齐全的文化设施场馆，公共文化产品和服务供给大幅提升。2017年，福建城镇和农村居民人均文化娱乐支出分别是1043元和264元，分别是1978年的53.4倍和88.3倍；城镇和农村居民人均服务性消费支出分别达11217元和5180元，分别比1978年增加1402倍和1727倍。“清新福建”“全福游・有全福”品牌持续打响，2021 年全省接待国内旅游人数 40680 万人次。周边游、乡村游、主题游热度不减，出境游成为休闲娱乐的新时尚。2017 年，福建城镇居民人均团体旅游、景点门票支出和旅馆住宿支出 603.2 元，是 1995 年 38.6 元的 15.6 倍。

三是加快文化惠民工程建设。加强文化基础设施建设、完善公共文化服务网络是一项基础性工作。福建坚持面向基层、服务群众，加大对农村地区文化建设帮扶力度，促进各类文化服务更好地向城乡基层末梢延伸；实施公共文化服务设施向社会免费开放，满足人民群众的文化需求，丰富人民群众精神文化生活。积极培育健康向上网络文化，推进网络规范有序运行，使互联网等新兴媒体真正成为社会主义先进文化的新阵地、公共文化服务的新平台、人们精神生活的新空间。

（3）在“体”上求健

“没有全民健康，就没有全面小康。”福建积极打造全民健身公共服务体系，不断改进公共体育服务方式，公共体育产品数量和质量不断提高。

一是积极开展健康“新基建”。党的十八大以来，福建省委、省政府出台《为民办实事——全民健身场地设施运营和维护管理指引》，进一步完善全民健身场地设施项目管理制度，更好地满足人民群众的健身需求，对体育场馆、体育公园、体育设施全面进行数字化、智慧化、互联化升级改造，把为民办实事项目真正办成“民心工程”，推动全民健身事业高质量发展。截至 2019 年 12 月 31 日，全省共有各类体育场地 117187 个，场地面积 9063.10 万平方米，人均场地面积 2.28 平方米。

全民健体意识不断提高

二是提升体育产业规模和质量。福建体育产业已从单一的体育鞋服制造转型为以体育装备制造为支柱，竞赛表演和体育培训为依托，体育健身、场馆运营、健身休闲、体育旅游、体育中介和服务协调发展，成为经济发展的新动能。福建正在加快推动体育用品制造转型升级，促进体育服务业全产业链发展，创新体育场馆投资和运营模式，深入挖掘融合创新功能，推进体育消费提质扩容，着力拓宽投融资渠道，优化产业发展等，以确保 2025 年福建省体育产业增加值达 3000 亿元，体育服务业占比达 30%。从全国县域城市看，晋江体育产业坐拥八个“第一”，即第一个成功申办世界综合性运动会、第一个设立 CBA 俱乐部、第一个体育产业规模突破千亿、赞助体育赛事金额全国第一、赞助国家运动队总量全国第一、体育产业上市企业数量全国第一、国家级体育用品品牌总数全国第

一、体育产业企业总数全国第一。在全国六大国产体育品牌中，福建泉州独占四席，体育用品业逐步成为泉州支柱产业。

三是全民健体意识不断提高。随着居民健身需求增加，福建全民健身工程持续推进，新建扩建一批健身路径、体育公园，城乡居民生活体育设施不断完善，人民健康状况显著提高。2017 年至 2021 年，福建城镇和农村居民人均医疗保健支出分别由 1165 元、827 元增加到 1774 元和 1271 元。

五、全面小康的生态文明实践

生态文明建设是关系中华民族永续发展的根本大计。党的十八大以来，习近平总书记先后多次对福建工作作出重要讲话和指示，对生态文明建设寄予厚望，为福建国家生态文明先行示范区建设和生态环境保护提供了根本遵循，福建坚持以习近平生态文明思想为指引，生态文明理念日益深入人心，生态环境保护持续增强，为全面建成小康社会奠定了坚实的生态发展基础。

（一）生态省建设取得了新进展

福建生态资源得天独厚。2000 年，福建提出“生态省”建设战略构想。2004 年以来，福建先后出台了《福建生态省建设总体规划纲要》《关于生态省建设总体规划纲要的实施意见》《福建生态省建设“十二五”规划》。2014 年，国务院公布《关于支持福建省深入实施生态省战略加快生态文明先行示范区建设的若干意见》，福建成为全国首个建设国家生态文明先行示范区省份。2015 年以来，福建进一步完善生态文明建设制度，出台了《福建省贯彻落实中央加快推进生态文明建设意见的实施方案》《福建省生态文明体制改革实施方案》《福建省“十三五”生态省建设专项规划》，持续推动体制机制创新，加快推进生态文明先行示范区重点改革任务。2016 年，中央全面深化改革领导小组审议通过了《国家生态文明试验区（福建）实施方案》，福建在国家生态文明体制改革综合试验中发挥着先锋作用。

2014 年习近平总书记来闽考察时，提出了建设“机制活、产业优、百姓富、生态美”新福建的重大战略。2017 年 5 月，习近平总书记对福建集体林权制度改革作出了重要批示，要求福建在推动绿色发展、建设生态文明上取得更大成绩，为福建进一步加强生态文明建设指明了方向。福建认真贯彻落实党中央决策部署和习近平总书记重要指示批示精神，坚持走出一条生产发展、生活富裕、生态

福建生态文明建设成效

外交部福建推介图片

良好的发展道路，深入推进生态省战略，让“清新福建”成为一张亮丽名片。

1. 生态文明制度日益完善

习近平总书记强调，要深化生态文明体制改革，尽快把生态文明制度的“四梁八柱”建立起来，把生态文明建设纳入制度化、法治化轨道。党中央确定福建作为全国首个生态文明试验区，就是希望福建在生态文明体制改革方面先行先试，充分发挥改革创新“试验田”作用，形成一批可复制可推广的创新成果。

（1）着力健全环境治理和生态保护市场体系

福建坚持推进生态产品市场化改革，充分挖掘和体现资源环境要素的市场价值。福建在全国率先出台《培育发展环境治理和生态保护市场主体的实施意见》，创新性推出一批市场化的环境治理和生态保护模式，开展排污权交易试点，正式启动碳排放权交易市场，综合运用绿色信贷、绿色债券等金融政策支持经济绿色转型。严格履行“三线一单”硬约束，加快构建以“空间 + 准入”为支撑的生态环境分区管控体系，坚决遏制高耗能、高排放项目盲目发展；完善绿色发展环境政策，健全绿色金融体系，持续推行生态环境领域“亲清”服务，支撑绿色低碳发展。建立健全绿色低碳循环发展的经济体系，做好数字经济、海洋经济、绿色经济和文旅经济文章，推动传统优势产业绿色转型升级，发展壮大环保新兴产业；因地制宜发展可再生能源，积极安全有序发展核电，大力发展风能、太阳能、生物质能、地热能等清洁能源，建设清洁低碳现代能源体系；积极推进绿色海港、绿色空港建设，推进交通运输绿色低碳发展。

（2）着力构建大生态环保管控格局

2016 年 6 月，福建被确立为全国首个生态文明试验区，生态文明建设领域改革取得了阶段性成果。福建始终把生态文明体制改革试验与改善环境质量相结合，牢牢守住“环境质量只能更好，不能变坏”的生态底线。在全国率先推行环境监管网格化管理，已形成市、县、镇、村四级网格，切实解决环境监管“最后一公里”问题。完善环境资源司法保护机制，实现从单纯的林权保护到全面的生态环境保护转变，从坐堂问案的辨法析理到诉前诉后的源头治理转变，从对毁林排污的打击惩治到绿水青山的修复培元转变，形成了生态环境司法保护的“福建样本”。

（3）着力发挥先行先试改革试点作用

2021 年，福建全省生态环境质量保持全优，生态文明指数再居全国第一；森林覆盖率达 66.8%，连续 43 年保持全国首位。其中，生态省建设的 69 项重点任务、22 项指标已经全部完成，国家生态文明试验区 39 项改革经验在全国推广。最大限度地发挥创造性，为先行先试改革提供鲜明的经验做法。建立统一确权登记系统，目前已在厦门市、晋江市、武夷山国家公园开展自然资源资产统一确权登记试点。探索实行领导干部自然资源资产离任审计制度，开展对莆田市和闽清县、仙游县、光泽县党政领导干部自然资源资产离任审计试点工作。这些改革成果由点带面复制推广，撬动全省生态文明制度创新发展。福建立足多山多水多绿、天蓝海阔岸长的生态优势和资源禀赋，发挥国家生态文明试验区、21 世纪海上丝绸之路核心区等多区叠加政策优势，推动绿色循环经济、生态产品价值实现、乡村振兴、两岸融合等改革实现系统集成，保持在全国走前列作示范的生态环境创新优势。

（4）着力增强人民群众获得感

福建牢记习近平总书记关于林权制度改革要让老百姓受益的重要指示，持续深化集体林权制度改革，并与加快脱贫攻坚结合起来，与美丽乡村建设结合起来，着力破解生态保护与林农利益矛盾，在全国率先开展重点生态区位商品林赎买等改革试点，探索建立流域、重点生态区域等生态保护补偿机制。2020 年全省完成试点超过 10 万亩，实现社会得绿、林农得利双赢，让绿水青山守护者有更多的获得感。“十三五”以来，福建 12 条主要河流Ⅰ—Ⅲ类水质比例达到 97.9%，较 2015 年提升 4.6 个百分点；九市一区城市空气质量优良天数比例达 98.8%，比全国平均水平高 11.8 个百分点，$PM_{2.5}$ 平均浓度逐年降至每立方米 20 微克，优于欧盟第二阶段标准。福建成为全国唯一的一个水、大气、生态环境保持全优，所有地级市人均地区生产总值均超过全国平均水平的省份，人民群众的生态环境获得感、幸福感、安全感显著增强。

2. 绿色发展系列改革取得突破

党的十八大以来，习近平总书记就促进人与自然和谐发展提出了一系列新思想、新论断，凝聚形成了绿色发展理念。福建坚持绿水青山就是金山银山，自觉把保护生态环境作为发展保障，把绿色发展理念融入发展各领域各环节，加快产业转型升级，努力实现经济发展和生态环境协同共进。坚持层层传导压力，推动各级各部门真正把生态文明建设和环境保护责任记在心上、扛在肩上、落实在行动上。据统计，“十三五”期间，福建单位地区生产总值能耗累计下降 16.94%，能耗强度居全国前五位，比全国平均水平低 32% 以上，以占全国 2.8% 的能源消费创造了占全国约 4.3% 的地区生产总值。2010 年至 2020 年，全省碳排放强度明显下降，年均下降 5.3%，“十三五”期间累计下降约 20%，节能降耗取得了明显成效，促进经济持续高质量发展。

（1）严格落实“党政同责、一岗双责”

福建在全国率先成立由省委、省政府主要领导担任组长和常务副组长的生态文明建设领导小组，率先实行党政领导生态环境保护目标责任制管理。强化属地责任和部门责任，从 2016 年开始，由省委、省政府主要领导同各设区市党政“一把手”签订环保目标责任书，把生态文明建设各项任务细化分解到各地各部门，构建起全覆盖、不遗漏的生态环保责任体系。“党政同责”制度有效发挥了党政领导干部关键少数作用，扭转了生态环境保护单打独斗、各唱各调的局面，促进福建生态文明建设和生态环境保护重点工作任务落实。“党政同责”是一项系统性的制度设计，把党的领导贯彻到生态文明建设的全过程、各方面，实现了由“政府负责”向“党政同责”转变、“末端治理”向“全程管控”转变、“督企为主”向“督政督企并重”转变、“软要求”向“硬约束”转变等四个转变。

（2）优化考核办法

作为全国首个生态文明试验区，绿色发展已成为福建生态文明建设的指挥棒。福建省委办公厅、省政府办公厅联合下发了《福建省生态文明建设目标评价考核办法》，对各设区市党委和政府、平潭综合实验区党工委和管委会生态文明建设目标实行评价考核，考核结果作为党政领导综合考核评价、干部奖惩任免的重要依据。生态文明建设目标考核按照《福建省生态文明建设考核目标体系》每五年考核一次，在五年规划期结束后的次年开展，内容包括国民经济和社会发展规划纲要中确定的资源环境约束性指标，省委、省政府部署的生态文明建设重大目标任务完成情况。福建坚持“绿色导向”，把资源消耗、环境损害、生态效益纳入经济社会发展评价体系，推动形成正确的政绩观。坚持把“守住环境”作为执政的硬杠杠，要求每一任新领导上任后，前任领导留下的生态环境指标不能恶化，只有做得更好。优化干部绩效考核指标，把环保工作指标比重由 2% 提高到 10%，取消 34 个县地区生产总值考核指标，把考核重点放在生态质量和农民增收上。对没有完成年度环保工作目标或发生环境事故造成恶劣影响的，在干部提拔任用和评先选优中实行“一票否决”。

（3）强化环境执法督察

福建省生态环境部门围绕打好污染防治攻坚战，以改善生态环境质量为目标导向，严格生态环境执法监管，持续推进解决百姓身边突出的生态环境问题，形成流域执法改革、信访投诉机制改革、亲清服务、信用评价等一批可复制可推广的典型经验，得到了国务院办公厅和国家发改委、生态环境部等国家部委的肯定并向全国推广。福建注重抓在平常，加快建立一季一督查、一季一通报制度，把生态文明建设情况作为开展经济社会督察的重要内容，督察重点从“督企”转向“督政”。出台《福建省环境保护督察实施方案(试行)》，每两年对各地市完成一轮省级环保督察，打造全覆盖的环境保护督察体系。积极配合中央环保督察组工作，对督察中发现的问题确保有效整改落实。坚持严格执法，率先成立覆盖全省所有设区市的生态资源法庭，严肃查处环境违法案件，切实保障环境公共利益和人民群众的环境权益。

（4）生态保护修复明显提升

习近平总书记指出，良好生态环境是最公平的公共产品，是最普惠的民生福祉。生态环境好不好，人民群众最有发言权。福建紧盯生态环境建设的薄弱环节，加大生态保护治理力度，取得了一批人民群众看得见、摸得着、能受益的生态治理成果，人民群众“绿色福利”持续提升。

大力推进“清新水域”“洁净蓝天”“清洁土壤”三大工程。集中力量打好污染防治“攻坚战”。在水污染防治方面，着力抓好从水源头到水龙头的全过程监管，切实保障群众饮用水安全。严格落实“河长制”，实施“一河一策”，2021 年全省主要流域“十四五”375 个评价断面总体水质为优。在大气污染防治方面，积极调整能源结构，集中专项整治工业废气、城市面源污染和移动源污染。2021 年，9 个设区市及平潭综合实验区的环境空气质量达标天数比例平均为 99.2%。在土壤污染防治方面，统筹抓好涉重金属行业污染整治、持久性有机物治理等重点，开展土壤修复试点，提升固废（危废）处置能力。大力实施山水林田湖、海洋生态保护修复。全面提升自然生态系统的稳定性和功能性，持续开展造林绿化，实施林业重点生态修复工程，强化森林科学经营，不断提升森林质量、生态功能和景观效果。2013 年以来，全省共完成植树造林 52.3 万公顷，森林覆盖率持续保持全国首位。据福建省发改委发布的数据显示，“十三五”以来福建森林蓄积量达到 7.29 亿立方米，较“十二五”末增长 19.9%。深入推进水土流失治理，加强重点水土流失区域治理，实行省领导挂钩指导 22 个水土流失治理重点县制度，5 年来完成水土流失治理面积超 1000 万亩。加强海洋环境监管，全省近岸海域优良水质比例居全国第三位。大力推进城乡环境综合整治。按常住人口计算，福建城市化率达到 63.6%。大量人口向城市流动，在促进经济发展的同时，也给城市环境治理带来了较大压力。为此，福建加快补齐城市基础设施短板，持续推进城镇污水处理设施及配套管网建设，不断完善城乡生活垃圾治理体系建设，城乡生活污水处理能力大幅提升，乡镇垃圾转运系统获得明显改善，城市环境承载能力得到全面提升。

3. 绿水青山成为福建的骄傲

“绿色是福建一张亮丽名片。要接续努力，让绿水青山永远成为福建的骄傲。”2021 年 3 月，习近平总书记来闽考察，为福建生态文明建设指明了方向。作为全国首个国家生态文明试验区，福建将生态文明建设全方位、全过程、全领域融入经济、政治、文化、社会建设，把“生态优等生”的金字招牌擦得更亮，绿色低碳的高质量发展道路拓得更宽，生态文明改革的探索步伐迈得更大，让绿色发展底色更加鲜明。

（1）生态治理颜值更高

2021 年 10 月，我国正式设立首批五个国家公园，武夷山国家公园名列其中。在八闽大地上，以国家公园为主体的自然保护地体系，已覆盖全省 70%以上的典型生态系统、85%以上的珍稀濒危物种。在“绿盾”自然保护地强化监督行动、“天空地”一体化监管等政策护航下，福建自然保护区实现了常态化监督全覆盖。全省推进生态保护修复，坚决打赢蓝天、碧水、碧海、净土保卫战。2021 年，全省生态环境质量持续领先全国，城市空气优良天数比例、主要流域Ⅰ—Ⅲ类水质比例、近岸海域优良水质比例等均优于全国平均水平；福建九市一区空气质量优良天数比例为 99.2%，比全国平均水平高 11.7 个百分点；全省主要河流Ⅰ—Ⅲ类水质比例达到 97.3%，比全国平均水平高 12.4 个百分点；县级及以上集中式生活饮用水水源地水质达标率达到 100%。海域治理污染防治攻坚战成效考核优秀，居全国前列；全省累计清理 10.64 万吨海漂垃圾，重点岸段海漂垃圾密度下降 50%以上；完成 219 个入海排污口分类整治，近岸海域优良水质面积比例为 85.2%。八闽大地更绿、更美，森林覆盖率连续 43 年保持全国首位；创建 11 个省级森林城镇、300 个省级森林村庄，推动“绿化、绿韵、绿态、绿魂”的生态振兴乡村建设。推进实施 23 个国家水土保持重点工程，推动 36 个省级水土流失攻坚治理和生态清洁小流域项目建设，完成综合治理面积 169.71 万亩，生态清洁小流域 116.19 公里。全省各市、县（区）均已出台林长制工作方案和配套制度，共设立省、市、县、乡、村五级林长 33586 名。全省完成植树造林 107 万亩、森林抚育 300 万亩、封山育林 100 万亩、珍贵树种造林示范区建设 22 个、“两带一窗口”绿美示范片达到 6350 亩、村庄“四旁”绿化 1.7 万亩、森林公园改造提升项目 21 个、森林步道建设 273 公里。绿色幸福感连年提升，全省生态环境信访投诉量同比下降 15.8%。

（2）绿色发展蹄疾步稳

2021 年，福建获批全国首个新能源产业创新示范区，全省工业战略性新兴产业增加值占规模以上工业增加值比重超过 20%，累计有 240 个项目入选国家级绿色制造体系。成立碳达峰碳中和工作领导小组，由省委书记、省长任双组长；碳达峰碳中和政策体系加快完善，低碳试点示范有序推进，绿色低碳产业体系正加速形成，全省排污权、碳排放权、林权分别完成交易 2.15 亿元、8180.94 万元、6205.55 万元，各类要素资源交易流转机制更完善；福建碳市场深化发展，积极参与全国碳市场联建，林业碳票、政策性林业碳汇指数保险、“碳汇贷”等绿色金融产品走在全国前列，林业碳汇成交量和成交额均居全国首位。在全省城镇新建建筑中，绿色建筑面积占比超 75%；生活垃圾分类由点及面推开，福州、厦门垃圾分类覆盖率均超 90%，厦门在全国 46 个重点城市考核中持续排名第一。

（3）绿色创新深化探索

在 2021 年联合国《生物多样性公约》第十五次缔约方大会上，“长汀水土流失综合治理与生态修复实践”治理经验入选生态修复典型案例；海上养殖综合治理的“宁德模式”成为水产养殖高质量绿色发展典型并在全国宣传推广，生态文明建设的福建经验得到进一步的凝练、推广。福建在全国率先出台陆海统筹、适用全省的生态产品总值核算技术指南，开展汀江—韩江流域生态补偿绩效评估，14 个县的生态产品市场化改革试点持续推进，南平成为全国首个获批“自然资源领域生态产品价值实现机制试点”的地级市。2021 年，全省新增 8 个国家生态文明建设示范区、2 个“绿水青山就是金山银山”实践创新基地，二者总数分别为 30 个和 5 个县（市），数量位居全国前列。2019 年福建省财政厅签署了“绿色创新投资业务”合作协议，积极构建福建节能减排和绿色低碳产业发展新机制，共同助力实体企业低碳转型发展，共建清新福建。推出“绿色创新投资业务”，借鉴传统清洁发展委托贷款的实践经验。福建是全国最早开展清洁发展委托贷款工作的省份之一，福建省财政厅与清洁基金长期合作，以清洁基金优惠的清洁发展委托贷款支持福建企业低碳绿色发展，取得了良好的社会与环境效益。其中，福建兴业银行与清洁基金达成绿色金融合作，共同构建清洁发展绿色融资创新模式，支持国家应对气候变化，助力绿色低碳转型。

（二）生态文明探索创新取得新成效

福建是我国最早开展生态文明建设的省份之一。2001 年，习近平任福建省省长时提出建设生态省的战略构想。福建始终把建设生态省作为生态文明建设的重要载体和科学发展的具体实践，扎实推进生态省建设，将生态资源优势转化为绿色发展优势，实现从生态省到国家生态文明试验区的跨越，涌现出水土流失治理典范长汀、绿色发展典范南平、林业改革先锋永安等一批特色鲜明、成效显著的生态文明创建典范，为全国生态文明建设提供了可复制可推广的生态文明建设经验。

1.“林票制”改革的“三明经验”

三明市是全国林权制度改革的策源地。为深化林业改革，解决林权结构小型化、林地资源分散化、林业管理复杂化等问题，三明市创新推出林票制度，出台《三明市林票管理办法（试行)》，在沙县区和将乐、泰宁等县开展试点工作。林票制是指国有林业企事业单位与村集体经济组织及成员共同出资造林或合作经营现有林地，由合作双方按照投资份额制发的股权（股金）凭证，具有交易、质押、兑现等一揽子权能。实行林票制，通过股权形式明确农民产权关系，有利于保障农民的林地承包权益，真正放活林地经营权，让林权能够“流转”起来，通过约定保底出材量，形成更加稳定的利益共同体，能够有效提升林业规模经营和集约经营水平。村民可凭个人持有的林票直接向金融机构申请质押贷款，使不动的资源变成流动的货币。村民和社会资本所持有的林票允许在县级农村产权交

三明美丽的自然风光

易中心挂牌交易，也可以由国有林业企事业单位进行回购，方便了社会资本进山入林。

总体上看，三明林票制改革解决了林业发展存在的“五难”问题。一是解决了林业难融资问题。林票制允许村集体经济组织成员和社会资本所持有的林票在产权交易平台挂牌交易，可以向金融机构质押贷款，再由国有林业企事业单位兜底回购，能够让以往的“闲置资产”变成与人民币等值的林票，群众利益得到了实现，有利于提升社会资本投资造林育林的积极性。二是解决了林权难流转问题。在集体林权制度改革后，出现了“单家独户”的林权“碎片化”现象。实行林票制，通过股权形式明确了农民产权，有利于保障农民的林地承包权益，真正放活林地经营权。通过简捷化形式让林权“流转”起来，有利于实现林业规模化、集约化和专业化经营。三是解决了森林资源难变现问题。林票制充分体现林木林地资源价值，村民可凭个人持有林票向金融机构申请质押贷款、提高信贷额度，由合作经营双方共同提供兜底担保。一旦林票持有人贷款出现了逾期情形，国有林业企事业单位有权处置借款人持有的林票，并将处置款项全额用于代偿贷款本息。四是解决了集体林质量难提高问题。由于村集体、林农个人经营林木与国有林场的亩均出材量不同，通过林票制促进双方合作，根据立地条件约定保底出材量，实现了专业事情由专业人干，形成更加稳定的利益共同体，能够提升林业规模经营和集约经营水平。五是解决了各方难共赢问题。从开展林票制试点效果看，农民分得的林票可随时交易、抵押或赎买，增强了获得感；村民山林纠纷少了，村集体林地使用费能够按时足额收取；省属市管国有林场、县属国有林场通过林票制度，更容易与村集体、林农开展合作，有利于扩大林业经营规模，真正实现了“群众拥护、集体高兴、林场欢迎”的多赢目标。

2003年前，三明林业经营主体以村集体经济组织为主，国有林场、国有采育场及个人为辅。2003年开展集体林权制度改革后，集体林地实行家庭承包经营，三明市林业经营主体发生了根本性转变，广大林农成为林业经营主体。林权由过去相对集中在村集体持有转变为零星分散地由广大林农持有，林权出现了“碎片化”问题。虽然林农造林育林积极性提高了，但因“缺技术、缺资金、缺管理”，导致更新造林成活率不高，中幼林抚育不到位，林农林地质量与国有林场相比普遍较低。加上林权类不动产实行统一确权登记后，林权流转手续繁杂、收费较高，特别是林地经营权登记尚未理顺，制约了林农经营的积极性。三明市推出林票制后，由国有林场与村集体（单位）及个人开展合作经营，较好地探索解决了林权问题。

2019年11月以来，三明市再次在全国率先开展林票制度改革，

福建永安龙头国家湿地公园

实施以“合作经营、量化权益、自由流转、保底分红”为主的改革试点，赋予林票具有交易、质押、兑现等权能，引导国有林场、林业龙头企业与村集体经济组织及其成员开展多种形式合作经营。三明市林票分为股权型和债权型两类，股权型林票是指国有林业企事业单位与村集体经济组织、其他企业单位或个人出资出地造林或合作经营现有林，由国有林业企事业单位按村集体、单位或个人占有份额制发的股权（股金）凭证；债权型林票是指林权收储担保机构以中标价为标准，向活立木公开竞价交易的中标者制发的债权凭证。

2019 年 11 月，三明市林业局印发了《三明市林票管理办法(试行)》，之后对该办法进行完善，并在沙县、泰宁、将乐、宁化、永安、清流、尤溪、大田等8个县（市）15个村开展林票改革试点，试点面积 7086 亩，制发林票总额 600.7 万元，惠及村民 3061 户、12683 人，平均每位村民获得价值 309 元林票。2020 年以来，三明市采取整县整乡推进林票制度改革，将乐县在全县范围内对“村民企”合作造林经营的山林推行林票制度改革，省属国有林场将与村集体及林业大户合作造林的林权转化为股权。

2. 水土流失治理的“长汀经验”

长汀县水土流失历史长、面积广、程度重、危害大。1983 年，福建省委、省政府把长汀河田列为全省水土流失治理试点。从 2000 年起，省委、省政府持续把长汀水土流失治理列入省委省政府为民办实事项目。2000 年至 2010 年，长汀县治理水土流失面积 78524 公顷，涉及 9 个乡镇、118 个村、22 个小流域，减少水土流失面积 43060 公顷，生态环境大为改善。据 2012 年遥感统计，长汀县水土流失面积减少到 45.12 万亩，森林覆盖率由 59.8%提高到

79.4%，土壤侵蚀减少 70%，全县 17 个农业乡镇中有 15 个成为国家级生态乡镇。长汀水土流失治理模式被水利部誉为中国水土流失治理的品牌、南方治理的一面旗帜，被誉为南方水土流失治理的典范。

1983 年 4 月，时任福建省委书记项南在考察长汀县后，写下了知名的《水土保持三字经》。同年，福建把长汀列为治理水土流失试点。1998 年元旦，时任福建省委副书记习近平到长汀调研，给长汀水土流失治理题词"治理水土流失，建设生态农业"。习近平总书记在福建工作期间，曾五次到长汀调研，并作出一系列的重要批示。

2000 年至 2008 年，长汀县水土治理开始第一个八年"攻坚"，实施封山育林、改良植被、补贴烧煤、发展绿色产业、转移农村剩余劳动力和生态移民外迁等措施。为减轻水源和生态脆弱地区承载

今日绿色长汀

压力，长汀县数万人告别了荒山，迁至由政府统筹修建的具有良好的生活环境和条件的社区和村落。到2009年，长汀县累计治理水土流失面积107万亩。

2010年，福建提出长汀县“水土不治、山河不绿，决不收兵”。2011年12月10日，《人民日报》发表了题为《从荒山连片到花果飘香——福建长汀十年治荒，山河披绿》的文章。中央政策研究室会同国家发展改革委、财政部、环保部、水利部、林业局和国务院扶贫办等七个部委组成联合调研组，到长汀开展水土流失治理专题调研，并提交《关于支持福建省长汀县推进水土流失治理工作的意见和建议》。2012年1月8日，习近平同志对调研报告作出重要批示：要总结长汀经验，推进全国水土流失治理工作。长汀成为中国南方治理水土流失的样板县，走过了从“山光、水浊、田瘦”到“山肥、水美、田丰”的不平凡发展历程，不仅改善了生态，摘了贫穷帽子，而且实现水土流失治理与经济发展并重，治理和改善民生并举，真正实现了“百姓富”与“生态美”的有机统一。

3. 美丽乡村建设的“下党经验”

寿宁县下党乡曾经是“无公路、无自来水、无照明电、无财政收入、无村级办公场所”的“五无乡”，目前各项基础设施完备，人均纯收入大幅提升，实现了“兴得业、留得人、居得美”目标，成就了美丽乡村建设的“下党经验”。下党乡距离县城45公里，以前群众外出需要走20多里山路才能到达往县城的公路。公路不通，当地农产品外销和生产、生活材料运输全靠人工背扛肩挑，严重制约了全乡经济发展。要致富，先修路。在上级政府大力支持下，下党乡开通了出乡公路，由原来的土路变成柏油路再到今天的“小高速”水泥路，打通了通往闽北政和县的公路，以及通往浙江庆元县的出省公路。交通网络四通八达，方便了下党乡老百姓生活，促进了当地人返乡创业发展。

下党建乡时总人口6000多人，因缺产业留不住人，收入没有来源，贫困人口多，只能外出打工，“人口淡季”时常住人口仅2000多人，大部分村庄“空心化”，有的村庄甚至荒芜消失了。为改变农村贫困状况，端掉“穷根”，2015年下党乡组织成立了茶叶种植农民专业合作社，注册了“下乡的味道”品牌，建设了标准化的茶叶加工厂房，并植入消费扶贫理念，开发可视化系统和农产品可追溯系统，解决了从茶园到茶杯消费盲区问题，向全国招募爱心茶园主，开创了全国第一个扶贫“定制茶园”，带动了“生态定制茶园”发展。下党村的每公斤茶青价格、每亩茶园年收入均有大幅提高，茶农收入翻番，茶产业越做越大，吸引了不少村民返乡就

“宁德记忆”——下党乡茶园

业创业。下党乡自 2015 年入选第三批中国传统村落后，又陆续被评为“中国乡村旅游示范村”“全国乡村旅游重点村”“中国历史文化名村”。其中，下党乡的“定制茶园”扶贫模式入选国务院扶贫办向全国推广的 12 则精准扶贫案例；“下乡的味道”项目先后入选“2018 年网络扶贫优秀案例”“第二届中国优秀扶贫案例”。经历 30 多年的扶贫攻坚，下党乡结合自身优势走出一条百姓富、生态美的脱贫发展之路。2019 年，全乡建档立卡贫困户 117 户 508 人全部脱贫，越来越多青年人返乡创业，农民的人均纯收入也从 1988 年的 186 元增长至 2020 年的 20039 元，增幅达 100 余倍。

下党乡结合精准扶贫开展乡村建设，全面提升农村基础设施水平，相继建成停车场、污水排放系统、公用卫生配套设施、乡卫生院和城市果园等项目。以讲好“下党故事”为抓手，承接省委党校、市委党校学员入驻培训，量身定做“重走一段路、重温一段历史、上好一堂党课、举办一个仪式、夜谈一次心得”项目，提升红色旅游内涵，打造“清新福建、难忘下党”品牌，下党乡成为党风建设的展示基地、群众路线的教育基地、摆脱贫困的实践基地。与此同时，下党乡以“下乡的味道”为示范品牌，借助电商平台，积极引入台湾团队，引导和培训农民参与本地土特产品、手工艺品、特色食品等经营，精心构建“互联网 + 红色旅游 + 乡村旅游”发展模式。2020 年，到下党乡的游客达到 20 多万人次，实现旅游综合收入 2600 多万元。随着旧貌换新颜，天堑变通途，下党乡人民的生活方式在变，心态在变，乡亲们有了越来越多的幸福感、获得感。

4. 集体林权制度改革的“武平经验”

武平县地处闽粤赣三省交界，是中国南方重点林区县，曾因贫困被称为“福建省尾”。党的十八大以来，武平县利用丰富的林业资源，重点发展林木产业，持续提升“全国林改第一县”的“武平经验”，昔日的省级扶贫开发重点县已跻身福建“县域经济发展十佳县”。

早期因林权不清、经营主体不明等原因，武平县捷文村面临“乱砍滥伐难制止、林火扑救难动员、造林育林难投入、林业产业难发展、望着青山难收益”五大难题，2 万亩林地成了烫手山芋，林农是望“林”兴叹，束手无策。2001 年 12 月，捷文村发出了中国第一本林权证，以明晰产权、放活经营权、落实处置权、确保收益权为主，踏出了中国集体林权改革第一步。武平县及时总结推广捷文村的林改经验，建立健全林权流转管理服务体系，促进林业适度规模经营，规范林权流转制度，依法规范经营权流转合同，推广使用示范文本，完善合同档案管理，防止林农矛盾纠纷，取得了显著成效。目前，武平县林地经营权流转超过 16 万亩，全国有 10 个省（区、市）来考察学习林改经验。

（1）积极探索林权改革机制

为进一步提升造林绿化质量、改善林分结构，武平县积极推进国家森林城市创建工作，目前已获国家林业和草原局备案。积极探索森林资源管护新机制，2018 年全县完成生态公益林天然商品林管护机制改革，实行护林员“乡（镇）政府、林业工作站监督，村委会管理，村聘、村用”模式。2019 年，武平县在县级设立护林站，乡镇一级设护林队长，构筑全县森林资源管护立体防线。全县生态林、天然林和人工商品森林综合保险实现了全覆盖，重点生态区位商品林赎买工作加快推进。2017 年 7 月，武平县在全国率先推出“普惠金融惠林卡”金融新产品，在全国得到推广。2018 年以来，武平县“惠林卡”持续增量扩面，惠林效果明显提高，探索出了一条可持续、可复制、普惠型林业金融发展之路。

（2）大力发展林下经济

武平县拥有丰富菌类，村民纷纷兴起“林下仿野生有机灵芝栽培”。以捷文村为例，林下有机灵芝基地规模达到上百亩，一场种植可连续采收3—4年，帮助贫困户户均增收6000元以上。此外，武平县林农积极探索培育养蜂和种植草珊瑚、七叶一枝花、黄花远志、三叶青等高附加值经济作物，林下经济成为村民脱贫致富的“聚宝盆”。2013年，武平县被确定为全国首批、福建唯一的国家林下经济示范基地，有效带动企业投资，提高了林农收入水平。武平县按照林下经济发展“一心四区”总体布局，创新出台扶持政策，县林业部门因地制宜，积极做好林下文章，鼓励和引导农民发展林下种植、林下养殖、林下产品采集加工、森林景观利用等林下

绿色武平

经济，努力打造全国最大的紫灵芝生产基地，带动贫困地区和贫困户发展。2019 年，武平县林下经济经营面积达到 145.8 万亩，实现产值 34.2 亿元，全县建成各类林下经济示范基地 185 个，参与林下经济建设林农户约 3 万户。通过培育示范户，引导带动广大林农从林下经济发展单一模式向多样化转变，已初步形成林药、林菌、林蜂、林禽、林驯、林游、林花、林茶、林蛙和林下产品采集加工等 10 种模式。

（3）积极发展森林旅游业

武平县依托得天独厚的自然环境，积极发展休闲农庄。2018 年，武平县被国家林业和草原局授予“全国森林旅游示范县”称号。2019 年 12 月，武平县中山河国家湿地公园正式通过国家林业和草原局验收。目前，全县共培育授牌森林人家 80 户，成为全省最大森林人家聚集区，“生态旅游”名片越打越响。2019 年，武平以入选首批国家全域旅游示范区为契机，持续唱响“来武平我氧你”旅游主题口号，推动全域景区化、景区全域化，促进全域旅游高质量发展。捷文村森林步道成为全国首条对外开放的国家森林步道，石径岭森林古道获评“2019 最美森林古道”，全域旅游快速发展成为武平脱贫攻坚的新引擎。在建设“乡村振兴 · 美丽捷文”基础上，武平县制订实施捷文林改森林特色小镇发展规划，完善基础设施配套，壮大林下经济，推进林旅融合，加快把捷文村打造成为习近平生态文明思想的宣教阵地和美丽乡村、林下经济、森林旅游示范基地，增强了县域经济发展活力，进一步打造集体林权制度改革“武平经验”升级版。

（4）深化国家集体林业综合改革试验示范区建设

守护好绿水青山，积极创新林业投融资、森林经营管理、生态公益林及天然商品林管理服务机制。加强生态保护修复，实施最严格的自然资源监管执法，注重植树造林与提升林地质量并举，加快国家森林城市创建，续写生态环境高颜值、经济发展高素质、乡村振兴高水平新篇章。建好国家林下经济示范基地和全国森林旅游示范县，坚持走生态优先、绿色发展道路，加快壮大林下经济龙头骨干企业和特色产业规模，推进梁野山国家森林养生基地和中山河国家湿地公园千鹭湖二期建设，进一步完善国家森林步道配套建设，力争全县森林人家突破 100 家，实现百姓富与生态美的和谐统一。如集体林权制度改革策源地的捷文村，通过建设林改小镇，相继建成捷文村林改广场、游客集散中心、农耕文化馆等文旅项目并对外开放，有机灵芝、七彩山鸡、竹鼠等林下特色种养业发展粗具规模，成为远近闻名的乡村振兴示范村。以捷文村为样本，武平县充分发挥林业作用，立足丰富的绿色生态资源，以发展林业产业、乡村旅游助推全县乡村振兴，为建设美丽家园贡献力量。

（三）生态文明建设的福建贡献

福建认真贯彻落实习近平总书记的重要指示批示精神，积极探索推进生态文明建设，按照“县直接领导，乡镇组织，村具体操作，部门搞好服务”工作机制，全力推动政策措施落地。在前期集体林权制度改革基础上，不断完善和巩固改革成果，积极探索创新集体林权制度改革升级版。党的十八大以来，福建紧紧抓住建设国家生态文明试验区重大机遇，以“机制活”为“牛鼻子”和突破口，形成一批制度性改革成果，为全国生态文明改革创新实践作出宝贵的福建贡献。

1. 实施全流域生态补偿机制

（1）建立补偿资金筹措机制

福建根据各市县承担的生态补偿责任，按地方财政收入和用水量的一定标准每年上缴补偿资金，对上下游不同市县设置不同的筹资标准。2003 年，福建省在全国率先启动九龙江流域上下游生态补偿试点，试点范围逐步扩大到闽江、敖江等流域。按照国家生态文明试验区建设要求，福建进一步建立覆盖全省 12 条主要流域的全流域生态补偿长效机制。随着补偿机制进一步完善，福建不断加大重点流域生态补偿金筹措力度。2018 年，福建省下达重点流域生态保护补偿资金 13.36 亿元，比上年度增加 2.32 亿元。2019 年下达补偿资金 14.74 亿元，2020 年下达 18.9 亿元。

（2）建立补偿资金分配机制

根据各市县水环境质量、森林生态和用水总量控制等指标，福建采用因素法将补偿资金分配给全流域范围内的市县，对水质状况较好、水环境和生态保护贡献大、节约用水多的市县加大补偿，分配时设置地区补偿系数上游高于下游，加大对上游地区生态贡献补偿力度。在资金分配上，福建充分利用已有的监测、考核数据，按照水环境质量、森林生态保护和用水总量控制因素分别占 70%、20% 和 10% 的权重，实现科学化、标准化分配。2018 年至 2020 年，省财政共筹措下达重点流域生态保护补偿资金 47 亿元。

（3）建立补偿资金使用和管理机制

各市县政府在收到补偿资金预算 60 日内提出资金安排计划，并在同级政府网站、报纸上公示，省有关部门会同流域下游地区政

国家生态文明示范市县长汀风光

府对补偿资金使用情况加强监督检查。2018 年至 2020 年，福建通过安排小流域以奖促治 15 亿元、综合性生态补偿 8.2 亿元、实施总投资 120 亿元的闽江流域山水林田湖生态保护修复项目，积极争取汀江—韩江跨省流域生态保护补偿政策延续实施等措施，加大对重点流域的生态治理和修复的支持力度。

2. 实施生态司法保护机制

（1）在全国率先实现生态司法机构全覆盖

全省设立专门的生态检察、生态审判机构，统一办理生态资源案件，统一司法评判标准，统一量刑等裁判尺度。福建省法院研究出台 16 个生态环境司法保护工作机制意见，初步建立比较完善、配套、管用的生态环境司法保护工作机制。2020 年，福建在深化生态环境司法保护体制机制改革方面取得了更大进展，生态环境资源审判“五位一体”专门化机制基本形成，为全国生态环境司法保护工作创造可复制可推广的福建经验，为推进生态文明领域治理体系和治理能力现代化走在全国前列贡献了力量。

（2）建立修复性生态司法机制

福建对部分破坏生态环境资源刑事案件，以“补植令”等方式，责令被告人在案发地或指定区域恢复植被、增殖放流、恢复生态，取得惩治违法犯罪、修复生态环境、赔偿受害人经济损失“一判三赢”的良好效果。省级相关部门进一步探索建立生态环境跨流域、跨行政区域的协同保护、立体保护、全方位保护制度，健全完善与林业、环保、国土等相关行政主管部门的行政执法协调制度，督促、保障行政主管部门充分履行源头治理和全程治理职责。

（3）建立“两法”衔接工作机制

明确衔接案件具体范围、各部门职责和衔接工作，建立联席会议、督办预警、调解和解等 7 项制度。注重完善部门联席会议制度，依法惩处破坏生态环境犯罪行为，妥善化解生态环境矛盾纠纷。司法部门加强与检察、公安、林业、环保、国土、农业、水利、海洋渔业等单位协调沟通和良性互动，做好有效衔接，形成部门横向、纵向沟通联系网络，进一步形成环境保护多元共治机制，实现生态环境保护行政执法与司法无缝对接。加强对涉环境污染、生态破坏犯罪等相关问题研究，会同检察、公安及相关行业主管部门制定环境保护行政执法与刑事司法衔接工作办法，健全案件线索移送、证据转化规则、协作配合、监督制约、畅通衔接的制度。针对在审理环境污染侵权、自然资源开发利用纠纷案件时发现的问题，加强与环保、国土等主管部门的沟通，完善生态环境司法鉴定和损害结果评估制度，保障人民群众环境权益。强化与林业、国土等部门的有效配合，共同推动具有生态修复内容的生效判决得到及时履行。

（4）实行巡回生态审判模式

福建针对重点林区、矿区、自然保护区、海域等特殊区域，设立巡回生态法庭、办案点和服务站，采取就地立案、就地开庭、就地调解、就地宣判等灵活多样的便民诉讼办案方式。坚持以“改善生态环境质量、推动绿色发展”为目标，以“体制创新、制度供给、模式探索”为重点，加强理念创新、实践创新、机制创新、理论创新，注重运用司法力量保护生态环境、推动绿色发展，努力构建最专业的审判组织运行体系、最严格的生态司法制度体系、最严密的生态司法保护体系、最广泛的生态环境多元共建共治共享体系，持续打造更高水平、更加亮丽的生态司法“福建样本”升级版。

3. 推进党政领导生态环保目标责任制

（1）在全国率先建立党政领导生态环保目标责任体系

实现“党政同责”“一岗双责”，每年由省委书记、省长与九市一区党政“一把手”签订生态环境保护目标责任书，考核结果作为绩效考核的重要依据。把“环境质量只能更好，不能变坏”作为底线，按照“一岗双责”要求，落实责任清单，构建“管发展必须管环保、管行业必须管环保、管生产经营必须管环保”的生态责任体系。

（2）制定出台生态环境保护工作职责

明确全省 52 个部门 130 项生态环境保护工作职责，对承担生态环保重点职责的 15 个省直部门下达年度环保目标任务，考评结果被纳入部门绩效考核内容。推动全面落实“党政同责”，强化

“第一责任人”意识，各级政府主要领导都对党政领导生态环境保护目标责任书工作进行全面谋划，坚持重要工作亲自部署、重大问题亲自过问、重要环节亲自协调；各分管市领导在工作会议、专项活动中强调生态环境保护工作，推进目标责任制落实。

（3）优化干部绩效考核指标

把环保工作比重由 2%提高到 10%，取消包括扶贫开发工作重点县、重点生态功能区在内的 34 个县地区生产总值考核指标，把考核重点放在生态质量和农民增收上。着力将生态环境保护目标责任书落实情况纳入领导干部一线考核，考核结果作为领导干部任期政绩和选拔任用的重要依据；年底组织对各县（市、区）党委、政府各相关市直部门落实年度党政领导生态环境保护目标责任书情况的考评，考评结果与各县（市、区）、相关部门年度绩效考核内容挂钩。为健全完善生态文明制度建设考核评价体系，一些地方积极推动绩效考核工作创新，如福州市印发实施了《福州市生态文明建设目标评价考核办法》，组织市直单位开展绿色发展指数核算培训会，开展绿色发展指标试算工作，圆满完成福州市各年度绿色发展指标数据计算工作。

（4）出台《福建省党政领导干部自然资源资产离任审计实施方案》

福建建立领导干部自然资源资产离任审计制度，重点关注自然资源资产和生态环境保护数量和质量变化情况，通过地理信息技术解决领导干部自然资源资产离任审计难题。探索编制自然资源资产负债表是开展领导干部自然资源资产离任审计的基础，是生态产品市场化和盘活自然资源产权的重要依据，为摸清自然资源资产家底提供了技术支持。福建树立“地理信息 +”理念，高度重视信息技术在资环审计中的运用，初步形成一套大数据审计服务模式，建立由审计业务骨干、计算机人员和测绘地理专家组成的审计数据分析团队，注重审计方法模型化，利用测绘地理信息数据和技术资源开展数据分析应用，综合运用 GIS、数据库、遥感、CAD、GPS 等工具开展审计工作。

4. 创新城区水系治理的机制

（1）首创福州城区水系联排联调中心

为改变“九龙治水”“各自为政”局面，福州加快实现城区内河水系治理，促进内涝防治从单一模式向综合系统治理转型。创新管理体制，整合管水权限，变“九龙治水”为“统一作战”，实现防洪、排涝、调水、污水治理以及内河水的“多水合一”。创新治

永泰安全生态水系治理效果明显

水机制。完善“网厂河一体化”，将污水处理厂、雨污管网、收纳水体进行一体化动态管理，实现污水全收集、全处理，杜绝污染物入河，有效防止河水倒灌，全面提升水环境。通过实行水系联排联调，福州市城区内河调蓄效益提高 30%，内河水位平均抬高 1.2—1.8 米，主要内河流速达到 0.2 米 / 秒以上；排水防涝应急处置效率提高 50%，基本实现“小雨不积水，大雨不积涝”。2020 年，福州市水系治理成果获得住建部信息专报表扬和国家发改委点赞，得到了广大市民一致好评。

（2）首用政府和社会资本合作模式

2016 年 12 月，福州市首次采用公开招标方式，引入社会资本共同治理内河，将全市 102 条内河（含 42 条黑臭水体）整合成 7 个水系治理的政府和社会资本合作项目（PPP 项目）包，实现治理工作全覆盖，做到设计、施工、运营一体化。7 个水系 PPP 项目包规模仅次于北京市，所有项目包从谋划到落地开工平均 120 天。

福州市民在城郊花园留影

福州市 PPP 项目全生命周期 15 年，其中建设期 2—3 年，运营期 12—13 年，项目投资分 15 年支付。福州市水系 PPP 项目创新模式，得到住建部高度肯定，并在全国黑臭水体治理杭州会议上作典型发言。

5. 走出“绿水青山”生态补偿新路

永泰县是国家生态县、国家生态文明示范县、国家主体功能区建设试点示范县、国家重点生态功能区、“中国天然氧吧”、“中国温泉之乡”，森林覆盖率达到 75.48%，大樟溪及支流长期保持Ⅱ类水质标准，饮用水水源水质达标率 100%，空气环境质量优良，云顶景区 $PM_{2.5}$ 值近乎为零。近年来，永泰积极探索多元化生态保护补偿模式，形成了可复制可推广的经验做法。

（1）深化重点生态区位商品林赎买试点

永泰县成立国有林业开发有限公司和林业交易中心，统筹赎买、统一经营，加快搭建集“评估、担保、监管、处置、收储”为一体的林业交易综合服务平台。2014 年以来，永泰县积极开展商品林赎买工作，形成一套可复制可推广的永泰模式，累计筹措赎买资金 7400 多万元，完成重点生态区位商品林赎买面积 32710 亩，涉及 13 个乡镇、39 个村，受益林农 2456 户、11745 人，其中林农增加收入 6686 万元，实现林农“不砍树也能致富”。

（2）推进林权抵押贷款试点

建立“四个一点”多元化资金筹集机制，确保赎买资金到位；探索股份制等赎买模式，解决国有林村集体收益问题。永泰县出台了林权收储抵押实施方案、森林资产抵押管理办法等配套制度，组织辖区内 7 家银行业金融机构大力推动绿色金融，将林权抵押作为发展绿色金融的重要试点。截至 2020 年 4 月末，永泰县累计受理林权抵押贷款 11 笔，发放林权抵押贷款 146 万元。

（3）打造国家级农业绿色发展先行区

永泰县将赎买后商品林进行林分结构改造，大力发展林下经济，切实增加林农收入。2018 年，全县完成商品林赎买 38 宗、面积 1.34 万亩，直接受益 1442 户、6290 人，增加林农收入 1870 万元，实现“社会得绿、林农得利”有机统一。大力发展特色农业，加快推动特色产业转型升级，巩固李、梅传统支柱产业地位，培育 3 个鲜食李采摘基地。充分发挥茶叶协会作用，积极发展茶产业，扶持壮大 2 家县域茶叶企业，完成 4 家老旧茶叶加工厂改造，打造同安茶旅小镇。加大力度引进名特优水果及高产值蔬菜品种，以特色产业为抓手，构建“一乡一品”格局，全县建成 6 个千亩特色产业片区。支持农业龙头企业、农民合作社、家庭农场发展农产品精深加工，重点发展对产业带动强的果、蔬、茶等产地加工。抓好现代农业园区建设，重点做好省、市级农民创业园与示范基地建设，着力打造 5 个县级现代农业产业园，带动园区实现突破。

（4）推动发展绿色金融

永泰县大力引导信贷资源向绿色产业倾斜，推动金融机构加大对先进制造业、现代服务业、低碳经济、节能环保产业等绿色信贷产业的投放力度。截至 2020 年 3 月末，全县发放绿色贷款 5.34 亿元，同比增长 12.51%，其中支持清洁能源产业发展贷款 4.29 亿元，支持水资源配置工程建设和水权交易试点贷款 1.1 亿元，有效解决辖区绿色企业融资需求。

（5）探索“司法＋保险”保护制度

永泰县首创多项工作机制，古树名木保护走在全省前列。2019

年 9 月，县绿化办设立全省首个“古树名木司法保护联络室”。2019 年 10 月，永泰法院与县林业局、中国人民财产保险股份有限公司签约共建“生态环境司法 + 保险”战略合作协议，推行全省首个“古树名木保护 + 保险”工作机制，首次为 409 棵古树投保“财产损失险”“公众责任险”，保险金额 180 万元。目前累计为 1423 棵古树名木投保，保险总额 440.2 万元。如永泰县投保的一株 500 多年树龄的樟树主干因强降雨发生折断，经县林业局、法院、保险公司协商认定，保险公司向林业局理赔古树名木“财产损失险”6224 元，用于受损古树的修复，成为全省首例古树名木“财产损失险”理赔案例。

（6）建立河湖物业化管理服务机制

为提升河湖管理水平和巡河质量，成立永泰县河湖物业服务中心，率先采用“向社会采购服务”模式。物业中心对涉河事件进行受理、立案、跟踪、考评，全过程统一化监督管理，利用高清 LED 大屏展示综合大数据，全方位、立体化实时监控全县河湖状况，利用河长“智”实现河长“治”。积极探索水权交易方式，实施水权交易有效实现形式，依托福建省平潭及闽江口水源配置工程，推动把生态环境保护成本计入水价，促进大樟溪流域生态保护补偿。

（7）实施生态环境损害赔偿

永泰县出台生态环境损害赔偿资金管理办法、生态环境损害赔偿实施方案等政策文件，设立“行业专家库”，建立环境保护行政执法与刑事司法无缝衔接机制。在县水利局挂牌成立全省首个“水资源保护巡回审判点”，在云顶景区设立“旅游纠纷调解室”。与德化、大田、尤溪、仙游县检察院等签订“环戴云山生态保护司法联盟”协议，探索建立跨区域生态保护检查协作机制。

6. 推行自然资源资产负债表及价值实现机制

2016年以来，按照福州市委、市政府部署，福州市发改委（市生态办）积极探索生态文明制度体系，以连江为试点推进自然资源资产负债表编制及其价值实现机制研究项目，通过构建自然资源资产核算体系与生态产品价值实现路径，形成自然资源资产负债表编制技术、自然资源资产价值核算技术、自然资源负债评估技术、自然资源资产负债表管理技术、自然资源资产资本化路径，充分发挥福州在国家生态文明试验区中的先试先行作用，加快落实国家生态文明试验区建设具体行动，为自然资源资产负债表编制经验推广打下基础。

（1）形成自然资源资产负债表及价值核算体系

完成自然资源质量价格体系研究，推进自然资源资产负债表及其价值实现机制，绘制自然资源资产负债表，包括实物量表、质量表、价值表、负债表和流向表等五大类表体系。其中，存量表与质量表反映自然资源存量和质量；价值表是参考替代工程法、防护法、费用法、机会成本法、条件价值法、专家咨询法等生态系统价值量化方法，对自然资源价值进行量化；流向表展现自然资源的流向；负债表旨在评估自然资源的损耗等情况。

（2）开展林业、海域资源等数据评估

完成自然资源资产价值初步评估，体现自然资源公共服务价值，为生态损害赔偿提供依据，强化政府对生态资源的保护。毁林赔偿在算木头值多少钱的基础上，增加生态涵养价值评估。

（3）构建自然资源资产资本化体系

海域价值包括有形价值和无形价值，有形价值指海产品提供的价值，即实物量价值；无形价值是生态系统服务功能价值，包括固碳释氧、污染物吸收、生物多样性保护及休闲游憩等，将自然资源资本化与自然资源资产价值评估相结合，依托海洋及岸线资源开展“岸线运动项目资本化案例设计”“海上牧场（连江）海域资源资本化案例设计”“黄岐湾环保海带养殖项目资本化产品设计”等3个自然资源资产资本化案例实践落地研究工作，实现生态产品市场化。

（4）搭建自然资源资产信息管理平台

连江县自然资源资产管理平台从统计需求、管理需求、展示需求、查询需求等应用需求出发，衔接各类规划、区划，结合主体功能定位，依托遥感技术、空间高分数据和测绘信息，叠加各类功能图形信息，建立自然资源资产要素空间斑块与具体自然资源类型、数据变化等信息的对应关系，构建自然资源资产“一张图”信息化管理平台，为自然资源资产负债表的实践应用提供了信息化、数字化、可视化的管理工具。建立连江县自然资源资产管理平台，科学掌握自然资源的各种变化，为生态文明建设和领导干部离任（任中）审计工作带来极大便利。

（5）构建便捷的生态“家底”审计

2018年起，在全县开展领导干部自然资源资产离任（任中）审计，内容涵盖山、水、林、田、湖、草情况，包括土地、矿产、森林、草原、水、海洋等六大类，空气质量变化情况，做到“上审天下审地，中间还要审空气”。连江县依托自然资源资产负债表里的数据，开展绿色发展绩效评价考核、领导干部自然资源资产离任（任中）审计等一系列活动，对后续开展海洋自然资源核算具有借鉴意义。

7. 构建生态产业化融合经济体系

三明市尤溪县坚持绿色发展、生态优先，着力呵护绿水青山，提升生态环境竞争力。

（1）加快“尤溪《中国制造2025》”重点项目建设

推动传统工业向智能制造转变，林产业向精深加工、文化创意领域发展，矿产业向绿色生态转变，着力打造生态效益型工业。2018年尤溪联合梯田在第五次全球重要农业文化遗产国际论坛上获得“全球重要农业文化遗产”证书。尤溪作为中国苧基布名城、中国混纺纱名城，纺织产业占全县工业比重达到60%，推进染整产业园审批成为纺织产业发展的重中之重。近年来，尤溪县先后投入1亿多元，引进数码喷墨等无水印染技术，完成染整产业园区8家染整企业整合，投资建设日处理4.5万吨污水的城南污水处理厂，集中供热供气项目签约入园，在尤溪河流域增设水质监测点，进行日常监测。实施产业生态化和环境保护同步推进，扎实抓好“一革命五行动”“农村人居环境整治三年行动”等乡村振兴重点工作。

（2）着力打造“我家在景区”品牌

全力推进全域生态旅游，带动电子商务、商贸物流等服务业发展。其中，侠天下景区获评国家AAAA级景区，逐步打造成集观光旅游、休闲度假、互动体验为一体的综合型旅游目的地。尤溪联合梯田通过保护性开发实现“田园变公园”，正在加快建设梯田休闲观光区、生态休闲自驾车露营地、梯田摄影、书画展示馆、田间咖啡馆、农特产品购物街，将为游客提供良好体验。九阜山生态旅游景区依托省级自然保护区，以国际流行的“自然教育”“自然体验”为发展理念，打造闽中首条自然教育步道和福建省首条赤足疗养步道，2017 年获评国家 AAA 级旅游景区，目前正在创建国家 AAAA 级旅游景区。尤溪拥有 1 个全球重要农业文化遗产——联合梯田，1 个国家级水利风景区——闽湖，3 个国家 AAAA 级旅游景区，6 个国家 AAA 级旅游景区，A 级景区数量居三明市首位、全省前茅，是全国农村三次融合发展先导区创建单位，获评全国休闲农业和乡村旅游示范县、"美丽中国十佳典范城市"。2021 年尤溪县各旅游景区景点共接待旅游人数 514.11 万人次，实现旅游收入 38.97 亿元。

（3）三产融合提升发展动能

尤溪县围绕茶籽油、绿竹、茶叶、金柑、食用菌等五大优势产业，提高生态农产品附加值，不断做大"生态 + 农业"。如祥云银耳公司日产 12 万瓶银耳，产鲜菇 15 吨，是全国单体规模最大、首

浦城梯田

个掌握工厂化瓶栽银耳技术的企业。天益菌业公司日生产绣球菌1.5万袋，产鲜菇1吨，是全国三大绣球菌生产企业之一。安农公司年出口香菇菌棒250万袋，是全省最大香菇菌棒出口基地。洋中镇依托国家食用菌品种改良中心福建分中心落户优势，加快推进农业转型升级，全力打响银耳、绣球菌、秀珍菇、菌棒香菇、黑木耳“五朵菌花”品牌，建设“菌菇小镇”。其中，益升公司采用“公司+基地+农户”模式，日产8万袋秀珍菇菌包，带动当地农户75户种植秀珍菇；祥泰食用菌合作社采用统一供料、供种，带动农户202户种植黑木耳，年创收800多万元。尤溪县农业三产融合，有效助力乡村振兴，如沈郎食用油有限公司作为福建省首批观光工厂，从油茶种植、加工到洗发液、沐浴露、精油等延伸产品开发和线上线下销售，已形成“一产接二产连三产”产业发展模式，获评福建省优秀旅游商品企业。

近年来，尤溪县作为国家现代农业示范区，在农业中积极植入旅游元素，大力发展乡村观光、林下休闲、园中采摘、田上农耕等农旅融合新业态，已建成台溪万亩茶园、管前金柑园、浮洋花天下等一批独具特色的现代农业园，通过农业“接二连三”和农产品加工业前延后伸，有效引领农村一二三产业融合发展，让农民不仅分享种养业，而且得到加工流通休闲旅游带来的收益。

六、全面小康的区域协调发展

实施区域协调发展战略是国家重大战略之一，是应对区域发展不平衡不充分问题的重要战略举措。习近平总书记在福建工作期间，指导推动两个协作区建设，对区域协调发展具有重要意义。目前，闽东北经济协作区要素流动日趋频繁，区域协作日趋紧密。2018 年，为适应高质量发展目标，福建省委十届六次全会明确把“经济协作区”上升为“协同发展区”，福州、莆田、宁德、南平、平潭被纳入闽东北协同发展区，厦门、漳州、泉州、龙岩、三明被纳入闽西南协同发展区，旨在实现双轮驱动、南北互动、协调推

闽东北协同发展区

闽西南协同发展区

进、统筹发展。随着区域协调发展加快，群众获得感、幸福感、安全感更加充实、更有保障、更可持续。

（一）山海牵手奔着小康走

山海差距始终是福建全面建成小康社会必须面对的一道坎。为更好地把山区的资源、劳动力、生态等优势与沿海地区资金、技术、人才等优势结合起来，早在20世纪80年代，福建省委、省政府就提出念好“山海经”。此后，福建省领导一任接着一任，通过深化山海协作，利用沿海经济发达地区与山区落后地区的资源差异，推动精准扶贫、共建产业园区，实施民生工程、基础设施和生态环境建设，力求在项目招商、技术帮扶、产业链延伸、资金落实和用工帮困等方面实现优势互补、共同发展。福建“山”“海”有机结合，谱写了一曲携手互助、共奔小康的动人乐章。

1. 大念“山海经”

福建率先在全国开展山海协作、联动发展。改革开放初期，福建省领导针对得天独厚的“山、海、侨、特”四大优势，提出大念“山海经”，加快建设林业、畜牧业、渔业、经济作物、轻型工业、外经、科教、统一祖国八个基地的战略设想。这是立足福建实际，科学认识省情，指导全省经济建设的重大突破，也是对新形势下福建发展战略的有益探索，得到中央领导和有关部门的充分肯定。

为加强对八个基地建设的领导，1981 年 10 月，福建省人大常委会成立建设八个基地审议委员会，各有关厅局和地市相继成立八个基地规划小组或办公室。各有关部门多次对八个基地建设进行调查摸底，广泛听取意见和建议。1984 年 5 月，福建省委在听取各有关部门规划意见后，拟定了《福建省八个基地建设纲要（草案)》，最终形成《福建省八个基地建设纲要（试行)》，经福建省人大六届常委会第三次会议通过。

此后，在各级党政部门的宣传发动和组织下，福建全省上下形成了大念“山海经”的热潮。各地根据自身实际，积极开发优势产业，重视基地建设，推进资源开发利用，实行长短结合、科学经营，开展综合利用和多层增值，全省种养加工业搞得有声有色，得到如火如荼的发展。沿海地区除大搞捕捞外，还充分利用优势，大力发展海水养殖和淡水养殖。为此，福建省委、省政府作出了《关于加速发展水产养殖业的决定》，专门组织浅海、滩涂调查和渔业区划工作，为充分开发利用浅海、滩涂提供了科学依据。大抓科研成果和生产技术推广运用，加强基础设施建设，发展苗种生产，进行人工育苗，推广科学养殖。各地针对沿海渔区的特点和水产资源条件，因地制宜地做到宜养则养、宜捕则捕，落实责任滩和自留滩政策，发展综合经营、深度加工，水产养殖业得到了极大发展。

福建各地把大念“山海经”与对外开放紧密结合，积极引进农业先进技术和优良品种，实现“引进来、打出去”相结合，进入国际市场。福建省委常委会专门研究了加快农业引进问题，省政府召开农业引进工作座谈会，并下达引进项目的外汇额度和配套资金，解决农业引进经费问题，重点引进优良种苗，保鲜、加工等先进技术、设备，并在厦门、漳州、福州、三明建立引进试验和消化基地，作为农业引进的窗口。全省先后从 30 多个国家和地区引进水果、水产、蔬菜、食用菌等优良品种 200 多项、900 多个，经过消化吸收和试验推广，很快就有 20 多个农产品优良品种打入国际市场。

福建大念“山海经”促进了经济结构变化，跳出了只在人均七分地里做文章的小圈子，放眼山海，大搞多种经营，农林牧副渔得到全面发展；跳出了单靠社队集体经营范围，调动千家万户的积极性；跳出了单纯消耗资源的限制，改变光靠砍伐和下海捕捞的状况，大力进行种、养、加（工）的开发性生产；跳出了封闭式的自然经济，涌现出大量专业户和重点户、联合体，生产专业化、社会化和商品化程度不断提高。

在大念“山海经”过程中，福建省委、省政府加快推进产业结构调整，重点围绕种植业、大农业和整个农村经济推进。一是发挥地处亚热带优势，调整种植业内部结构。继续强调不放松粮食生产，努力发展多种经营，适当缩减粮田面积，扩种适销对路、效益较高的经济作物。二是发挥山海优势，调整农业内部结构。大力发展造林、种果，养殖、畜牧，林业、水果种植和水产养殖得到扩展，出现各业共同发展的局面。三是着力发展第二、第三产业，调整农业经济结构。发挥各地的传统优势，积极发展轻工业和加工、建材工业以及乡镇企业。随着农业和乡镇企业快速发展，为农村第三产业发展创造了条件，促进商业、运输业和其他服务性行业发展，引起全省农村产业结构积极变化，农村经济进入农工商综合发展时期。

经过开发山海，建设八个基地，进行产业结构调整，推进流通体制改革，促进了福建商品生产发展，全省各地出现了不少的专业户和专业队。对此，福建省领导给予了充分肯定，并在《福建日报》上大力宣传报道从事栽培白木耳、种植花草、水产养殖、家畜饲养、农工副加工等“冒尖户”，连江东升、厦门蔡塘、平潭潭东岭前、龙海东泗清泉大队等“冒尖队”，充分发挥这些有特长、辛勤劳动先富起来的专业户和尖子队的示范作用，带动专业户和专业村不断涌现，促进商品经济大发展。

在福建工作期间，习近平总书记从战略高度，倡导并组织实施山海协作，建立山海协作联席会议制度并出任会议召集人。福建坚持按照习近平总书记当年倡导的山海协作、联动发展要求，认真落实山海协作战略，积极创新探索，加快突破薄弱环节，解决发展短板，不断开创山海协作的新局面。

1998 年 10 月底，福建召开省委六届九次全会，专题研究山海协作问题，并作出《关于进一步加快山区发展的决定》《关于进一步加快发展海洋经济的决定》。习近平在会上指出：推进山海协作，在发展中努力缩小山区和沿海地区之间差距，并强调“沿海和山区都要树立全省‘一盘棋’的思想”。

2001 年，福建出台《关于进一步加快山区发展推进山海协作的若干意见》，提出进一步推进山海协作，加快山区发展步伐，缩小山海发展差距，从整体上提高小康建设水平，加快现代化建设进程。一是引导沿海企业到山区投资兴办内联企业，大力推进山海企业交流协作。鼓励沿海地区内贸企业到山区发展经营网点，大力发展联营、兼并、特许经营、托管等多种形式合作，向山区输出优势商品和先进管理技术。鼓励沿海优势企业以资产为纽带、以产品为龙头，通过跨地区的控股、参股、收购、联合、兼并等形式，与山区企业组成企业联合体，实现跨地区资产重组和优势企业扩张。外省到福建山区投资兴办的企业可享受省内山海协作有关政策。二是加大扶持山海协作重点项目。延长山海协作重点项目贷款贴息政策，从 2001 年起，贴息贷款规模限度增至 6 亿元。加快山海协作示范工程项目建设，“十五”期间，每年从山海协作重点项目贷款贴息中切出一块，用于山区市场前景好、科技含量高、经济效益好、市场竞争力强、辐射范围广，能对当地经济产生重大影响的山海协作示范工程项目的贷款贴息。三是继续加强山海劳务合作，每年有计划安排山区劳动力到沿海三资企业和乡镇企业就业，引导沿海与山区劳动力合理有序地流动，组织好山区市与沿海市县劳动部门结对子活动，搞好对口县市劳务输出。加快山区劳动力市场建设，省级劳动力市场建设经费向山区倾斜，尽快建立全省性劳动力市场网络。加强山区劳动力市场信息网络建设，在 2002 年底前基本实现县（市、区）与市、市与省级劳动力市场的联网，实行规范化运作。

2003 年，福建出台《关于拓宽山海协作通道加快欠发达地区发展的若干意见》，再次强化沿海地区对欠发达地区的对口帮扶。深入开展福州市与宁德市、泉州市与南平市、厦门市与龙岩市和三明市的对口帮扶工作，加大沿海经济较发达县（市、区）与欠发达县对口帮扶力度，调整确定沿海14个经济较发达的县（市、区）对欠发达地区的14个经济欠发达县进行对口帮扶，形成福清市与寿宁县、长乐市与周宁县、福州市马尾区与屏南县、福州市晋安区与柘荣县、晋江市与松溪县、惠安县与政和县、南安市与光泽县、石狮市与长汀县、泉州市泉港区与连城县、厦门市思明区与武平县、厦门市同安区与上杭县、厦门市湖里区与大田县、厦门市海沧区与宁化县、厦门市集美区与建宁县对口帮扶活动。对口双方每年要共同商定具体的帮扶目标、计划和措施，并报上一级党委、政府备案。组织欠发达市（县）与沿海市（县）劳动部门结对子活动，沿海对口市（县）每年帮助安排一定数量的欠发达地区劳动力到沿海地区企业就业。明确扶持发展山海协作重点项目，鼓励支持沿海和省外企业到欠发达地区投资兴业，省财政每年适当安排项目库建设、招商引资、经贸洽谈、劳务合作、劳动技能培训等专项经费。山海协作重点项目贷款贴息资金每年集中50%以上，重点扶持省级山海协作示范工程和重点骨干项目。

2012年，根据全省经济社会发展实际情况，福建出台《关于深化山海协作的八条意见》，从推进山海协作共建产业园区、建立山海产业转移项目的利益共享机制、完善对口帮扶制度、健全生态补偿机制、深入实施新时期“造福工程”、加大山区人才队伍建设和山海干部交流力度、加强山海劳务合作、健全山海协作的组织保障等八个方面推进山海协作，实现山海联动、融合发展。2013年，福建省委、省政府出台了《关于进一步扶持省级扶贫开发工作重点县加快发展的若干意见》，从产业发展、财政支持、科技创新、基础设施、用地保障、民生改善等方面给予倾斜支持，不断加大山海协作对口帮扶工作力度；推进对23个省级扶贫开发重点县（以下简称“重点县”）挂钩帮扶，每个重点县均有1—2名省领导挂钩联系，5—6个省直单位和省属企业挂钩帮扶，确定23个沿海经济较发达县（市、区）与23个重点县建立对口帮扶关系，每年沿海经济较发达县（市、区）落实对口帮扶资金不少于1200万元，2017年共落实对口帮扶资金3.18亿元，23个重点县生产总值年均增长幅度高于全省平均水平。

党的十九大以来，福建按照“政府推动、市场主导、优势互补、合作共赢”原则，不断创新山海协作方式，扩大合作领域，从资金扶助到产业扶持，从新农村建设到乡镇对口帮扶，从人才培养到人文交流，不断完善山海协作模式，走出一条具有特色的精准扶贫、共同富裕之路。

2018年，在福州·宁德山海协作工作座谈会上，福州市向宁德市捐赠山海协作资金200万元，两市8个有关部门签订了相关领域的8项合作协议。其中，福州仓山区与宁德周宁县签订《山海协作协议书》，仓山区利用产业优势和市场网络，帮助周宁企业创新技术，打造上规模、上档次的现代设施农业，助推山区发展。通过山海协作，宁德市一批“短板”产业得以补齐，经贸合作、农业发展、社会事业建设等方面取得了明显成效。2012年至2018年，宁德市落实协作项目200多个，带动区域经济实现产值超千亿元。

龙岩市长汀县与晋江市开展山海协作，具体包括共建工业园区，规划建设13家规模上亿企业落户投产；通过结对帮扶，建设水土流失治理、民生保障等项目，建成高标准水土保持示范园；通过实施新村结对，推荐晋江经济实力较强的8个村与长汀水土流失治理8个重点村结对帮扶，带动8个乡镇产业发展，促进两地共同繁荣。目前，晋江市与长汀县山海协作已从纺织服装、农副产品加

2021 山海经济合作论坛在福州举行

工、机械电子等延伸到旅游、农业开发、人文交流等领域。

2019 年，福建进一步加大山海协作对口帮扶工作力度，新确定对 11 个经济欠发达老区苏区县进行挂钩帮扶，各由 1 位省领导、若干个省直部门、1 个经济较发达县（市、区）进行挂钩帮扶。2020 年，全省 23 个受帮扶山区县全部退出省级扶贫开发工作重点县，城镇居民人均可支配收入比 2012 年增长 63.91%，增幅比全省高 13.77 个百分点。

2021 年 6 月，由福建省商务厅、福建省国际友好联络会主办，中国渔业协会、中国食用菌协会、福建省农业农村厅、福建省海洋与渔业局协办的 2021 山海经济合作论坛在福州举行。通过主旨演讲、对话交流方式，碰撞思想、分享经验，助力提升山海协作、区域协作和国际合作水平。

总之，福建从最初的“山海牵手”到今天的“深情相拥”，从帮扶“输血”到“造血”强本，八闽大地正在谱写新时代的山海交响曲，实现了“以海带山、以山促海、山海共赢”的崭新发展格局。

2. 山海共建产业园区

山海协作重在平台建设，福建把加快推进扶贫重点县与沿海发达县共建产业园区作为深化山海协作的重要抓手，组织引导山区和沿海发挥各自优势，互设山海协作共建产业园区，通过项目招商、技术帮扶、产业链延伸、资金落实和用工帮困等方面共建，建立山海产业转移项目利益共享机制，不断增强扶贫重点县的“造血”能力。

推进共建产业园区建设是实施项目带动战略，构建帮扶协作平台，促进山区产业升级、结构优化，实现联动发展、共同发展的重要途径。2013 年，福建印发的《福建省山海协作共建产业园规划纲要》明确提出，到 2015 年，省内 23 个省级扶贫开发工作重点县在本县和对口帮扶县（市、区）建成一个以上共建产业园区。到 2020 年，将产业园区建成功能布局合理、产业特色鲜明、集聚效应明显、生态环境优美的产业共建先行区。根据该文件要求，共建产业园区要以共同规划、共同建设、共同招商、共同管理、共享成果为准则，以项目合作为中心，以产业梯度转移和要素合理配置为主线，按照市场模式运作，逐步形成多渠道、多形式、多层次、全方位的区域合作格局，促进协作两地产业结构优化升级。共建产业园采取结对挂钩、飞地托管、省际区域、闽台合作等四类模式，推进挂钩县（市、区）及省内外开发园区、高等院校、大型企业等共同开发建设。

此后，福建陆续出台了《福建省人民政府办公厅关于促进工业园区提升发展六条措施的通知》《福建省人民政府关于促进开发区高质量发展的指导意见》等政策措施，大力支持山海共建园区发展。根据省委、省政府关于推进精准扶贫打赢脱贫攻坚战的决策部署，每个省级扶贫开发工作重点县都要与沿海对口帮扶的县（市、区）建成一个山海协作共建产业园区。

2017 年，福建批准永泰县与鼓楼区共建永泰智慧信息产业园、清流县与集美区共建集美（清流）共建产业园、浦城县与湖里区共建浦潭生物专业园、寿宁县与马尾区共建马尾—寿宁山海共建产业园、屏南县与海沧区共建海沧—屏南山海共建产业园等 5 家共建产业园区，为第四批福建省山海协作共建产业园区。全省 23 个省级扶贫开发工作重点县都与沿海对口帮扶的县（市、区）建立山海协作共建产业园区，除光泽县与惠安县共建园区设在惠安县外，其余 22 个对口帮扶的县（市、区）均设立在扶贫重点县。23 个山海共建园区通过建立工作机制，签订共建协议，在规划制定、园区管理、合作开发等方面明确双方职责，各县把引进项目作为加快发展的重要抓手，出台项目招商、技术人才、土地用地、厂房租赁、劳务用工等方面支持政策，不断完善软环境，促进园区发展。共建双方以产业项目带动为重点，依托园区开展产业对接，促进区外产业梯度转移，延伸产业链，形成产业集聚效应和山海产业互补格局。到 2018 年底，全省 23 个共建产业园区开发建设面积 70492 亩，累计投资 920 亿元，入园企业达到 820 家，其中规模以上企业 228 家，园区从业人员 46900 多人，主要涉及竹木加工、机电、纺织、服装鞋帽、食品加工、机械制造、农产品深加工、生物医药等，以及新能源、新材料、数字信息等产业。2018 年，全省 23 个园区总投资 172 亿元，实现工业总产值 474 亿元，工业增加值 127 亿元，税收总额 10.5 亿元。

2018年，全省23个共建园区新增落地项目147个，其中沿海及省外项目60个，占到40.8%。其中，明溪县和鲤城区按照“两头在鲤城、中间在明溪”合作模式，着力发展“飞地工业”，将明溪胡坊、沙溪工业集中区、氟新材料产业园共建为鲤城高新区乃至闽东南产业梯次转移基地。霞浦县和晋安区通力协作，引导宇洋工贸公司等海产品加工企业入驻园区，帮助霞浦县开发海产品、发展冷链仓储和配套物流，促进产业链延伸。泉港区帮助宁化县企业与厦门大学建立博士后流动工作站、联合实验室及校企合作实训基地。

晋江（长汀）工业园区是第一批省级山海协作共建产业园区、省级农副产品加工示范园区，园区落户企业近百家，总投资近50亿元。吸纳就业人员3000多人，其中县内贫困就业人员326人，园区内企业的产业延伸解决贫困人口就业643人。2020年，石狮市与政和县共建的政和经济开发区，吸引81家企业建成投产，吸纳5000余名工人就业。

泉州市泉港区政府、宁化县政府共建的泉宁共建产业园，总规划面积2.2平方公里，基础设施计划总投资7亿元，包括道路工程、配电工程、防卫工程、绿化工程及土地开发与平整等配套工程。在泉港区政府支持下，泉宁共建产业园现完成基础设施投资3.74亿元，开发土地1577亩，小微企业孵化区、河龙贡米产业园加工区、开发区职工文体活动中心等已投入使用。为支持园区企业发展，宁化县委、县政府出台多项优惠政策，助力企业新产品列入工业产品推荐使用目录，为园区企业办理按揭贷款7700万元，协助企业新增用工260余人，以解决企业资金及用工问题。2021年，泉宁共建产业园新增3家企业，园区入驻企业23家，拥有众邦电器、联誉泡沫、隆纺服饰等5家规模以上企业，共完成工业产值22亿元，上缴税收 2385 万元。目前，福建共建山海产业园区已取得较大成效，主要经验包括以下几个方面。

（1）加强产业规划引导

实施闽东北、闽西南协同发展区规划，指导各设区市按照发展规划，明确产业协作目标、任务和工作重点，完善产业联动机制，加强跨区域产业承接、转移和协作，构建分工合理、资源共享、优势互补的产业合作体系，推动山海共建园区产业协同发展。

（2）完善招商协作平台

深化区域产业对接合作，探索建立 23 个扶贫开发重点县及对口帮扶县（市、区）招商信息共享平台，实现招商信息共享。构建各地区招商引资利益共享和补偿协调机制，鼓励地市间联合出台招商引资优惠政策，支持共建园区开展产业链招商，承接省内外梯度转移企业、项目。对招商中不宜在当地布局的重大项目，通过资金补偿、建立“飞地”或转移产业园等方式，鼓励引导到符合布局区域落地建设，构建山海协作示范园区。

（3）推动政策叠加共享

探索试行扶贫开发重点县叠加享受对口帮扶县（市、区）相关优惠政策，对共建产业园区实施倾斜政策。创新园区政策供给，探索将共建园区交给专业龙头企业运营，实现园区管理由行政化向企业化、专业化改变。借鉴兄弟省市促进飞地经济发展的经验，建立生态补偿机制，推动山区及欠发达地区经济发展和环境保护实现“双赢”。

（4）完善利益共建共享机制

引导闽东北、闽西南经济协作区内相关开发区（园区）主动开展合作共建，制定互利共赢的利益分配机制，完善地区生产总值核算、招商引资、税收分成及绩效考核等共享机制。

（5）促进科技创新协作

开放共享省级制造业创新中心、行业技术开发基地、企业技术中心等创新平台，推动企业跨区域开展技术合作和人才交流。引导福州、厦门、泉州等地发挥高校、科研院所集聚优势，会同共建园区联合组织技术对接、创业创新活动，推动企业间、企业和高校科研院所技术创新成果对接，鼓励建立产学研合作联盟，促进科研成果加快在共建园区内转移转化。

（6）加大政府引导力度

建立区域经济协作定期沟通交流机制，深入组织区域经济合作活动，打造区域产业融合发展平台，有序推进产业转移承接。发挥福州海交会、中国国际投资贸易洽谈会等对接平台作用，统筹改革企业用地报批、项目审批等事项，降低山区企业和园区开发建设享受优惠政策门槛，优化共建产业园区产业链布局，重点发展符合山区资源特点的优势产业，实现两地资源互补、经济协调、可持续发展。

3. 打造山海协作典范

以鲤城区、明溪县两地建立对口协作关系为例，两地于2012年结下“山海之盟”，实现从资金援助到项目建设，从园区共建到劳务对接，协作领域不断扩大的“鲤明良缘”，成为山海协作典范。鲤城区充分发挥沿海发达地区优势，实现“输血、造血、活血”并举，累计提供帮扶资金8350万元，助力明溪县补齐民生短板，促进脱贫攻坚和项目发展。目前，明溪县建档立卡贫困户1648户4960人全部脱贫，2个市级扶贫开发重点乡全部退出，30个建档立卡贫困村全部退出，2020年省级扶贫开发工作重点县已成功“摘帽”。

明溪县光伏扶贫产业项目

（1）落实产业扶贫政策

从 2017 年起，鲤城区协助明溪县大力发展光伏产业，通过精准扶持特色产业释放内生“造血”潜力。2018 年，明溪县专门安排山海协作资金用于建档立卡贫困户“菜单”扶贫，重点发展猕猴桃、柑橘、淮山药等特色农业种植，发展养蜂、生态观鸟旅游、水电、光伏发电等特色项目。2018 年 6 月，明溪县 63 座光伏电站并网发电，截至 2020 年 9 月底，累计发电 2643.11 万度，收益 2289.26 万元，每村平均增收 17.5 万元。为增强贫困户参与产业扶贫积极性，明溪县从鲤城帮扶资金中调取部分资金用于补助贫困户，1624 户贫困户获得补助资金 1600 多万元，成为帮助他们脱贫的“第一桶金”。

（2）推进医疗教育扶贫

从 2017 年起，鲤城区划拨山海协作资金定向用于为明溪县贫困户购买商业医疗保险，有效防止因病返贫，减轻贫困户医疗负担。近年来，明溪县每年安排部分山海协作资金用于贫困户子女就学补助，全县就读大中专的贫困户子女分别获得每年5000元、3000元、2000元不等的助学补助。2018年以来，协助明溪县选派教师前往鲤城区及泉州市周边县区中小学优质校跟岗学习，推动泉州七中与明溪县一中签订结对帮扶协议；积极推进山海劳务协作，密切两地部门间交流学习及民间往来交流，通过拓展合作领域，推动扶贫与扶志、扶智深度融合，为实现脱贫致富注入“活血因子”。

（3）完善基础设施建设

2016年至2017年，鲤城区提供帮扶资金1000多万元，支持明溪县9个集中安置区基础设施建设,355户贫困户喜迁新居。2019年，明溪县从山海协作资金中拨出专款用于农村饮水提升改造项目，新增设水源点，重新布设管道，解决村民饮用水问题。2019年，明溪县将2350万元山海协作帮扶资金用于建设县公共卫生服务综合大楼，进一步增强公共卫生服务综合能力。

（4）实施项目发展

2018年，明溪县安排专门资金用于贫困村壮大村集体经济项目补助，如夏坊乡苎畲、李沂、高洋3个贫困村的水电建设，沙溪乡永溪村、盖洋镇2个贫困村发展特色农产品加工项目等。在鲤城区协助下，明溪县贫困村集体经济收益逐年提升。2019年，明溪县贫困群众人均可支配收入达12633元，较2016年有较大幅度的提高。

（5）共建产业园区

作为闽西南经济协作区重点打造的9个协作园区之一，明溪—鲤城山海协作共建产业园重点发展新能源、新材料、新医药等“三新”产业。共建产业园按照共同投资、共同开发、共同招商、共同

明溪—鲤城山海协作共建产业园

管理、共同受益要求和招商不局限于鲤城区、不局限于机械产业、不局限于区域的“三不局限”原则，在签订《山海协作产业园区共建协议》基础上，采取“引进领军人才、集聚创新人才、创办龙头企业、催生工业园区、形成产业链条”模式，着力“招大企”“选优商”“引总部”“集智力”，引进海斯福高端氟精细化学品、南方制药抗肿瘤新药等一批高新技术项目，就近吸纳就业人员 1000 多人，50 多户贫困户实现了在家门口就业。

目前，鲤城区与明溪县共建产业园区取得了成效，已完成福瑞明德普拉克索等医药中间体生产项目、旻和医药含氟核苷类中间体等系列生产项目。围绕新能源、新材料、新医药发展重点，加强交流合作，积极承接珠三角、长三角、厦漳泉等发达地区产业转移，实现山区与沿海优势互补。2019 年，明溪县“三新”产业实现产值 28.33 亿元，高新技术产业增加值占规模以上工业增加值比重提升，多年居三明市第一位。为拓展共建区域，鲤城区与明溪县新规划共建奋发山海协作产业园，重点发展机械装备、建筑材料、矿产加工、农林贸易加工等产业，配备建设火车站站前广场商贸区、物流仓储区，形成互惠互利、长期合作、共同发展的新格局。

（二）区域发展共圆小康梦

改革开放40多年来，福建不断探索区域协同发展的“福建方案”。以福州都市区和厦漳泉都市区为引擎，将闽东北、闽西南经济协作区上升为协同发展区，持续推进协同发展区高质量发展，积极构建双轮驱动、南北互动、协调推进、统筹发展格局。

1. 从“经济协作区”到“协同发展区”

福建是我国最早实施区域协调发展的省份之一，在20世纪八九十年代就提出“念好山海经、建设八大基地”“沿海山区一盘棋、山海协作联动发展”战略，并由“经济协作区”向“协同发展区”有序推进。

（1）区域协调发展起步早

1986年，福州、莆田、三明、宁德、南平等五个地市开始探索闽东北经济协作新路。1986年，五个地市在建阳县召开了首次横向经济联合恳谈会，旨在实现优势互补、平等自愿、互惠互利，推进“政府搭台、企业唱戏”，组织开展以企业合作为基础、行业联合为骨架、资金融通为纽带、科技联合为突破的横向经济联合，探索闽东北经济协作发展途径。

1994年12月，厦门、漳州、泉州、龙岩、三明五市通过友好协商，在自愿结成的闽西南五市协作区党政领导联席会上，共同商议制定了《闽西南五市区域经济合作章程》，确定协作区自主平等、真诚守信、互惠互利、讲求实效、遵守法律、坚持开放的协作原则。

1996年1月，闽西南五市协作区第二次党政领导联席会通过了《闽西南区域经济合作发展规划纲要》，明确了区域经济合作发展方向和目标，在省内形成闽东北、闽西南两大协作区，共同推动福建区域协调发展。

（2）优化区域协调发展政策

2006年，福建省“十一五”规划纲要明确提出，发挥福州省会中心城市的中心作用、厦门经济特区的龙头作用、泉州创业型城市的支撑作用，以福州、三明、莆田、南平、宁德的发展壮大闽东北一翼，以厦门、漳州、泉州、龙岩的发展壮大闽西南一翼，推进海峡西岸经济区与长三角、珠三角紧密对接、联动发展。福建省“十二五”规划纲要提出，发挥闽东北、闽西南等经济技术协作区作用，建立更加紧密的区域合作机制，支持符合产业政策的沿海地区产业向内陆有序转移，运用市场手段，形成山海合作长效机制，促进沿海内陆联动开发、共同发展。2018年4月，福建省委提出以福州都市区、厦漳泉都市区建设为引擎，进一步带动闽东北经济协作区和闽西南经济协作区加快发展，在新起点上进一步形成双轮驱动、南北互动、协调推进、统筹发展的良好格局。2018年9月，福建省委十届六次全会把“经济协作区”上升为“协同发展区”，加快形成统筹有力、竞争有序、绿色协调、共享共赢的区域发展新机制，有效推动闽东北、闽西南两大协同发展区更深、更广、更紧密融合，成为解决发展不平衡不充分问题，深化山海协作、推动城乡统筹的“福建方案”。

福建已勾勒出“两极两带六湾区”发展空间布局，其中，“两极”即福州都市区和厦漳泉都市区，成为两大协同发展区龙头和引擎；“两带”即沿海城镇发展带和山区绿色发展带，要分别成为人口和产业的聚集区、创新要素集聚的科技走廊和绿色发展的新载体；“六湾区”即三都澳、闽江口、湄洲湾、泉州湾、厦门湾、东山湾等六个湾区，要统筹产业群、城市群、港口群发展，着力做好湾区经济文章。

（3）区域协调发展成效凸显

改革开放 40 多年来，福建区域经济发展硕果累累，已形成 21 世纪海上丝绸之路核心区、国家生态文明试验区、福建自贸试验区、福州新区、平潭综合实验区、福厦泉国家自主创新示范区等多区叠加政策，为区域经济发展注入了强大动力。福州、厦门、泉州是全省三大中心城市，经济体量占全省地区生产总值近六成，已逐步形成闽东北、闽西南两大协同发展区，通过深化山海协作，优化经济结构，加快产业转型升级，区域发展差异逐步缩小。2019 年，厦门市与南平市人均地区生产总值比降至 1.97 ∶ 1，区域协同发展效应进一步形成。

2. 建设闽东北、闽西南两大协同发展区

福建省委十届六次全会把“经济协作区”上升为“协同发展区”，推动闽东北、闽西南两大协同发展区融合发展，成为深化山海协作、推动城乡统筹的“福建方案”。2018 年以来，福建紧紧围绕统筹推进“五位一体”总体布局、协调推进“四个全面”战略布局，着力推进基础设施互联互通、产业配套协作、公共资源共建共享，建立更加有效的区域协调发展新机制，把闽东北、闽西南两大协同发展区建设成为新动能强劲的东南沿海重要区域增长极、海峡

西岸城市群的发展高地，形成高质量的区域一体化发展和区域竞争新格局。

（1）建立高效的协同发展机制

发挥闽东北、闽西南两个协同发展区建设领导小组和工作协调小组作用，加强统筹协调，强化工作推进落实。进一步完善闽东北、闽西南协同发展区联席会议制度，研究确定专项规划、重要事项和具体政策，推进重大项目组织实施。建立各市对口部门对接机制、各市牵头部门协调机制，推进落实具体事项。做好规划实施情况跟踪落实和督促检查，省直有关部门在规划编制、政策实施、项目安排、体制创新等方面给予积极支持。

（2）构建系统的配套政策体系

建立健全协同发展的产业转移、人口迁移、财政收支、投融资、土地利用等配套政策体系，加快构筑闽东北、闽西南协同发展区统一政策平台。采取完善财政政策、金融依法合规支持、协同制定引导性和约束性产业政策等措施，加大对跨区域交通、水利、生态环境保护、民生工程等重大项目支持力度。鼓励社会资本参与两个协同发展区建设，成立闽东北、闽西南协同发展区发展投资基金，带动多元投资主体，支持重大基础设施和重点产业项目等建设。理顺跨区域投资财税利益分享，鼓励开展园区合作共建，双方可协议分享共建园区工业增加值、固定资产投资、招商引资等经济指标和税收收益。在开展工作考核评价时，允许共建双方将源自共建园区的相关指标各按 100% 纳入统计，有效放大资源组合效应，成为亮点突出的利益共同体。

（3）聚焦重点领域突破

推进基础设施互联互通，与协同发展区的产业布局、港口布局、城镇结构相融合，促进产城、区域高效融合，增强区域协同发展承载力。加快建立医疗卫生、劳动就业等基本公共服务跨城乡、跨区域流转衔接制度，着力提升人力资源、教育、医疗卫生等公共服务协同和共享水平，促进公共服务质量提升、跨城乡跨区域均衡发展。加快推进产业一体化，制定两大协同区产业发展指导目录，明确发展重点与布局，支持传统产业改造升级，加快发展先进制造业和现代服务业，促进产业优势互补、紧密协作、联动发展，培育若干世界级产业集群。推动区域协同创新和产业合理分工，有序转移承接，提高全要素生产率，带动产业链再造和价值链提升。做大做强做优中心城市和城市群。厦漳泉都市区重点强化中心城市职能和国际化服务职能，推动区域整体升级，共同形成参与国际合作与竞争的高地。福州都市区重点发挥省会中心城市龙头带动、平潭先行先试优势，建成重要的省会中心城市、两岸交流合作先行区。加快建设山区绿色发展带，推进产业链条延伸、产业集群共建、产业效益提升，联合推进精准扶贫，巩固对口帮扶。

（4）深化跨区域合作

以共建“一带一路”为重点，推动构建互利共赢的国际区域合作新机制。强化航空枢纽和空中通道建设，拓展海上通道，加强与“海上丝绸之路”沿线国家和地区港口互联互通，建设带动沿海、辐射内陆、通达“海上丝绸之路”的海上物流。加快发展中欧、中亚班列，重点拓展东盟市场以及南亚、西亚、非洲东海岸等印度洋沿岸地区新兴市场。主动融入粤港澳大湾区建设和长三角一体化区域合作，提升经贸合作水平，打造共同市场，促进闽台在光电、集成电路、智能制造、石化、生物医药、文化创意等优势产业领域的互补合作、深度融合。推动设立海峡两岸集成电路产业合作示范区、国家现代农业产业园。探索闽台融合发展新路，促进闽台合作创新、共创品牌、共同开拓国际市场。

（5）加快生态文明试验区建设

促进自然生态优势转化为发展优势，对标国家生态文明试验区的建设要求，实行最严格的生态环境保护制度，共同维护区域生态环境安全。加强环境污染联防联治，完善大气环境监测网络建设，制定流域生态环境准入清单和负面清单，加快推进农用地土壤污染状况详查，划定质量类别，实行分类管理。建立跨行政区的环境治理跟踪机制、协商机制和仲裁机制等，完善多元化生态补偿机制，采用资金补偿、对口协作、产业转移、人才培训、共建园区等方式推进横向生态补偿。支持在流域生态保护补偿、河湖保护与生态修复、绿色产业发展、生态扶贫、自然资源资产产权等重点领域推进试点示范，形成生态文明试验区建设的多样化路径和模式。

（6）打造智力支撑体系

强化人才智力支撑，加强人才队伍建设，健全激励保障机制，创新考评机制，建立容错机制，大力吸纳各类优秀人才投身两大协同发展区建设。充分利用省内外高等院校、科研院所和社会智库研究力量，为推动两大协同发展区高质量发展贡献智慧。支持和鼓励成立官方智库和民间智库，围绕积极融入粤港澳大湾区建设，推动与长三角打造区域协作发展共同体，深入开展国际区域合作以及对兄弟省市区域一体化发展中的经验教训开展研究，为高质量建设两大协同发展区建言献策、提供决策参考。

3. 打造区域协同发展典范

闽西南协同发展区包括厦门市、漳州市、泉州市、三明市、龙岩市，陆域国土面积 6.8 万平方公里、占全省陆域面积的 55%。2019 年 2 月，闽西南协同发展区确定 143 个重大（重点）项目，涉及基础设施、制造业、服务业、协作园区、社会事业等领域，项目总投资约 8300 亿元，年度计划投资约 947 亿元。

2022 年 1 月，闽西南协同发展区联席会议第四次会议在三明市召开，要求突出重点，推动厦漳泉都市圈建设纳入国家都市圈规划布局，推动产业体系和产业链布局更加完善，厚植绿色发展生态优势；强化示范引领、项目带动、市场推动、机制创新，以更高站位、更大力度、更实举措携手推动闽西南高质量发展。会议审议通过了《闽西南协同发展区陆路交通互联互通三年行动计划（2022—2024）》《厦门市海沧区—漳州台商投资区加快融合发展打造区域协同发展先行示范区的实施方案》《厦门市翔安区—泉州市南安市加快融合发展打造区域协同发展先行示范区的实施方案》《闽西南协同发展区关于深化新时代山海协作的实施方案》，福建闽西南城市协作开发集团分别与东山县政府、长汀县政府以及相关企业机构签订 7 份合作协议。

（1）构建“一核三湾两带两轴”发展格局

推动闽西南区域发展从“点轴模式”向“网络化模式”提升，构建以厦漳泉都市区为主体、厦漳泉同城化区域为突破口，泉州湾区、厦门湾区、东山湾区为引领，沿海城镇发展带、山区绿色发展带为支撑，厦漳龙、厦泉三发展轴为纽带，其他中小城市为节点的“一核三湾两带两轴”协同发展新格局。

一核引擎。以厦漳泉同城化为引擎，充分发挥厦漳泉都市区重要作用，通过优化开发、功能提升和制度创新，加快发展湾区经济，实施港产城联动发展，建设厦漳同城化先行示范区、厦泉临空协作区、厦门翔安—泉州南翼科技创新走廊，加快发展现代服务业和先进制造业，强化区域物流、金融、贸易、航运服务中心功能，全面推进厦漳泉同城化建设，打造高质量发展的样本和典范、参与国际合作与竞争的高地，建设成为辐射带动闽西南协同发展的前沿。

湾区先行。立足各湾区的发展基础、区位特征和资源禀赋，推动发挥优势，实现差异化发展，强化联动互动，加快建设高端临海产业带、创新要素集聚区、先进海空枢纽港、深度融合城市圈，打造产业聚集、科技密集、交通汇集、城市群集的现代化湾区，成为带动闽西南协同发展的主体。

两带支撑。“两带”即沿海城镇发展带、山区绿色发展带。依托厦门全域，泉州泉港区、惠安县、石狮市、晋江市、鲤城区、丰泽区、洛江区、南安市和漳州龙海区、漳浦县、东山县、云霄县、诏安县等沿海城区、县市以及重点城镇，建成人口与产业集聚、创新要素集聚的沿海城镇发展带；依托龙岩、三明全域和漳州、泉州西部，统筹开发利用红色旅游与生态旅游资源，打造山区绿色发展带。

两轴纽带。“两轴”即厦漳龙发展轴、厦泉三发展轴。依托厦龙铁路、厦蓉高速公路等骨干交通，加快建设厦门漳州龙岩发展轴；依托兴泉铁路、厦沙高速、泉南高速等建设厦门泉州三明发展轴，打造贯通山海、联接中西部的重要通道。以沿线各类高新区、开发区、产业园区等为载体，深化区域产业合作，实施产业梯度转移，打造优势产业链群，推进厦漳泉都市区和内陆腹地的整体联动。

轴带联动。发挥厦门、泉州中心城市辐射带动作用，增强漳州、三明、龙岩区域中心城市综合功能，推动龙海、长泰、漳浦、晋江、石狮、南安、惠安、永安、沙县、上杭、漳平等县市区融入中心城市发展，促进闽西南各节点城市的网络化发展，推进两轴两带联动融合。

（2）联手培育优势产业集群

加快实施创新能力突破行动和实体经济“百千万”行动，推动区域协同创新和产业合理分工、有序转移承接，提高全要素生产率，联手培育优势产业集群，为推进闽西南产业迈向中高端提供强大动力。

石化产业。依托泉港石化工业园区、泉惠石化工业园区和古雷港经济开发区，推动石化产业链发展，形成布局合理、龙头带动、上下游紧密联系的石化产业集群，建成具有国际先进水平的湄洲湾、漳州古雷石化基地。推动石化产业与纺织服装、制鞋、建材、轻工、汽车、装备制造、电子信息、医药等产业紧密结合，增强产品研发能力，提高产品质量和档次。

集成电路和光电产业。依托厦门火炬高新区、海沧信息产业园、漳州台商投资区、泉州芯谷、泉州高新区等产业集中区，提升高端集成电路设计与制造能力，打造国际领先的化合物半导体产业。加快推进重大项目建设，带动新型显示产业链高端化、高附加值化。推进厦门同翔高新技术产业基地、火炬高新区、漳州云霄光电产业园、泉州（湖头）光电产业园、龙岩海峡（连城）光电产业园区和三明经济信息产业园建设。

汽车与零部件产业。依托厦门（集美）机械工业集中区、龙岩经济技术开发区（龙岩高新区）、龙州工业园区、三明埔岭汽车工业园、龙海汽车产业园等产业集中区，重点发展商用汽车及零部件、专用车等产品，推动汽车与零部件地产化，打造东南沿海地区汽车制造业重要基地，形成以厦门—漳州为主的大中型客车及零部件、三明—龙岩为主的载重车、专用车及零部件产业链、产业带。

高端装备制造产业。支持泉州打造全国重要的智能轻工装备基地，加快建设智能装备产业集群。在厦门航空工业区开展飞机结构维修、老龄客机改货机、发动机维修等，打造以维修及服务业为主的航空装备产业集群。依托龙头企业，辐射带动泉州、三明、龙岩等周边地区配套零部件生产企业的发展，打造我国重要的工程机械产业基地。推动龙岩打造国际一流的创新型环保工程总包产业集群。

电工电器产业。依托厦门火炬高新区等产业集中区，重点发展输配电设备、电力器具等产品，壮大厦门输配电及控制设备制造基地和漳州、泉州电工电器产业基地。

纺织鞋服产业。加强晋江、石狮世界级纺织服装基地建设，打造纺织鞋服千亿产业集群，重点建设石狮先进印染、永安新兴纺织、尤溪革基布和棉纺织造、长汀特色纺织等基地，南安、晋江纺织机械产业基地。做强泉州旅游运动鞋制造基地，提升区域行业协同发展水平。

建材家居产业。依托泉州建材家居产业优势，壮大建筑陶瓷、石材、水暖厨卫等行业龙头企业，加快国家建筑材料展贸中心（南安）检验检测中心等项目建设，重点发展新型建材、高端定制、智能家居等产品，构建以海丝泛家居为引领的新型供应体系。

新材料产业。加快布局稀土新材料及应用产品项目，打造国家级离子型稀土重要生产、研发及应用产品基地。建设厦门石墨烯创新核心区和厦门火炬高新区，晋江、永安产业集聚区，推动厦门火炬高新区和永安石墨与石墨烯产业园共建合作园区。加快三明氟新材料专业园建设，打造氟新材料产业集群，共建全省核心轻合金产业园区。

海洋高新产业。发挥厦门海洋领域高校、科研院所研究优势，共建海西生物医药产业谷，加快推动厦门海沧、漳州诏安和东山、泉州石狮等地海洋生物医药产业聚集区发展，重点培育海洋生物药物、海洋生物制品、海洋功能食品等产业，建成现代海洋生物产业集聚区。以漳州招商局经济技术开发区为依托，支持厦门、漳州、泉州重点发展海洋工程设备制造业。

食品加工产业。做强做优做大茶叶、蔬菜、水果、食用菌、畜禽、水产、林竹等特色产业，打造沿海水产品、内陆林产加工产业带，建设漳州农副食品、泉州休闲食品、龙岩畜禽产品、三明笋竹等食品加工产业示范区。实施联合、兼并重组，推动相关产业、企业优势联合，做强闽西南食品加工业。

现代物流产业。加快厦门、泉州国家物流节点城市，漳州、三明、龙岩区域性综合物流园区，以及物流配送中心和共同配送末端网点建设，积极推进保税物流园区、保税海外仓等现代物流项目建设。大力发展冷链物流、电子商务物流，推动物流、制造、商贸等联动发展，打造连接全国、辐射“一带一路”沿线国家和地区的国际重要物流枢纽基地。推进闽西南公共物流信息平台建设，培育形成一批资源整合能力强、运营模式衔接的枢纽运营企业。

旅游产业。推进全域生态旅游和优质旅游，合力打造闽西南山海生态旅游、闽南—客家文化旅游、红色旅游、“海丝”文化旅游、研学旅游等跨区域“一程多站”精品旅游线路，建设泉厦漳“海丝”文化、厦门全域旅游示范区、福建土楼等产业集聚区，培育环东山岛旅游、闽西红色旅游、大戴云旅游、沙溪百里画廊旅游等新兴集聚区，推动旅游产业共同发展。培育一批旅游产业集团和产业联盟，带动区域旅游品牌、产业效益、产品体系、市场监管、服务品质提升。

表 6-1 闽西南协同发展区三大重点湾区

厦门湾区	涉及厦门、漳州、泉州三市，包括九龙江口（内港）和外港，拥有 10 万至 20 万吨级深水岸线资源。以厦门岛为龙头，以厦门湾北岸和南岸为发展翼，涵盖同安区、翔安区、集美区、湖里区、海沧区、思明区、龙海区、漳州招商局经济技术开发区等 8 个沿海县（市、区）、开发区。
泉州湾区	包括泉州湾、深沪湾、围头湾、湄洲湾南岸，涵盖鲤城区、洛江区、丰泽区、晋江市、石狮市、南安市、惠安县、泉港区等 8 个沿海县（市、区）。
东山湾区	包括东山湾以及浮头湾、诏安湾等区域，拥有 20 万吨级以上深水岸线资源，包括漳浦县、云霄县、诏安县、东山县等 4 个沿海县（市、区）。

（3）共守生态安全格局

对标国家生态文明试验区的建设要求，优化生态安全格局，强化生态保护与修复，建立跨界污染联防联控机制，共同维护区域生态环境安全。

共筑生态安全屏障。推进天然林保护和封山封育，加强自然植被保护，治理水土流失，维护和重建森林等生态系统。严格保护重要滨海湿地、重要河口、重要砂质岸线及沙源保护海域、特殊保护海岛及重要渔业海域，加快打造背山面海的内陆山区绿色“森林”生态屏障和沿海蓝色“海洋”生态屏障。

联守生态廊道。依托闽江、九龙江、晋江、洛阳江、汀江、沙溪、金溪、尤溪等主要水系，建立水环境整治利益协调机制。加强沿岸防护林体系建设，维护流域水生态空间，打造河流生态廊道。

加强山体绿化和修复，打造森林生态廊道。依托交通走廊，建设绿地生态系统，构建交通生态廊道。

严格保护重要生态空间。严守生态红线，对自然保护区、森林公园、风景名胜区、地质公园、世界自然遗产、湿地公园、饮用水水源地、海洋公园、水产种质资源保护区、重要湿地等重要生态保护地，依法实施强制保护。对部分生态环境比较脆弱和呈现退化趋势的地区加强综合整治和生态重建。

（三）闽宁一家同心奔小康

1996 年，中央确定福建对口帮扶宁夏。按照习近平同志当年提出的“优势互补、互惠互利、长期协作、共同发展”方针，闽宁两省区携手奋进，成为东西部扶贫协作的典范。开展闽宁协作以来，福建累计派出 12 批 200 多名援宁干部到宁夏挂职，有数千名教师、医生和科技工作者接力帮扶，助推宁夏 80.3 万贫困人口全部脱贫、1100 个贫困村全部出列、9 个贫困县全部摘帽。

1. 闽宁对口扶贫协作

党中央、国务院高度重视东西部对口扶贫协作。1996 年 5 月，国务院召开扶贫协作会议，部署经济较发达的 9 个省（市）和 4 个计划单列市分别帮扶经济欠发达的 10 个省（自治区），确定福建省帮扶宁夏回族自治区。1996 年 10 月，福建成立了福建对口帮扶宁夏领导小组，时任省委副书记习近平担任组长。

1996 年 11 月，闽宁对口扶贫协作联席会议在福州市召开，闽宁两省区正式“结亲”。会议确定，两省区政府每年举行一次联席会议；建立扶贫协作发展基金；从沿海5个省辖市中选出8个经济实力较强的县（市、区），对口帮扶宁夏8个国家扶贫开发工作重点县；互派挂职干部；部门对口协作。

1996年至2002年，福建省委省政府和社会各界在财力、物力、人力上给宁夏很大支援，先后援助资金1.56亿元。宁夏利用这些资金在西海固贫困地区改善群众的生产生活条件，有力促进了宁夏南部山区的经济发展和社会进步。截至2002年8月，宁夏利用福建帮扶资金为贫困地区修建“坡改梯”17.8万亩，打井窖1.5万眼，改善了一批农田水利设施。在福建省的帮助下，宁夏贫困地区教育也有了较大发展。截至2006年8月，福建在宁夏各类企业有200多家，投资总额达8亿多元。

2008年7月，在全国东西扶贫协作经验交流会上，闽宁扶贫协作机制被誉为“东西扶贫协作的典范”。

2013年闽宁互学互助对口协作提升到一个新水平。一是在帮扶范围上突破，从过去以宁南山区为主，向全区范围拓展，以全区的发展带动宁南山区的扶贫开发；二是在工作主体上突破，从过去以政府主导，向由政府主导、以企业和社会为主体的方向转变；三是在合作领域上突破，从过去以相对单一的经济扶贫合作为主，向全方位合作转变；四是在帮扶形式上突破，从过去分散式扶贫为主，向集中攻坚转变。要用足用活国家扶贫开发的各项政策措施，增强扶贫开发的针对性、时效性，促进扶贫开发工作取得新进展、新成效，努力创建国家扶贫开发的“样板”。

截至2013年底，闽宁对口扶贫协作已从单向的扶贫济困发展到经济合作、产业对接的新阶段，在西吉、盐池、隆德开工建设

3个闽宁产业园，即宁夏（西吉）闽宁产业园（宁夏吉德慈善产业园）、盐池县闽宁产业园、宁夏（隆德）六盘山闽宁协作工业示范园区。

2014年5月，国务院扶贫办在全国东西协作会议上推广“闽宁扶贫协作机制”的成功经验。

2017年，闽宁两省区正式颁布了《“十三五”闽宁扶贫协作规划》，在结对帮扶、经贸合作、示范村建设、交通基础援建、人才智力帮扶等方面深入开展互学互助。实施“携手奔小康”行动，加大资金、项目、人员帮扶深度贫困地区力度。

截至2020年底，福建共选派11批183名援宁挂职干部，2000多名支教支医支农工作队员、院士专家等参与闽宁协作；宁夏选派20批344名干部到福建挂职锻炼。福建累计投入帮扶资金30.64亿元，共建闽宁示范村110个，建设一大批惠民项目，60万群众从中受益。福建30多个县（市、区）与宁夏9个贫困县（区）结对帮扶，福建85个乡镇与宁夏105个乡镇结对，福建134个行政村、社区与宁夏129个行政村结对。福建66所学校与宁夏59所学校建立结对共建关系，在宁夏宁南山区、永宁县闽宁镇捐资助学超过1.57亿元，新建、改扩建中小学（幼儿园）80余所，有1130余名优秀教师、270余名高校学子来宁支教。福建31所医院与宁夏25所医院建立帮扶关系。在宁闽籍企业（商户）达到5700多家，8万多闽籍人员在宁夏从业；宁夏长期在福建稳定就业5万多人。

2021年3月30日，中共中央办公厅、国务院办公厅印发《关于坚持和完善东西部协作机制的意见》，确定由福建省继续帮扶宁夏回族自治区。4月6日，习近平总书记对深化东西部协作和定点帮扶工作作出了重要指示，指出“开展东西部协作和定点帮扶，是

在福建飞毛腿公司工作的宁夏工人

党中央着眼推动区域协调发展、促进共同富裕作出的重大决策”。强调“要完善东西部结对帮扶关系，拓展帮扶领域，健全帮扶机制，优化帮扶方式，加强产业合作、资源互补、劳务对接、人才交流，动员全社会参与，形成区域协调发展、协同发展、共同发展的良好局面”。

为推动闽宁协作在新发展阶段继续走在前列、作出示范，宁夏起草了《关于深化新发展阶段闽宁协作工作的意见》。一是准确把握新发展阶段闽宁协作总体要求。要聚焦巩固拓展脱贫攻坚成果、全面推进乡村振兴，继续坚持和完善闽宁协作“五项机制”，扎实推进“5+1”重点任务，推动闽宁协作由政府主导向发挥市场主体作用转变、由单向援助向双向互动转变、由扶贫协作向全面合作转变，在东西部协作工作中继续走在前列、作出示范。二是扎实推进新发展阶段闽宁协作重点任务。按照习近平总书记“加强产业合作、资源互补、劳务对接、人才交流，动员全社会参与”的重要指示精神，结合闽宁协作亮点特色，提出了新发展阶段闽宁协作“5+1”重点任务，即“加强产业合作”“加强资源互补”“加强劳务对接”“加强人才交流”“动员全社会参与”和“持续打造闽宁协作示范样板”。三是坚持和完善新发展阶段闽宁协作工作机制。继续坚持闽宁协作“五项机制”，进一步“完善结对关系，推进多层次结对帮扶”“拓展帮扶领域，开辟多方位帮扶协作”“健全帮扶机制，凝聚多方面帮扶力量”“优化帮扶方式，探索多途径帮扶模式”。

闽宁对口扶贫协作从1996年开始，福建省本着“宁夏所需，福建所能”，把人才、资金、科技、经验、市场等要素资源源源不断输送到宁夏的贫困地区，增强“造血”功能，提升贫困地区发展能力。宁夏积极对接，提出贫困需求，制定帮扶规划，努力做到

“事不避难，义不逃责”。闽宁双方坚持互学互助，深化结对帮扶，加大投入力度，突出产业合作，坚持精准扶贫，实现共同发展，使闽宁协作成为东西部扶贫协作的典范。

2. 从“输血”式扶贫到“造血”型合作

闽宁合作高水平起步、市场化运作，全方位推进“造血”建设，有效汇聚各方力量支持，推进产业接力，阻断了代际贫困。

（1）产业带动深化闽宁合作

1997 年在第二次两省区联席工作会上，习近平代表福建省委、省政府提出“广泛深入地开展多种形式的扶贫协作，促进闽宁双方共同发展”“动员企业家到宁夏投资办厂”“开展经贸合作”等具体措施，并与在宁夏的 11 位闽商座谈，希望他们把福建的先进理念

宁夏西吉县吉强镇龙王坝村梯田

和好项目带到宁夏，动员更多的企业家到宁夏找市场。1998年闽宁对口扶贫协作第三次联席会议决定，以产业协作为基础，在宁夏发展资源开发型、劳动密集型和能带动千家万户脱贫致富的农副产品加工项目。闽宁两省区依托当地自然条件和资源优势，重点扶持优势特色产业。

一是开展产业扶贫。重点支持宁夏贫困群众发展马铃薯、硒砂瓜等优势特色产业，结合退耕还林还草完成人工种草，加快发展设施养殖，先后援建一批冷藏库、技术培训中心、信息服务平台等现代农业配套服务设施，做到把扶贫车间建到群众家门口，项目围绕村子落、产业围绕群众建，帮在点上、扶到根上。如福建“全国种粮女标兵”林水英在西吉县1万多亩土地上建起现代农业示范基地，开创“公司 + 合作社 + 基地 + 农户”的“华林模式”，带动周边8个乡镇36个村农民种植蔬菜2万多亩。目前，有6700多家福建企业和商家落户宁夏，带来800亿元资金和8万多人的创业队伍，带动现代农业和特色优势产业开发，促进宁夏贫困地区经济社会发展和进步。

二是推动技术扶贫。截至2019年，福建农林大学菌草研究所先后派出17批技术人员到宁夏传授菌草技术，建立一批食用菌示范点，开展菌草技术培训512期，培训5万多人次，发展菇农1.7万户，种菇1.7万棚，菇农户年均增收8000元，使菌草成为宁夏贫困地区依靠科技增收的项目。

三是共建产业园区。自2013年共建闽宁产业城以来，一大批福建企业纷纷进驻宁夏，华林农业综合公司、西吉闽宁产业园（吉德慈善园）、宁夏国圣食品、厦门皇达等企业落户宁夏中南部地区，为当地优势特色产业发展发挥了积极作用。闽宁产业合作借助互联网、大数据开启更多新模式。2018年，吴忠市在福州、厦门、晋江设立3个特色农产品展示展销中心，销售枸杞、亚麻籽油、葡萄酒、杂粮等特色农产品；中卫市在漳州设立特色农产品展示展销中心；固原市在福州、漳州、泉州等地设立外销窗口。2022年1月，宁夏在福建投资建设的第一个重大能源项目——哈纳斯莆田液化天然气接收站核准建设，标志着闽宁协作开始由单向投资转为双向互动发展。

（2）劳务交流深化闽宁合作

宁夏始终将脱贫攻坚与发展劳务产业相结合，发挥县域人力资源优势，把发展劳务循环经济作为富民强县的战略举措。如西吉县组织和引导农民群众，每年向县外转移输出劳动力10万人以上；与福建省福清市开展劳务协作交流活动，实施“五个一”政策，深化闽宁劳务协作。

一是织密转移就业“一张网”。成立由分管副县长任组长，人社、民政、卫健等相关部门为成员的闽宁劳务协作领导小组，形成灵敏高效的行政服务网络。设立西吉县驻福清市劳务管理服务站，建设西吉县闽宁协作劳务合作基地，为两地劳务协作提供组织保证。

二是上好就业培训“一堂课”。整合全县培训资源，发挥教育、科技、农牧、乡村振兴、残联等部门培训机构作用，开展订单定向培训、技能储备培训、岗前培训、创业培训等，增强劳务技能，实现“培训一批、输出一批、就业一批”。

三是拉长就业服务“一条线”。开展专场招聘，提供企业岗位，实现“点对点”输送务工人员。加强跟踪服务保障，促进务工人员的成长、成才。

四是打好劳务协作“一张牌”。对已输出务工人员进行登记造册，建立务工人员联席会议制度，提升劳务输出水平，精心培育一批劳务品牌。

五是绘就宣传发动“一张图”。围绕《“十四五”时期闽宁劳务协作相关工作的通知》《西吉县移民就业创业实施方案》，组织县直和乡镇机关干部回乡返村，宣传政策知识，传播劳务信息，帮助群众转变观念，营造良好就业氛围。

（3）文旅融合深化闽宁合作

闽宁文化务实合作交流持续深入，合作领域不断拓展。以《闽宁文化合作框架协议》为载体，闽宁两地文旅部门每年筹划实施一批形式多样、内容丰富的文旅交流协作项目，为推动文化旅游发展和共享优质文旅资源发挥了积极作用。

一是讲好闽宁扶贫故事。话剧《闽宁镇移民之歌》全面反映了闽宁镇搬迁过程，入选2017年度国家舞台艺术精品创作扶持工程，2020年参加全国脱贫攻坚题材舞台艺术优秀剧目展演。2021年“五一”前夕，大型脱贫题材话剧《情系贺兰》在北京上演，全景式展现了从西海固到闽宁镇搬迁，闽宁携手将“干沙滩变成金沙滩”的感人故事，该剧入选“庆祝中国共产党成立100周年优秀舞台艺术作品展演”。

二是闽宁文化交流融合发展。2019年，“春雨工程”福建省文化旅游志愿者利用“大展台”，为宁夏送来《“忘不了的乡愁”——派江吻海、山水相依的八闽古村落古民居摄影作品展》，用镜头记录闽山闽水好风光，让宁夏人民体会“望得见山、看得见水、记得住乡愁”。2020年，“春雨工程”宁夏文化志愿者利用“大舞台”，为福建人民送去精彩的群众文艺节目。同年，大型原创音乐剧《花儿与号手》在福建上演，以艺术的形式为闽宁合作再结硕果，该剧被文化和旅游部列为2020年度国家舞台艺术精品创作工程重点扶持剧目、2021年“庆祝中国共产党成立100周年舞台艺术精品创作工程”重点扶持作品。

三是开启闽宁文化扶贫新模式。2016年11月，由福建省艺术馆、宁夏文化馆主办闽宁农民画创作群体漆画技艺实验班，牵手传统农民画与现代漆画“联姻”。通过跨区域对接、跨领域融合，探索出精准扶贫、非遗传承和艺术创新相结合的艺术扶贫新模式。

四是搭建闽宁文旅产业合作平台。2021年，宁夏文化和旅游厅发出倡议书，倡议区内A级以上旅游景区对福建籍游客开展免景区首道门票活动，宁夏50家A级景区对福建籍（持身份证）游客免景区首道门票。电视剧《山海情》热播引发了全国人民的关注。永宁县将建立以《山海情》为主题的影视基地，让全国各地的游客都来到闽宁镇，了解《山海情》背后的那一段故事。

3. 打造闽宁合作典范

宁夏永宁县闽宁镇在中国减贫史上具有标志性意义，在福建对口支援帮扶下，如今已成为一个充满发展活力的新城镇、全国东西部扶贫协作的典范。

（1）戈壁滩建成特色镇

宁夏西海固地区属国家级特殊连片困难地区，曾被称为“苦瘠甲天下”，被世界粮食计划署确定为最不适宜人类生存地区之一。新中国成立以来，党和政府一直关心西海固地区发展。1996年，西海固农民人均收入为810.5元，是宁夏人均收入的58%。1996年5月，闽宁两省区开展东西部扶贫协作，决定全面开展闽宁对口扶贫协作。

1997 年 4 月，时任省委副书记、福建省对口帮扶宁夏领导小组组长习近平带队来到宁夏考察，两省区负责同志共同商定在永宁县城西部的玉泉营（闽宁村前身）组织实施闽宁对口扶贫协作，建设一个移民示范区。习近平亲自将其命名为“闽宁村”，并满怀信心地预言“闽宁村现在是个干沙滩，将来会是一个金沙滩”。

玉泉营距离黄河直线 20 多公里，当时那是一片“天上无飞鸟，地里不长草，十里无人烟，风吹沙粒跑”的干沙滩。1997 年 7 月，玉泉营破土动工，闽宁对口扶贫协作开始建设闽宁村。

2001 年 5 月，永宁县玉泉营开发区（含闽宁村）更名为永宁县闽宁经济开发区。2002 年 1 月，经银川市人民政府批准成立闽宁镇。2003 年 7 月，玉海经济开发区并入闽宁镇。2005 年，闽宁镇原有的 12 个村合并为 5 个村，分别是园艺村、木兰村、武河村、

西海固移民初到闽宁村，在戈壁滩上开荒要用筛子把沙砾一点点筛拣掉，留下的土壤才能耕种

闽宁镇建设初期与现在的闽宁镇原隆村全貌

福宁村、玉海村。

2012 年 5 月，闽宁镇陆续安置了固原市原州区、隆德县 13 个乡镇的移民 1998 户，成立原隆村，所辖行政村增至 6 个，全镇人口规模达到 6.6 万人。

2016 年 7 月，在宁夏考察工作的习近平总书记看到闽宁镇的喜人变化，“打心眼儿里感到高兴”，认为“闽宁镇探索出了一条康庄大道，我们要把这个宝贵经验向全国推广”。

2018 年底，闽宁镇福宁村、木兰村、园艺村、武河村、玉海村 5 个贫困村脱贫出列。2019 年底，原隆村脱贫出列。

如今的闽宁镇公共服务设施完备，在全区农村率先实现村村通宽带、通硬化路、通自来水，形成镇内“四纵五横”、外连省道高速的交通网络，建成教育、卫生、文化、体育等一批设施，实现村村有小学、卫生室、文化活动中心和民生服务大厅。闽宁镇实行棚户区改造，全面推进改水、改厕、改厨“三改”工程，移民群众户户都用上了太阳能，农户用上水冲式厕所，生态环境得到有效治理，人们彻底告别了过去“晴天一身灰、雨天一脚泥”的历史。截至 2021 年 10 月，闽宁镇辖 1 个社区、6 个行政村。2021 年 2 月 12 日，闽宁镇被列入全国脱贫攻坚总结表彰集体公示对象。2021 年 2 月 25 日，闽宁镇被评为全国脱贫攻坚楷模。2021 年 8 月 25 日，闽宁镇入选第一批全国乡村旅游重点镇（乡）名单。2021 年 9 月，闽宁镇入选“2021 年全国千强镇”。

（2）群众生活水平显著提高

在闽宁两省区大力支持下，闽宁镇立足自然条件和区位优势，积极探索建立政府引资、企业主导、社会参与的产业发展新机制，走出了一条“造血扶贫”道路。1997 年至 2019 年，闽宁镇贫困发

闽宁镇建设早期开发建设者的住房与现在的村民农家小院

生率从近90%下降到0.197%，全镇移民群众人均纯收入由500元跃升至2020年的近1.5万元，增长近30倍，成为我国贫困地区通过对口扶贫协作走向全面小康的成功典范，对口扶贫协作“闽宁模式”样板。

一是实施精准脱贫、脱真贫。家住固原市隆德县关庄乡的何丽霞，2016年搬到闽宁镇，成为原隆村村民。2017年，何丽霞靠种香菇赚了4万元。同时，她以建档立卡贫困户身份享受到“4+1+1”精准扶贫政策，即建档立卡贫困户每户托管4头肉牛，年分红8000元；每户分配1栋光伏大棚用于种植经营，年收入1万元，实施分布式光伏电站项目户均年收入1万元，领取分红2.8万元。何丽霞在《脱贫申请书》上签了字，经过努力奋斗永远摘掉了“贫穷帽”。截至2017年底，闽宁镇建档立卡户实现脱贫退出1531户6553人，贫困发生率降至0.9%，6个贫困村全部符合贫困村脱贫出列条件，6个村村集体收入达到233万元。

二是小额信贷为移民“造血”添新路。近年来，闽宁镇加大担保资金融资力度，与永宁县农村信用合作联社签订扶贫担保贷款协议，争取资金2000万元注入农信社，按1 ∶ 10比例撬动融资贷款2亿元，优先保障建档立卡群众创业就业资金，促进扶贫产业扩规提效。2018年，闽宁镇玉海村一改过往的“种植＋养殖”单一的发展思路，建设特色街区发展服务业，加快建设原隆村休闲旅游、福宁村商贸服务、武河村酿酒葡萄种植、木兰村枸杞种植、园艺村饲草种植、玉海村规模化养殖的“一村一品”产业模式，村里百姓有工作挣上钱，日子越过越红火。

三是“造血式扶贫”增强内生动力。闽宁镇开创“企业＋车间＋村民”模式，积极打造“扶贫车间”，让村民获得在家门口工

闽宁镇建设初期的学校与现在闽宁镇黄夷小学学生在操场上踢球的场景

作机会。2019 年底，闽宁镇原隆村建成了电商扶贫车间，主售宁夏农特产品，优先招录当地留守妇女、建档立卡贫困户。目前车间总共聘用 52 人，其中 90% 为女性，50% 为原建档立卡贫困户，员工每月平均工资近 3000 元。

（3）促进产业融合发展

移民搬迁之初，闽宁镇以传统种养业为主，只能保障贫困群众的吃饭穿衣问题。在当地党委、政府、居民的不懈努力和福建援宁群体的不断帮扶下，闽宁镇开始大规模兴修水利、整理土地、引黄入滩，开启培育发展特色产业的道路。

1997 年底，福建农林大学教授、菌草技术发明人林占禧带队来到闽宁村，积极开展农业技术扶贫。为让村民们掌握蘑菇种植技术，他们在村里建了两栋实验棚，手把手教，把如何配料建堆、配比发酵、高温灭菌、铺床播种、控温控湿、出菇采菇等种植技术传授给村民们。第一茬菇卖到 2 元钱一斤，让村民们看到实惠。第二年种蘑菇村民增加 200 户，在庭院里、山坡上、荒地里建起了大棚，将蘑菇销到银川、吴忠等地，还销往内蒙古、甘肃、陕西等外地市场，菌草和菌菇栽培产业成了西海固移民脱贫致富的“金点子”，闽宁镇的支柱产业。目前，闽宁镇沿着贺兰山往北，在石嘴山市平罗县宝丰镇建起了菌草科技创新创业园，通过菌草种植、菌筒加工生产、菌草菇生产、菌物饲料、有机肥还田，构建起“以草代木”“以草代粮”的植物、菌物、动物循环生产的闭合菌草产业链。

随着产业结构调整和市场发展需要，葡萄酒产业逐渐成为闽宁镇脱贫致富的绿色产业。2007 年，闽商陈德启被闽宁镇这片待开发的土地吸引，来到宁夏考察的经历，让陈德启把梦想扎在了闽宁镇。从造林固沙、改良土壤到打井引水、拉线通电，从培育种苗、拉网滴灌到打桩支架、打药收获，这位“福建老板”和无数西海固移民一起住进彩钢房，卷起裤脚、戴上草帽，用“爱拼才会赢”的精神在一片荒滩上创造了诗意绿洲奇迹。陈德启共投入15亿元种植酿酒葡萄，打造集种植、采摘、酿造、销售与科技推广、特色采摘、观光旅游于一体的全产业链，让干沙滩上长出了“红酒王国”、农业生态园，葡萄园高峰时每天用工量达到3000多人。陈德启设立的宁夏德龙酒业有限公司，带动闽宁镇上万人就业，如今的“贺兰神”葡萄酒已走向世界，拿下多个国际大奖。目前，闽宁镇酿酒葡萄种植面积超过8万亩，长城天赋、立兰等酒庄纷纷落地，葡萄酒企业云集，贺兰山东麓葡萄酒产业成为享誉全球的“紫色名片”。

党的十八大以来，闽宁镇经济社会驶入高质量发展快车道。随着水电路等基础设施和土地开发整理项目相继建成、投入使用，菌草、黄牛、葡萄、劳务四大产业粗具规模，闽宁扶贫产业园、闽宁产业城两大园区加快发展，形成了“特色种植、特色养殖、光伏产业、旅游产业、劳务产业”五大主导产业格局，实现了由传统种植到农业一二三产业融合发展，为移民群众致富奔小康创造了源头活水。闽宁镇从无到有、从穷到富，因扶贫而生，为脱贫而建，见证了闽宁对口扶贫协作的巨大成就，探索出易地搬迁扶贫的新路子，成为中国特色开发式扶贫的一大创举和成功典范。

七、从脱贫攻坚到全面小康的福建经验

习近平总书记指出：消除贫困、改善民生、逐步实现共同富裕，是社会主义的本质要求，是我们党的重要使命。新中国成立后特别是改革开放以来，我们党有组织、有计划开展大规模、卓有成效的减贫扶贫行动，小康建设经历了解决温饱、总体小康、全面建设小康社会和全面建成小康的发展阶段。党的十八大以来，以习近平同志为核心的党中央把脱贫攻坚摆到了治国理政的突出位置，坚持久久为功、凝心聚力，带领全国人民打响了脱贫攻坚战，贫困人口大幅下降，贫困群众生活水平显著提高，贫困地区面貌发生了巨大变化，走出了一条具有中国特色的全面小康之路，为世界减贫事业作出了重大贡献。福建秉承习近平总书记对人民的深厚情怀，深入贯彻落实党中央的扶贫开发战略，根据习近平总书记在福建工作期间总结提炼的“摆脱贫困”的扶贫思想，坚持“以改革创新引领扶贫方向，以开放意识推动扶贫工作”，大力弘扬“弱鸟先飞”“滴水穿石”“四下基层”“马上就办、真抓实干”精神，在全国率先开展扶贫开发工作，实施精准扶贫、精准脱贫，为从脱贫攻坚到全面建成小康社会提供了福建经验。到2019年底，福建在全国率先完成脱贫攻坚、全面建成小康社会任务，全省现行标准下建档立卡贫困人口全部脱贫，2201 个建档立卡贫困村全部退出，23 个省级扶贫开发工作重点县全部摘帽；闽宁对口扶贫协作援宁群体被中宣部授予“时代楷模”称号，福州—定西东西部扶贫协作入选“联合国全球减贫案例”。

（一）始终坚持以人民为中心走共同富裕道路

习近平总书记指出：“只有坚持以人民为中心的发展思想，坚持发展为了人民、发展依靠人民、发展成果由人民共享，才会有正确的发展观、现代化观。”人民生活幸福是“国之大者”，坚持把人民利益放在首位，既是我们党认识和把握社会主要矛盾变化的思想基础，也是解决社会主要矛盾的根本方法。党的十八大报告提出实现全面建成小康社会的宏伟目标，党的十九大报告提出从现在到 2020 年是全面建成小康社会的决胜期。福建始终牢记习近平总书记的殷切嘱托，坚持以人民为中心的发展思想，始终聚焦摆脱贫困目标，拓展扶贫开发的新思路，加快出台扶贫开发的新举措，倾力探索精准扶贫、精准脱贫的新路子，披荆斩棘，交出了一份人民满意、经得起检验的全面建成小康社会的亮丽答卷。

1. 始终坚持党的集中统一领导

小康是中华民族自古以来追求的理想状态。中国共产党一经诞生，就把为中国人民谋幸福、为中华民族谋复兴确立为自己的初心使命。为践行初心使命，让全体人民过上好日子，我们党把全面建成小康社会摆到关系国家发展的全局性战略高度，让发展成果更多、更公平地惠及全体人民。改革开放后特别是党的十八大以来，福建积极探索扶贫开发新路，创新发展建设小康社会实践，涌现出了“弱鸟先飞”“滴水穿石”的“宁德模式”、生态脱贫的“长汀经验”、集体林权制度改革的“武平经验”、东西协作的“闽宁模式”、科技助贫的科特派制度以及扶贫搬迁的“造福工程”等一大批鲜活的、具有推广价值的典型案例。

（1）坚持党的正确领导

我们党始终坚持执政为民，为人民谋利益，为民族谋复兴。坚持党的正确领导，发挥社会主义制度可以集中力量办大事的优势，这是我们的最大政治优势，能够为脱贫攻坚、全面建成小康社会提供根本保障。福建始终坚守“人民对美好生活的向往就是我们的奋斗目标”，严格履行扶贫开发工作中的政治责任，实施党政一把手负总责，建立健全“省负总责、市县抓落实、工作到村、扶贫到户”工作机制，自上而下形成了“一盘棋”，省、市、县、乡、村“五级书记”齐抓扶贫开发工作的新局面。扶贫开发工作是全党全社会的共同责任，福建严格落实党中央的脱贫攻坚方案，坚持久久为功、对症下药，统筹协调扶持对象、项目安排、资金使用，坚持措施到户、因村派人（第一书记），做到精准滴灌、靶向治疗；坚持因人因地施策，因贫因类施策，区别不同地区的不同情况，通过实施“四个一批”（扶持生产和就业发展一批、移民搬迁安置一批、低保政策兜底一批、医疗救助扶持一批），实现精准扶贫、精准脱贫；坚持抓党建促脱贫，强化贫困地区基层组织建设，提升基层干部开展贫困识别、精准帮扶本领，不断巩固党在农村的执政基础；坚持创新党的建设，实现夯实农村基层党组织同脱贫攻坚有机结合，选好一把手、配强领导班子，充分发挥村级党组织在脱贫攻坚中的战斗堡垒作用，让鲜红的党旗在脱贫攻坚主战场高高飘扬。

2001年，时任福建省省长习近平在南平调研时，充分肯定了下派村支书和科技特派员制度的作用，及时总结经验并在全省推广。全面实施“部门挂钩、资金捆绑、干部驻村”工作机制，加快构建干部驻村载体，稳住驻村干部队伍，拓展挂钩帮扶渠道，促进扶贫资金向贫困地区倾斜，提升脱贫致富的“造血”功能，改变贫困山区的落后面貌。在长期的扶贫开发过程中，福建党员干部做到了主动融入，充分尊重群众意愿，坚持与群众同吃、同住、同劳动，给贫困群众送点子、送资金、送项目，不断破解贫困群众的“等靠要”思想，做到了人员到位、责任到位、工作到位、效果到位，真正把党和政府的关心关怀和深情厚意传递给贫困群众，密切了党群干群关系，打通了脱贫攻坚政策落实的“最后一公里”。从2004年开始，福建从省、市、县三级选派5批优秀年轻干部到贫困村和村级组织薄弱村担任驻村第一书记，每期3年。他们坚持干事创业、攻坚克难，与群众心在一起、想在一起、干在一起，做到目标明确、任务明确、责任明确、举措明确，把党建嵌入到扶贫脱贫工作中，全身心地带领贫困群众脱贫致富奔小康。据统计，迄今福建已组织11.17万名党员干部挂钩帮扶贫困户，做到每个贫困户都有一名党员干部挂钩帮扶。

（2）坚持久久为功

福建是精准扶贫、精准脱贫思想的重要发源地。福建坚持立足省情，高度重视扶贫脱贫工作。2013年，福建省委九届九次全会通过了《关于进一步扶持省级扶贫开发工作重点县加快发展的若干意见》，提出实施造福工程、定点挂钩、产业信贷、智力帮扶、社会参与等扶贫开发措施，坚持“百姓富”与“生态美”相统一，做到“造血”与“输血”、扶贫与扶智、自力更生与借助外力相融合，走出了一条富有福建特色的脱贫攻坚新路。

福建大力弘扬习近平总书记摆脱贫困创新理念，认真落实扶贫开发方略，坚持一张蓝图绘到底，一任接着一任干，把精准扶贫、精准脱贫融入全面建成小康社会的全过程。为打赢脱贫攻坚战，福建省委、省政府出台了《深入贯彻落实习近平总书记重要批示精神加快推进科学扶贫精准扶贫的实施方案》《关于推进精准扶贫打赢脱贫攻坚战的实施意见》《福建省“十三五”扶贫开发专项规划》，各级领导坚持从自身做起，每位省领导挂钩一个省级扶贫开发工作重点县，做到带头深入调研、带头谋划指导、带头督促检查、带头狠抓落实。福建省委、省政府与有脱贫任务的设区市市委书记和市长签订脱贫攻坚责任书，各级层层下达任务，将减贫重任分解到市、县、乡（镇）、村，落实到户到人，形成扶持贫困户、贫困村、扶贫开发工作重点县的完整支撑体系。

（3）坚持大扶贫工作格局

福建扶贫脱贫工作起步早、力度大、措施实，形成各级党委政府积极引导、主动作为，扶贫部门守土有责、守土尽责，社会力量积极参与、鼎力支持，贫困地区自力更生、艰苦奋斗的良好局面。扶贫开发工作是全党全社会的共同责任，福建举全省之力，加快构建多方力量汇集、多种举措有机结合和互为支撑的大扶贫工作格局，实现政府扶贫、市场扶贫、专项扶贫、行业扶贫与社会扶贫互动发展，中央与地方上下联动，政府部门左右协调、政府社会内外结合，有效调动了各方的积极性，汇集成脱贫攻坚的强大合力。通过扶贫开发与经济社会发展相互促进，实施扶贫开发与生态保护并重发展，促进扶贫开发与社会保障有序衔接，统筹扶贫开发与“三农”工作，推动精准帮扶与县域经济融合发展。由于靶向准确，真正做到了扶真贫、真扶贫、真脱贫，在全国率先完成了打赢脱贫攻坚战、全面建成小康社会的任务。

如福州市因势利导，重点把建立健全立档建卡的“贫困村、贫困户”作为帮扶对象，实现“输血”与“造血”相结合，帮助贫困村转变发展思路、完善基础设施、发展壮大村级集体经济，从被动脱贫向主动脱贫转变；发挥驻村蹲点干部作用，提高党员干部执行政策、富民强村能力，引导贫困群众发展特色产业，增强自我发展能力，找到适合自身发展的脱贫致富路子。为精准把握贫困地区、贫困村、贫困户的实际情况，福州市全面构建“市、县、镇、村”四级联动工作网络，有针对性实施扶贫帮扶措施。市直部门坚持主动谋划、贴近沟通、有效运作，各县直单位和乡镇发挥了承上启下作用，积极与村级党组织建立起结对帮扶关系。据统计，福州市108个市直单位党组织与200个贫困村党组织建立联系，实现了市直单位党组织和贫困村联系的“双覆盖”。市直部门8303名党员与2290名贫困户结对，实施5393个“微心愿”，为结对村引进扶贫项目661个，提供帮扶或协调落实各类资金约9550万元；到结对村开展扶贫活动695场，直接受惠群众达15000多人次。

2. 创新机制助力脱贫攻坚

习近平总书记在福建工作期间，高度重视扶贫机制创新，开创了“造福工程”扶贫搬迁、山海协作联动发展、选派党员干部驻村任职、闽宁对口扶贫协作、科技特派员制度等一系列生动实践，为打赢脱贫攻坚战提供了坚实制度保障。据统计，1991年至2020年间，福建一年不落地办了603项人民群众最关心、最直接、最现实的实事。其中，2013 年至 2020 年共实施 192 项，总投入达到 2498 亿元。目前，福建居民健康状况、生态环境指数、教育事业发展等指标居全国前五位，社会保障体系日臻完善，人民群众获得感显著增强。

（1）落实精准方略

习近平总书记在决战决胜脱贫攻坚座谈会上强调，要建立长短结合、标本兼治的体制机制。“授之以鱼”不如“授之以渔”。为尽快摆脱贫困，福建不断完善扶贫脱贫工作机制，针对不同的贫困地区、贫困家庭和贫困群众的实际状况，实施精确扶贫、精确脱贫治理方式，促进扶“志”与扶“智”双向精准互补，确保扶贫脱贫工作精准滴灌、靶向治疗，真正地扶到根上。实施精准识别。贫困标准是找准帮扶对象，制定扶贫措施，考核脱贫成果的重要尺度，也是实施精准识别的前提条件。福建运用科学程序，通过精准识别办法，全面摸清贫困底数，找准贫困对象，解决好“扶持谁”问题。如宁德市出台了《宁德市农村扶贫对象精准识别工作办法（试行）》(2016 年)，对农村扶贫对象的贫困线、收入计算办法、贫困户认定等均作出了明确规定。

实施精准帮扶。福建从产业发展、财政支持、科技创新、基础设施、用地保障、民生改善等方面精准发力，加大对 23 个省级扶贫开发工作重点县的倾斜扶持力度；针对每家每户的贫困情况，确定帮扶责任人和具体措施，提升帮扶效果，真正让贫困地区、贫困家庭和贫困人员摆脱贫困，解决好“怎么扶”的问题。如三明市为解决扶贫开发工作中的底数不清、目标不准、效果不佳等问题，2014 年创新实施了“348”精准扶贫工作机制。“3”即三步工作法，用“一申请、两比选、三公示”识别贫困对象；“4”即“四因四缺”分类法，按因病、因残、因学、因灾和缺技术、缺资金、缺劳力、缺动力等致贫原因，由扶贫部门开展针对性帮扶；“8”即“八种帮扶模式”，涵盖结对帮扶型、创业培育型、入股分红型、资产盘活型、基地托养型、订单带动型、资金互助型、搬迁改造型等八种帮扶措施。

实施精准管理。福建创新重点贫困县的服务协调机制，帮助解决发展难题，做到精准服务。建立健全扶贫对象信息管理系统，把扶贫对象的基本资料、帮扶情况录入系统，进行动态化管理，确保扶贫对象信息真实可用。在贫困人口建档立卡的基础上，加快突破薄弱环节、补齐存在短板，因地制宜、因户施策落实挂钩扶持制度，科学制定帮扶计划，做到低保救助到户、就业辅助到户、生产扶助到户、建房补助到户、医疗援助到户、就学资助到户、社会赞助到户、结对帮扶到户，解决好“谁来扶”的问题。

（2）创新扶贫机制

习近平总书记在福建工作期间，积极倡导改革开放与扶贫开发融合发展，要求用开放意识来推动扶贫工作和在扶贫工作上运用开放政策，明确指出扶贫的成果将是开放的新起点，开放将使扶贫工作迈向新台阶。经过长期探索与创新实践，福建构建起行之有效、富有特色的扶贫开发工作机制。

创新产业扶贫。省财政安排专项扶贫发展资金，扶持建档立卡贫困户因地制宜发展增收脱贫项目，有劳动力的贫困户都有 1 个以上项目。2020 年全省重点支持 11.3 万户贫困户、发展产业项目 13.6 万个。

创新金融扶贫。建立扶贫小额信贷风险补偿基金。截至 2020 年 8 月底，全省累计发放扶贫小额贷款 43.19 亿元，扶持 75667 户贫困户发展生产。

创新搬迁扶贫。从 1991 年起，福建连续 28 年将“造福工程”列为省委省政府为民办实事项目，强化搬迁群众后续扶持，定期摸排贫困户住房安全保障情况，对存在安全隐患住房及时纳入危房改造范围，做到挪“穷窝”、拔“贫根”，切实解决好“一方水土养不活一方人”问题，全省累计搬迁 172 万多人，整体搬迁 7300 多个自然村。

创新教育扶贫。为斩断贫困代际传递现象，福建持续加大义务教育阶段学生控辍保学力度，按规定免除学杂费和提供助学资助、助学贷款，确保贫困家庭适龄学生不因贫失学辍学。福建加强精准扶贫知识技能教育，助推“无力脱贫”向“能够脱贫”转变，提高贫困群众脱贫致富能力。

创新健康扶贫。实施建档立卡贫困人口全面享受基本医疗保险、大病保险、医疗救助等政策。从 2017 年 7 月起，福建开始实施精准扶贫医疗叠加保险政策，较大幅度地提高贫困群众的医疗费用报销比例，全省 2201 个贫困村规划公益性卫生所全部实现医保“村村通”“就近通”，免除了贫困家庭、贫困群众因病致贫的后顾之忧。

创新就业帮扶。截至“十三五”规划末，全省累计实现建档立卡贫困劳动力转移就业 15.21 万人，就业率达 100%；全省 72.07 万贫困人员参加基本养老保险，实现应保尽保、应发尽发、应代缴尽代缴。

（3）坚持分类指导

习近平总书记在福建工作期间指出，“逐村逐户制定脱贫计划，一个村一个村、一个户一个户地落实下去，把有限的人力、物力、财力集中用到贫困村贫困户的脱贫致富上，真正做到‘真扶贫、扶真贫’”。福建认真贯彻落实习近平总书记提出的“因地制宜、分类指导、量力而行、尽力而为、注重效益”的扶贫开发指导思想，因地制宜、分类指导地开展扶贫脱贫工作。

坚持问题导向。突出精准滴灌，搞清楚谁是扶贫对象，弄明白致贫的真正原因，落实好相关扶贫措施，真正做好“扶持谁”“谁来扶”“怎么扶”，确实做到扶真贫、真扶贫、真脱贫。坚持分别施策，聚焦扶贫脱贫工作重点，转变扶贫脱贫工作方式，从原来的“撒胡椒面”、“输血式”扶贫转向定制式的针对性扶贫，从开“大处方”、大而化之的扶贫开发工作转向对症下药、靶向治疗的精准扶贫精准脱贫。坚持差异化扶贫，根据贫困地区的区位特点、资源禀赋情况与产业发展基础，有效激发贫困地区内生发展动力，充分发挥贫困家庭的生产积极性，因势利导地增强贫困人口脱贫致富能力，由“输血式”扶贫向“造血式、参与式”扶贫转变。保证扶贫脱贫质量，以扶贫脱贫实效为依据，以群众认可为标准，强化扶贫脱贫动态管理，实现产业扶贫、就业扶贫、金融扶贫、结对帮扶有机结合，促进教育扶贫、健康扶贫、生态扶贫、低保兜底扶贫相统一，全面提高贫困地区、贫困家庭和贫困群众的自我发展能力。

3. 久久为功深化脱贫攻坚

习近平总书记在福建工作时提出：要根据致贫不同原因、不同类型制定方案，不断探索一条因地制宜发展经济的路子，大力加强产业扶贫、就业扶贫等。习近平总书记在决战决胜脱贫攻坚座谈会上强调，要保持现有帮扶政策总体稳定，扶上马送一程。面对千差万别的致贫原因，福建不断完善扶贫脱贫机制，聚焦靶心精准开出

“药方”，确保扶贫工作务实、脱贫过程扎实、脱贫结果真实、脱贫攻坚持续发力。

（1）加快补齐短板

党的十八大以来，党中央从全面建成小康社会的要求出发，把扶贫开发工作纳入“五位一体”总体布局、“四个全面”战略布局，作为实现第一个百年奋斗目标的重点任务。福建认真贯彻落实党中央的重大战略部署，在逐步实现“两不愁三保障”的基础上，聚焦脱贫攻坚领域的薄弱环节，持之以恒为民办实事，加快补齐发展短板，坚持把“小事”办实办好，全面打响脱贫攻坚战。在义务教育方面，福建持续开展控辍保学行动，全程挂牌督办，确保贫困家庭子女助学补助政策全部落实；及时将因疫致贫的学生纳入资助范围，多措并举为贫困学生创造疫情期间线上学习条件。在基本医疗方面，为解决脱贫攻坚中因病致贫、因病返贫的“拦路虎”问题，福建重点开展贫困人口大病“户户清”行动，筛查大病患者并及时救治；强化精准扶贫医疗叠加保险政策落实，推动逐步提高贫困人口医疗费用报销比例。在住房安全方面，福建结合房屋结构安全隐患大排查大整治专项行动，动态跟踪监测贫困户住房情况，认真开展贫困户住房安全“回头看”，坚持做到改造一户、销档一户，应改尽改、应搬尽搬。在饮水安全方面，福建安排省级专项资金，实施农村饮水安全巩固提升工程，提高贫困地区自来水普及率、集中供水率和水质合格率。

在 2021 年福建省委省政府 29 项为民办实事项目中，涉及义务教育 2 项，分别为全方位推进学前教育普及普惠、安全优质发展和实施就业优先工程，重点支持各地新增公办幼儿园学位、实施农村巡回支教、开展幼教师资提质工程以及扩大就业创业、实施百万农民培育行动、实施高校毕业生基层服务项目、落实职业技能提升行动实施方案，项目投资额达到 39.6 亿元；涉及基本医疗 6 项，分别为建设全省重大疫情救治基地、提升卫生应急救急处置能力、提升疾控机构实验室检测能力、提升基本公共卫生服务能力、增加省级优质医疗资源供给、拓展婴幼儿照护服务，项目投资额达到 45.72 亿元；涉及住房安全 2 项，分别为城镇老旧小区改造、实施保障安居工程，重点推进全省老旧小区（街区、片区）改造、保障性安居工程建设，项目投资额达 173.8 亿元；涉及饮水安全 3 项，分别为市政污水管网建设、实施农村供水保障工程、农村生活污水处理，全省新建和改造修复污水管网 900 公里，完成 200 户以上村庄农村生活污水处理，农村受益人口达到 55 万人，项目投资额达 23 亿元。目前，福建居民健康状况、生态环境指数、教育事业发展等指标位居全国前列，社会保障体系日臻完善，人民群众的满意度不断提高。

（2）打通关键环节

针对贫困地区群众务工就业难、产品销售难、贫困村集体经济发展难、资金周转难等实际问题，福建采取积极有效措施，不断提高扶贫开发工作的针对性。实施产业发展扶贫，支持贫困户发展农产品加工、电子商务、“农家乐”、林下经济等农村第二、三产业，做到每个贫困户都有 1 个以上增收脱贫项目，确保消除绝对贫困，减少发生相对贫困现象。实施就业扶贫，开展“雨露计划”培训，实施贫困户“就业创业证”制度，为持证人提供“一户一培训、一户一就业”服务。优先组织贫困劳动力返岗就业，引导有实力企业到贫困县投资办厂，支持扶贫龙头企业和合作社发展，加大生产补贴和贷款贴息，带动当地贫困劳动力就近就业。实施消费扶贫，采取挂钩帮扶单位组织产销对接、网上销售等方式开展消费扶贫；推动挂钩帮扶责任人根据贫困户产品的种类、数量和产期情况，千方百计帮助联系销售渠道；支持县区改造升级一批农贸市场，发挥大型农产品批发市场和电商企业作用，推进线上线下一体销售，支持贫困地区经济发展。实施生态补偿脱贫，动员贫困人口参与重大生态工程建设，组织贫困人口参与植树造林，吸纳贫困群众参与林业专业合作社务工，就地转为生态保护人员，拓宽贫困户增收渠道。提高生态公益林补偿标准，生态保护补偿资金向贫困地区倾斜，向建档立卡贫困人口倾斜，促进贫困地区减贫增收，提高贫困人口收益水平。实施发展教育脱贫，健全学前教育资助制度，保障农村贫困家庭幼儿接受学前教育。免除建档立卡贫困户家庭学生从义务教育到高中阶段、中等职业教育阶段的学杂费。提高对高校贫困生助学金资助标准和就学贷款额度。实施农村低保兜底脱贫，提高省定农村低保最低标准，将无法通过开发性扶贫措施实现脱贫的贫困人口全部纳入低保，给予兜底保障。

（3）确保“一个都不掉队”

福建是全国知名的老区苏区，全省拥有老区苏区 70 个，其中原中央苏区县（市、区）37 个。这些地区既是贫困人口的集中地，又是脱贫致富奔小康的重镇。习近平总书记十分关心福建老区苏区发展，在福建工作时就走遍八闽红土地，组织实施了老区苏区建制村“五通”建设，大力推动“造福工程”、水土流失治理、集体林权制度改革，留下了大量宝贵财富。2014 年 11 月，习近平总书记在福建调研时指出，“决不能让一个苏区老区掉队”。2019 年，习近平总书记在参加十三届全国人大二次会议福建代表团审议时殷切嘱咐：要饮水思源，决不能忘了老区苏区人民。

打造“长汀经验”的水土流失治理样本

福建省委、省政府自觉地扛起这一重任，秉承习近平总书记对老区苏区人民的深厚情怀，坚持用发展的办法消除贫困，让老区苏区人民过上好日子。出台和实施《福建省促进革命老区发展条例》《关于做好革命老区中央苏区脱贫奔小康工作的实施意见》《福建省“十四五”老区苏区振兴发展专项规划》等政策措施，坚持统筹兼顾、同等优先、适当倾斜、重点扶持、分类推进、自我发展原则，倾力支持老区苏区特色产业提升、基础设施建设和公共服务保障，激发内生动力。坚持绿色发展导向，深化水土流失综合治理，统筹推进老区苏区生产发展、生活富裕、生态良好，提升生态环境质量，加快形成绿色生产生活方式。调整优化区域产业布局，取消对老区苏区地区生产总值的硬性考核，把考核重点放到包括生态文明建设在内的贯彻落实新发展理念和增加城乡居民收入上，推动产业转型、经济发展，打造区域协调发展样板。加大对老区苏区财政转移支付、用地保障、金融服务、科技创新和生态补偿等支持力度，建设特色优势产业基地，构建现代化基础设施体系，推进文旅产业融合发展。树立“绿水青山就是金山银山”理念，提升流域生态环境质量，推动老区苏区由生态优势转化为发展优势，实现生态环境“高颜值”和经济发展高素质，长汀水土流失综合治理与生态修复实践入选世界生态修复典型案例，长汀入选全国水土保持高质量发展先行区。深化山海协作，完善省领导挂钩联系、省直单位和省属企业挂钩帮扶、经济较发达县（市、区）对口帮扶省级扶贫开发工作重点县制度，实施防止返贫监测和帮扶机制，着力推进产业扶贫、就业扶贫，发展高质量教育、建设健康老区，加强就业和社会保障。

（二）始终坚持立足实际促进区域协调发展

实施山海协作对口帮扶，促进区域协调发展，深化东西协作扶贫。福建始终以滴水穿石精神，坚持笃定前行、善作善成，加快推进闽东北、闽西南两大协同发展区建设，持续推动沿海经济较发达县（市、区）对口帮扶工作，提前完成扶贫攻坚战。

1. 山海联动携手共同发展

福建素有“八山一水一分田”之称，省委、省政府把脱贫攻坚视为第一民生工程，坚持大念“山海经”，缩小山海差距，统筹协调区域发展。为打好脱贫攻坚战，深化山海协作对口帮扶工作，福建建立健全“省负总责、市县抓落实、工作到村、帮扶到户”工作机制，实施“部门挂钩、资金捆绑、干部驻村”，坚持高位嫁接，强化核心堡垒作用，让精准扶贫、精准脱贫落到实处。

（1）推进山海协作

山海协作是习近平总书记在福建工作期间提出的重要战略举措，目的是实现山海联动、融合发展。1998 年，福建省委部署山海协作，建立山海协作联席会议工作制度，习近平同志任联席会议召集人，为推进山海协作倾注了大量心血。2001 年 2 月，福建出台了《关于进一步加快山区发展推进山海协作的若干意见》（闽委发〔2001〕1 号），着力调整优化山区经济结构，加快山区基础设施建设，改善山区生态环境，扩大山区对外开放，加大财政、金融政策扶持力度，进一步扶持山区科技、教育发展，加强山区干部人才培养与交流，推进山海经贸交流与协作，从整体上提高小康建设水平。2003 年 10 月，制定出台了《中共福建省委福建省人民政府关于拓宽山海协作通道加快欠发达地区发展的若干意见》（闽委发〔2003〕13 号），要求深入开展山海协作和对口帮扶工作，认真落实省直部门定点挂钩扶持制度，强化沿海地区对欠发达地区的对口帮扶，扶持发展山海协作重点项目，积极做好老区、贫困地区和少数民族地区扶贫开发工作。国家以工代赈资金全部用于扶持欠发达地区农村基础设施建设和生态环境建设，中央、省老区扶建资金投入欠发达地区每年不低于 2740 万元。2012 年 10 月，福建出台《关于深化山海协作的八条意见》，重点推进山海协作共建产业园区、建立山海产业转移项目利益共享、完善山海对口帮扶制度、健全生态补偿机制、深入实施新时期“造福工程”、加大山区人才队伍建设和山海干部交流力度、加强山海劳务合作、健全山海合作组织保障。确定23个扶贫重点县作为全省农村扶贫开发工作主战场，明确每个扶贫重点县由1个沿海较发达县（市、区）结对对口帮扶、1位以上的省领导联系帮扶、5个以上的省直单位挂钩帮扶，加大对扶贫重点县的产业发展、基础设施和社会事业扶持，每年对口帮扶资金不少于1200万元。深化山海协作机制，以共建产业园区作为重要抓手，定期组织山海干部双向交流，定期召开重点县服务协调会，要求23个扶贫重点县在本县或对口的沿海发达县市（区）建成1个以上共建产业园区，实现项目招商、技术帮扶、产业链延伸、资金落实和用工帮困等方面共建；23个扶贫重点县与对口帮扶县市（区）互派1名以上县级领导、2—3名科级干部开展挂职交流，对口帮扶县（市、区）每年为被帮扶县培养一批专业技术人才，推荐安排就业；组织23个扶贫重点县与挂钩帮扶的省直部门、沿海发达县（市）进行“面对面”会商、“点对点”对接，协调解决发展中的困难问题。

其中，龙岩市建档立卡贫困人口占到全省的近四分之一，由武平、长汀和连城3个县共建的“长连武”扶贫开发试验区是福建集中连片特殊困难地区和扶贫开发工作的重点地区之一。福建开展山海协作对口帮扶以来，厦门思明区、泉州晋江市、福州福清市等福建沿海经济发达地区，加大对“长连武”扶贫开发试验区的资金、就业等帮扶力度，持续提高精准服务的实效性，助推其早日成功退出省级扶贫开发工作重点县，在闽西大地上历史性地解决了绝对贫困问题。目前，龙岩市建档立卡贫困人口全部脱贫，3个省级扶贫开发工作重点县、31个市级扶贫开发重点乡镇、380个贫困村全部摘帽退出，与全国同步全面建成小康社会。

从2012年起，福建沿海地区晋江市与内陆山区长汀县开展了

晋江（长汀）工业园区

山海协作。2013 年，开始建设晋江（长汀）工业园区，规划总面积达到 1.5 万亩，重点发展高端纺织产业、农副产品深加工产业及生物与新医药产业，着力将园区打造成为科技含量高、功能齐全的加工贸易梯度转移承载区、军民融合产业区。到 2018 年初，晋江（长汀）工业园区已落户企业近百家，总投资额近 50 亿元，吸纳就业人员超过 3000 人，带动了当地贫困就业人员数百人。晋江市与长汀县的山海产业协作领域，已从纺织服装、农副产品加工、机械电子拓展到旅游等行业，实现了优势互补和共同发展。与此同时，两地经济合作实现了共赢，长汀人在晋江市设立了 200 多家工厂，晋江市在长汀县投资建设 200 多家企业。2017 年长汀县入选福建省县域经济发展“十佳”县（市）。近年来，福建加大山海协作对口帮扶工作力度，所有经济欠发达的老区苏区县都纳入挂钩联系范围，并继续对 23 个重点县进行重点帮扶，由省领导挂钩联系，定期开展扶贫调研、协调解决困难问题、指导推动政策落实。在财政转移支付、产业培育、用地保障、金融服务、科技创新、生态补偿、干部人才支撑、基础设施建设和公共服务提升方面，福建对 23 个重点县给予了倾斜扶持。

（2）深化东西部协作

习近平总书记指出：东西部扶贫协作和对口支援，是推动区域协调发展、协同发展、共同发展的大战略，是加强区域合作、优化产业布局、拓展对内对外开放新空间的大布局，是实现先富帮后富、最终实现共同富裕目标的大举措。习近平总书记在福建工作期间，部署推动闽宁对口扶贫协作，重点突出“优势互补、互利互惠、长期协作、共同发展”对口帮扶原则，持续完善“联席推进、结对帮扶、产业带动、互学互助、社会参与”对口帮扶机制，不断拓宽合作领域，探索和总结出了“把建立长效机制作为前提、把解决问题作为核心、把产业带动作为关键、把生态环境保护作为基础、把激发内生动力作为根本”等一系列宝贵经验，开创了东西部扶贫协作的“闽宁模式”，展现了福建的积极作为和勇于担当精神。

1996 年 5 月，福建、宁夏两省区根据中央“两个大局”的战略思想和开展东西部扶贫协作的决策部署，全面开展闽宁对口扶贫协作，习近平同志担任对口帮扶宁夏领导小组组长，并多次到宁夏开展实地考察，推动把福建成功的扶贫经验应用到闽宁对口扶贫协作之中。20 多年来，福建始终牢记习近平总书记“闽宁对口协作是一项政治任务，要坚决完成”的殷切嘱托，“要发扬红军长征精神，要静下心来，耐得住寂寞，搞好对口帮扶工作”等重要要求，坚决扛起对口帮扶的历史使命，大力弘扬“接力攀登”精神，一任接着一任干，一棒接着一棒跑，以“不到长城非好汉”的气概和敢拼会赢的精神，将单向扶贫拓展为两省（区）全方位、多层次、宽领域、广覆盖的深度协作。

强化顶层设计。建立闽宁对口协作联席会议制度，每年由两省区党委和政府主要负责同志共同主持召开，研究部署重大帮扶事项，形成协商、推进、监督的一体化工作机制，推动各项工作落深落细落实，促进对口协作项目和扶贫开发同宁夏的经济社会发展环环紧扣。按照“宁夏所需，福建所能”的原则，坚持雪中送炭与互惠双赢相结合，有效落实“市县结对帮扶”“互派挂职干部”“部门对口协作”工作，细化分解资金支持、产业合作、消费扶贫、劳务协作等帮扶任务，促进福建的人才、资金、科技、经验、市场等要素资源不断植入，从根本上改变宁夏贫困地区的落后面貌，提升发展能力。

完善对口扶贫协作机制。落实落细“联席推进，结对帮扶，产业带动，互学互助，社会参与”对口扶贫协作机制，坚持以扶贫开发为重心，以产业协作扶贫为关键，以生态环境改造为基础，以激发内生动力为根本，深化东西部扶贫协作的“闽宁模式”。坚持市场化合作方向，落实闽宁协作具体举措，加大资金投入力度，签订闽宁两省区劳务合作协议，完善跨省就业医保结算、养老保险关系转移接续，给予产业、项目、人才等一揽子扶持，不断推动闽宁协作从单向的扶贫解困发展到双向互利共赢，从单一的经济援助发展为教育、文化、医疗等多领域、全方位合作。

深化务实合作。坚持因地制宜、发挥优势，加快闽宁镇、闽宁示范村、闽宁产业园“三位一体”建设，推进“扶贫车间”扶贫，

在闽宁对口扶贫协作中帮助宁夏固原市彭阳县建设的生态扶贫工程

实现产业互补与梯度转移，大力发展特色农产品加工、中药材产业、纺织业等县域支柱产业，促进帮扶资金和项目重点向贫困村、贫困群众倾斜。推进劳务合作，实施闽宁协作就业补助、岗前培训等政策，走出一条企业合作、产业扶贫与项目带动相结合的“造血式”对口帮扶新路，促进贫困人口脱贫致富。目前，已有 5600 多家福建企业、商户入驻宁夏，累计投资项目超过 260 个，投资总额在 430 亿元以上。到 2020 年底，在东西部对口扶贫协作帮扶的“闽宁模式”示范作用下，宁夏有 80.3 万建档立卡贫困人口全部脱贫，1100 个贫困村全部脱贫出列，9 个贫困县区全部脱贫摘帽。2020 年 7 月 3 日，闽宁对口扶贫协作援宁群体荣获中宣部授予的“时代楷模”称号。2020 年 8 月 24 日，福建省委作出了在全省广泛开展向“时代楷模”闽宁对口扶贫协作援宁群体学习的决定。

（3）统筹推进援疆、援藏、援陇和援外发展

福建坚决响应中央的号召，立足国家发展大局，准确把握新时

代对口援疆、援藏、援陇工作的新要求，以高度的政治责任感和历史使命感，在闽宁对口扶贫协作基础上，紧扣目标任务，精准发力，统筹做好对口援疆、援藏、援陇工作。通过资金支持、产业合作、智力支援、消费扶贫和劳务协作等途径，以共建产业园、搭建企业合作平台、实施产业开发项目等方式，推进闽宁对口扶贫与援疆、援藏、援陇相结合，着力解决各族群众牵肠挂肚的切身利益问题，让他们得到看得见、摸得着的实惠，促进共同发展、同步发展，确保扶到点上、援到根上，确保全面小康路上一个不能少，实现了经济效益、社会效益相统一。在福建农林大学教授林占熺指导下，福建菌草技术“以草代木”，解决了食用菌类产业需大量砍树的“菌林矛盾”，这一技术在闽宁对口扶贫协作和对口援疆、援藏、援陇工作中发挥了重要作用，已在全球106个国家推广扎根，为全球可持续发展与减贫事业作出了积极贡献。

2.“造福工程”拔掉落后穷根

1994年，福建在全国率先组织实施易地搬迁“造福工程”，将其列入省委省政府为民办实事项目，按照抓好“年初研究部署、年中协调推进、年底总结提升”的要求，实现作决策、抓督查、保落实一体部署、一体推进，做到了在行政理念中坚持为民、在依法行政中保障为民、在职能转变中突出为民、在有效运作中落实为民、在勤政廉政中强化为民。

（1）实施优惠政策

1994年以来，福建从改善山区贫困群众的生产生活条件出发，有计划地组织实施“造福工程”，以提高贫困群众防灾减灾能力，加快脱贫致富步伐，履行发展为了人民、依靠人民的庄严承诺。

2008 年 3 月，出台《福建省加快实施造福工程的若干意见》（闽政办〔2008〕55 号）要求，把“造福工程”搬迁与推进开发式扶贫相结合，与防灾减灾体系建设相结合，与社会主义新农村建设相结合。实施优惠政策，加大财政资金投入，强化配套基础设施建设，努力为搬迁户提供公共服务，确实提高搬迁户收入水平。福建各级政府把“造福工程”作为新农村建设的一项重要内容，加强部门配合协作与项目资金管理，广泛宣传发动，动员社会力量积极参与。2011 年 7 月，福建省委专门研究推进新时期“造福工程”和农村饮水安全建设意见，强化注重统筹、做好规划、搞好试点，不断完善“造福工程”政策举措，积极稳妥地做好这一惠民利民重大工程建设。2016 年，出台《中共福建省委福建省人民政府关于加快推进“十二五”时期“造福工程”的指导意见》，对造福工程的实施范围、实施步骤、扶持政策和组织保障作出了明确规定，并给予规费减免、资金筹措、配套设施建设、搬迁户增收等方面扶持。2016 年 5 月，福建省人民政府办公厅颁发《关于明确相关政策加快推进造福工程扶贫搬迁工作的通知》（闽政办〔2016〕70 号），要求提高省定扶贫标准贫困人口搬迁补助标准，优化搬迁安置方式，完善规划建设和用地政策，适当调整集中安置区补助政策，推进土地增减挂钩收益分配政策，鼓励社会力量参与造福工程搬迁，支持跨区安置，建立易地扶贫搬迁投融资主体。2016 年 6 月，福建省发改委、福建省财政厅、福建银监局、福建证监局、福建保监局、福建省扶贫办等部门联合出台了《关于推进精准扶贫打赢脱贫攻坚战的实施意见》，强调牢固树立并切实贯彻创新、协调、绿色、开放、共享的新发展理念，充分发挥政治优势和制度优势，把精准扶贫、精准脱贫作为基本方略，坚持扶贫开发与经济社会发展相互促进，坚持精准帮扶与县域发展紧密结合，坚持扶贫开发与生态保护并重，坚持扶贫开发与社会保障有效衔接，坚持扶贫开发与“三农”工作统筹安排，拿出过硬办法，举全省之力，率先完成脱贫攻坚任务。

（2）提高补助标准

易地扶贫搬迁是一项系统工程，也是摆脱贫困的重要抓手、脱贫致富的重要方式。从2016年开始，福建省级以上财政对国定贫困人口搬迁每人补助不低于2.5万元，并提供不超过3.5万元的国家专项贷款，省定贫困人口每人补助不低于1万元；由福建省农业发展银行、福建省国家开发银行对省定贫困人口和同步搬迁人口提供一定额度的长期低息贷款，相关市、县财政给予贴息补助；对百户以上安置区的补助标准由100万元提高到150万元，适当降低集中安置区基础设施补助门槛，20户以上的安置区就能获得补助。建立省级投融资平台，充分利用国家下达的地方债和专项建设债券，加大对自愿搬迁的建档立卡贫困户搬迁扶持力度。

（3）采取集中安置

针对“一方水土养育不了一方人”问题，福建采取彻底搬离办法，把贫困群众搬迁到交通相对便利、产业基础较好、基础设施配套和公共服务比较完善的乡镇及中心村进行集中安置，极大改善了贫困地区、贫困群众的生产生活条件，为脱贫致富打好基础。扎实做好搬迁户的后续扶持工作，及时跟进完善迁入地的基础设施和公共服务，定期摸排贫困户住房安全保障情况，提升安置区社区管理水平，对存在安全隐患的住房及时纳入危房改造范围，确保搬迁人口“搬得出、稳得住、有就业、能致富”。

（4）扩大搬迁对象

持续赋予“造福工程”新内涵，搬迁对象已从最初的解决连家

福安市溪邳村连家船民上岸定居告别“水上漂”过上好生活

船民上岸定居、对山区茅草房进行改造，惠及自然地理条件恶劣、公共服务难以覆盖的偏僻自然村群众，受地质灾害威胁农户，遭受自然灾害房屋倒塌和损毁农户，居住在江河源头、自然保护区、生态保护区需要搬迁农户，石结构房改造农户等。“造福工程”是福建跨年限最长的省委省政府为民办实事项目，从 1994 年实施起一直持续到 2020 年，实施时间长达 27 年。福建把实施“造福工程”与小城镇发展、工业园区开发、美丽乡村建设、生态保护、灾后重建等扶贫脱贫工作紧密结合，有效改善了搬迁群众的生产生活条件，确保搬迁群众能增收，群众通信难、就学难、就医难、娶亲难等问题得到了较好解决，实现了“挪穷窝”“拔穷根”，涌现出霞浦县东山村的茅草房改造、福安市溪邳村的“连家船民”上岸定居、福鼎市赤溪村和柏洋村的畲民下山定居等一批易地扶贫搬迁的成功案例，成为脱贫攻坚的“标志性工程”。福建实施“造福工程”以来，总共投入财政资金近 50 亿元，累计整体搬迁 7300 多个自然村，支持建设 3400 多个集中安置点，惠及困难群众 172 万多人。

3. 精准施策巩固脱贫成果

贫困问题具有多样性和复杂性，贫困原因也有较大的差异性和多元性。在脱贫攻坚战中，福建始终锚定“五个一批”“六个精准”要求，加快实施“发展生产一批、易地搬迁一批、生态补偿一批、发展教育一批、社会保障兜底一批”，力求做到“扶持对象精准、项目安排精准、资金使用精准、措施到户精准、因村派人精准、脱贫成效精准”，实现了统筹推进、多措并举，不断巩固脱贫攻坚成果。

（1）守住返贫缺口

坚持脱贫攻坚关口前移，2004 年福建在全国率先建立农村居民最低生活保障制度，做到了应保尽保。2008 年福建组织实施新型农村社会养老保险试点，做好脱贫攻坚关口前移工作。为补齐民生领域、生态文明建设、贫困人口脱贫等短板，福建坚持扶持政策不变、支持力度不减、帮扶责任不卸，对已摘帽的贫困地方和贫困人口，严格落实“四个不摘”要求，不搞急刹车，合理设置过渡期，防止出现“政策悬崖”，确保扶上马送一程。加强对低收入人口的常态化帮扶，对农村贫困人口进行动态摸底识别，及时将脱贫不稳定户和边缘户列入监测对象，通过产业帮扶、重点帮扶、持续帮扶等方式，配套安排财政专项扶贫发展资金，扶持建档立卡贫困户因地制宜地发展增收脱贫项目，确保贫困地区的贫困人口全面脱贫。2020年，福建重点支持11.3万户贫困户发展产业项目13.6万个，避免出现返贫现象。

（2）补齐脱贫短板

福建全面实施城乡义务教育免费政策，全部免除义务教育阶段学生学杂费，免费提供教科书和作业本，对小学一年级新生免费提供学生字典。实施农村义务教育学生营养改善计划，对农村义务教育寄宿生、城乡义务教育寄宿制学校中低保和建档立卡贫困家庭寄午餐学生，给予每生每年1000元营养餐补助，全省每年安排资金约2.4亿元，惠及学生24万多人。实施义务教育寄宿生生活补助政策，对家庭经济困难寄宿生按小学1000元、初中1250元标准补助生活费，全省每年安排资金1500多万元，惠及学生1万多人。从2019年秋季学期起，福建扩大实施生活补助费范围，非寄宿制学校中家庭经济困难学生全部纳入补助范围，实现全部覆盖。其中，按每生小学500元/年、初中625元/年发放生活补助，预计受助学生达到10.6万人次，发放资金约7231万元。

（3）强化兜底保障

完善分层分类的社会救助制度体系，落实“刚性支出扣除、收入扣减、重病重残单人保”等惠民政策，对完全或部分丧失劳动能力、无法通过产业就业获得稳定收入的脱贫人口，依规将其纳入低保或特困人员救助供养范围。调整和优化低保“单人户”政策，将低收入家庭的重残人员和三级智力、精神残疾人，重病患者等特殊困难人员纳入低保。从2019年起，福建将符合条件的老区苏区县建档立卡的贫困人口全面纳入兜底保障范围，将70个老区苏区县低保年平均水平增至7131元。拓展提升特困人员救助供养服务，全省共有6.8万名老区苏区特困人员得到救助供养。及时出台《福建省临时救助工作规范》，对老区苏区县实施临时救助，为老区苏区困难残疾人、重度残疾人发放残疾人“两项补贴”；全省70个老区苏区县全面配齐乡镇儿童督导员、村（居）儿童主任，全部建立农村留守老人定期探访、巡查制度，健全基本信息台账。

（三）统筹兼顾提升“减贫效应”

习近平总书记指出，“为什么人的问题，是检验一个政党、一个政权性质的试金石。”为民族谋复兴、为人民谋幸福，全面建成小康社会是我们党对人民和世界作出的庄严承诺。党的十八大以来，党中央从全面建成小康社会要求出发，把扶贫开发工作纳入“五位一体”总体布局、“四个全面”战略布局，作为实现第一个百年奋斗目标的重点任务，作出了一系列重大战略部署，形成了责任清晰、各负其责、合力攻坚的脱贫攻坚责任体系，统筹实施科技下乡、医疗改革、社会协同等脱贫攻坚政策，加快构建以人为载体，集聚资金、技术、人才等要素资源向乡村流动的新格局，全面提升“减贫效应”。

1. 科技下乡助力脱贫攻坚

科技特派员制度（简称“科特派”）发端于福建南平，是习近平总书记在福建工作时指导、总结提升和倡导推进的一项重要的农村工作机制，受到了党中央、国务院的高度重视。从2012年起，科技特派员工作被多次写入中央一号文件，并得到联合国开发计划署等国际组织的高度评价，作为中国经验向其他发展中国家推介。

（1）创新扶贫工作机制

科技特派员制度作为创新农村工作机制的重要举措，旨在解决农民生产经营中遇到的科技难题和培训适用技能，畅通科研人员深入农村基层的“通道”，实现人才、智力和科技资源下沉，促进供需有效结合，有效盘活科技扶贫资源，加快贫困地区发展。2002年，时任福建省省长习近平到南平调研，对南平科技特派员的创新做法给予了充分肯定，并提炼出“高位嫁接、重心下移、夯实工作基础”的农村工作思路。2004年，科技部、人事部梳理了福建南平科技特派员的先进经验和宁夏的农村科技创业模式，出台《关于开展科技特派员基层创业行动试点工作的若干意见》，扩大科技特派员试点。2009年，科技部等八部门联合出台了《关于深入开展科技特派员农村科技创业行动的意见》，在全国范围内启动科技特派员农村科技创业行动。2016年，国务院出台《关于深入推行科技特派员制度的若干意见》，首次在国家层面对科技特派员工作做出制度性安排，科技特派员工作进入全新发展阶段，对我国农村生产力发展和农民生活水平提高发挥了重要作用。

（2）“高位嫁接、重心下移”

科技特派员制度以科技服务为载体，通过搭建科技服务平台，健全科技服务体系，引导科技资源向农村聚集，促进农业科技进步、农业发展，加快农业科技成果推广和新农村建设步伐。科技特派员制度坚持以服务“三农”为主，是以院所高校为依托，科技特派员为纽带，企业、农村致富带头人、乡土人才、农民群众为基础，各类要素综合集成的新型科技服务新体系，促进科技特派员与技术服务、成果转化和产学研有效结合，不断拓展服务方式，通过科技扶农扶智，为农户带来农业现代技术，解决了农民生产经营中的科技难题，持续提升农民运用适用技能脱贫增收能力，不断提高农业经济效益，极大激发了农户致富内生动力，有效调动了科研人员积极性，探索出了一条人才强、科技强促进农业强，助力农民增收和脱贫攻坚的农业科技社会化服务新路子，为农村脱贫致富、乡村振兴提供了技术保障和人才支撑。

（3）创新科技特派员工作机制

福建在全国率先实施跨界别、跨区域选拔科技特派员制度，推动科技特派员服务领域从农业生产向农业全产业转变，从“三农”向第二、三产业延伸，促进农村产业融合发展；科技特派员选任对象从本省向省外乃至境外拓展，并与下派村支书、大学生村官、基层党群工作者等队伍互动联动发展；鼓励科技特派员以技术成果为

科特派制度助推绿色发展点绿成金

纽带，与农民、企业结成利益共同体，助推乡村振兴；完善科技特派员制度，加强基层组织建设，培养和造就一支懂农业、爱农村、爱农民的“三农”工作队伍，形成“找好一条路子、抓好一个班子、建好一个机制、打好一个基础”的“四个一”工作机制。党的十九大作出了实施乡村振兴战略的重大决策部署，对科技支农富农提出了新要求，为科技特派员发展提供了广阔舞台。以福建省南平市为例，2018 年选派科技特派员 1999 人，其中省级个人科技特派员 1487 名，占全省总数的 40%，认定科技特派员服务团队 75 个，占全省总数的 71.4%，对 346 个贫困村实现服务全覆盖。其中，来自省内外高校、科研院所高学历人员占科技特派员总人数的一半以上，中级职称以上人员超过九成，服务范围涵盖南平市七大绿色产业，服务产业实现由第一产业向第二、三产业融合发展。20 多年来，福建不断探索创新科技特派员制度，累计选派科技特派员 21827 人次，实现了全省乡镇全覆盖。每年再选任 1000 名以上省级科技特派员到脱贫攻坚第一线，实现农村科技创新和精准扶贫有机结合。

2. 医疗改革助推脱贫攻坚

健康扶贫是消除因病致贫、因病返贫，全面实施脱贫攻坚的重要举措。为助推脱贫攻坚战，福建率先实行医疗保险和医疗救助脱贫，不断完善医疗叠加保险政策，降低贫困户医疗费用负担、“院地合作”对口帮扶等方式，开展形式多样的健康扶贫，扎实推进医疗保障脱贫攻坚工作，不断增强扶贫对象获得感。

（1）提高医疗社会保障水平

福建对贫困人口参加新型农村合作医疗个人缴费部分由同级财政给予适当补贴，新型农村合作医疗和大病保险制度对贫困人口实行政策倾斜，将建档立卡贫困户纳入医疗救助范围，给予一次性的定额救助和重特大疾病救助，通过降低基本医疗保险报销后个人负担费用比例，提高新型农村合作医疗保障水平。实施乡镇卫生院改造提升工程，基层卫生院基本实现“三有”目标，即做到有符合标准的业务用房、有适用的常规设备、有合格的卫技人员。新增财政补助居民医疗保险，用于增加大病保险保费，提高大病保障能力。

（2）完善医疗叠加保险政策

2017 年，福建在全国率先实施《福建省精准扶贫医疗叠加保险方案》（闽政办〔2017〕64 号），为因病致贫返贫的建档立卡农村贫困人口新增“保障线”，对“2016 年已建档立卡的农村贫困人口、新增建档立卡的农村贫困人口”提供补助，对属于基本医疗保险支付范围的门诊特殊病种和住院医疗费用（以下简称“目录内”医疗费用）予以补助、对 13 种疾病患者进行集中救助。通过完善多层次的医疗保障体系，进一步减轻上述两类人群的医疗费用负担，做到大病患者能够得到及时有效救治。2019 年 6 月，福建省人民政府办公厅发布《关于进一步完善精准扶贫医疗叠加保险政策的通知》（闽政办〔2019〕32 号），要求在执行 2017 年《福建省精准扶贫医疗叠加保险方案》的基础上，进一步加大精准扶贫医疗力度，适当提高“第一道”补助省市两级报销比例，扩大“第二道”补助疾病种类范围，实行“第三道”精准补助，更好地发挥精准扶贫医疗叠加保险政策效应，有效缓解因病致贫返贫问题。

（3）降低贫困户医疗费用负担

进一步扩大报销病种范围，防止贫困户因病返贫。适当增加病种覆盖面。从 2019 年起，福建将农村贫困人口大病救治病种从原来的 13 种提高到 31 种，省级定点医院从原来的 3 家增加到 11

家，将有健康扶贫任务的 65 个县的 79 家县级医院全部纳入大病医疗救治定点。加大对贫困人口医疗支付倾斜力度，对特殊困难的贫困户实行分档封顶精准补助，将建档立卡贫困人口和低保对象全部纳入家庭医生签约范围，贫困人口大病保险起付线再降低 50%，支付比例再提高 5%。适度提高报销比例，省市县乡四级的医疗机构就医叠加报销上限分别提高到 70%、80%、90% 和 95%，医保目录外超过 10% 的部分由医疗机构承担，逐步降低并统一大病保险起付线，将大病保险政策范围内报销比例提高到不低于 60%。坚持多措并举。强化部门协作、数据共享比对、健全参保台账、关注新增贫困人员等措施，做到“五个到”（摸清贫困人员底数到人，应参保人员名单到人，核准参保状态、反复动员参保到人，新增人员动态参保到人、参保台账管理到人）、应保尽保。如福州市将医疗保障扶贫作为重大民生工程，采取多重保障、梯次减负政策，扎实推进基本医保、大病保险、医疗救助、精准扶贫医疗叠加保险、健康扶贫商业补充保险等各项制度有机衔接，有效缓解因病致贫返贫问题。截至 2020 年 9 月，福州市建档立卡贫困人员均纳入精准扶贫叠加保险保障范围。实施健康扶贫保险政策。坚持托底保障，实行多层次医疗救助，在实施精准扶贫医疗叠加保险政策的基础上，出台健康扶贫商业补充保险政策，持续完善建档立卡贫困人员医保五重保障、梯次减负的制度体系。截至 2020 年 9 月，福州市享受健康扶贫商业补充保险人数达 10.56 万人次，农村建档立卡贫困人员参保率 100%，医保扶贫综合保障政策惠及贫困人口 99.76 万人次。提供医保脱贫服务。通过建立特殊居民参保库、编制特殊医保卡号等方式，将特殊人员信息录入医保系统进行标记，协调相关部门制作“福州市扶贫特殊医保卡”并发放到贫困人员手中，实现了医保报销“一站式”结算。

3. 社会协同发力脱贫攻坚

习近平总书记指出，脱贫致富不仅仅是贫困地区的事，也是全社会的事。要更加广泛、更加有效地动员和凝聚各方面力量。福建认真贯彻落实中央战略部署，积极创新社会扶贫体制机制，广泛凝聚共识，鼓励社会力量积极参与打赢脱贫攻坚战，加快形成政府、市场、社会协同推进的大扶贫格局，做到“人人皆愿为、人人皆可为、人人皆能为”。

（1）落实精准扶贫行动

完善扶贫龙头企业认定制度，落实企业公益扶贫捐赠所得税税前扣除政策，鼓励有条件企业设立扶贫公益基金、开展扶贫公益信托，提升企业带动贫困户增收能力。积极构建社会扶贫信息服务网络，从帮助困难群众解决最直接、最现实、最紧迫的问题入手，通过政府购买服务等方式，探索公益众筹扶贫途径。组织开展“百企帮百村”“百会扶百村”“百侨助百村”活动，充分发挥民营企业的资金、技术、人才、市场等优势，找准企业发展与贫困村脱贫的契合点，积极动员企业开展结对帮扶，为贫困群众创造稳定增收渠道。如泉州市利用华侨众多、民营经济发达优势，倡导“扶贫不分地域、守望相助行善举”，市县两级累计发动参与企业和商会上千家，帮扶贫困村540多个，落实帮扶资金2.8亿元。全省1300家民营企业和商会组织结对帮扶1397个贫困村，投入资金7.9亿元，惠及4.9万贫困人口。

（2）引导力量积极参与

为打赢脱贫攻坚战，福建广泛动员和凝聚各方力量，加快构建政府、社会、市场协同推进，专项扶贫、行业扶贫、社会扶贫为补充的大扶贫工作格局，形成跨地区、跨部门、跨单位和全社会共同参与的多元社会扶贫体系，汇聚形成强大合力，做到“有钱的出钱、有力的出力、没钱没力的出个好主意”。福建省民政厅印发《福建省关于广泛引导和动员社会组织参与脱贫攻坚的通知》，把全省 23 个扶贫开发工作重点县、2201 个建档立卡贫困村作为扶贫攻坚主战场，把贫困老年人、重病患者、重度残疾人作为重点对象，把产业扶贫、就业扶贫、教育扶贫、健康扶贫、易地扶贫搬迁作为重点领域，实施“同心安居工程”，发动民营企业和社会贤达筹集资金，帮助贫困家庭实施危房改造，推动社会组织资源供给和扶贫需求实现有效对接。2019 年底，福建省民政厅、省扶贫办联合启动“阳光 1+1 牵手计划”行动，动员千家社会组织与老区村开展结对帮扶和深度合作。两年多来，福建有 1630 家社会组织、11.53 亿元投入乡村振兴，其中七成资金用于产业发展项目、基础

福建省“阳光 1+1 牵手计划”帮扶联合行动在宁化启动

设施建设和“文化脱贫工程”，引导农民开展科技化、专业化、产业化种植，实现了优势互补、互惠共赢和可持续发展，做到了政府善为，社会有为。

（3）协同推进脱贫攻坚

“乘众人之智，则无不任也；用众人之力，则无不胜也。”脱贫攻坚战涉及面广、影响力大，面临着的问题复杂，需要调动各方力量积极参与。福建支持全省各类企业、社会组织和个人积极投入脱贫攻坚战，鼓励民营企业、社会组织、港澳台侨慈善组织和个人积极参与扶贫开发，实现社会帮扶资源和精准扶贫、精准脱贫的有效对接。引导脱贫攻坚重心下移，鼓励自愿包村包户，贫困户党员、干部或爱心人士开展结对帮扶。充分发挥各民主党派、工商联、无党派人士人才扶贫优势和智力扶贫作用，鼓励各类社会组织到村到户精准扶贫。实施扶贫志愿者行动计划和社会工作专业人才服务贫困地区计划，着力打造扶贫公益品牌。全面及时公开扶贫捐赠信息，提高社会扶贫公信力和美誉度。目前，福建23个省级扶贫开发工作重点县生产总值年均增幅高于全省平均水平，原中央苏区、革命老区、少数民族聚居区、海岛等欠发达地区发展步伐加快。

（四）坚持在开放发展中消除贫困

习近平总书记指出：脱贫摘帽不是终点，而是新生活、新奋斗的起点。我们党始终把发展作为执政兴国的第一要务，集中精力搞建设谋发展，通过发展解决不平衡不充分问题，坚持在开放发展中保障改善民生、消除贫困，让贫困地区和贫困人口能够过上好日子，同全国人民一道进入全面小康社会。

1. 产业扶贫巩固脱贫攻坚成果

产业扶贫是促进贫困地区发展、增加贫困户收入的最直接和最有效的途径。习近平总书记在福建工作期间，强调经济建设是主旋律，提倡依据山海优势，“靠山吃山唱山歌，靠海吃海念海经”，稳住粮食，山海田一起抓，发展乡镇企业，农林牧副渔全面发展，持续发展特色现代农业。在决战脱贫攻坚过程中，福建坚持把产业扶贫作为治本之策，积极推进产业扶贫，帮助贫困群众融入产业发展，实现稳定增收，推进减贫脱贫。

（1）培育新型经营主体

福建立足各地资源优势，加快培育产业化龙头企业和农民专业合作社，吸引市场主体参与扶贫，指导市场主体与贫困对象形成利益联结机制。适当降低农业产业化省级重点龙头企业评选门槛，引导农业产业化龙头企业和农民合作社采取“公司 + 合作社 + 基地 + 贫困户”模式，与贫困户联动发展。实施税收优惠政策，加大对产业化龙头企业和农民专业合作社资金扶持力度，延伸特色农业产业链，发挥优势农业品牌作用。实施“雨露计划”等技能培训，省级财政每年安排专项资金培训贫困劳动力，提升贫困户就业创业能力。实施定向招商，引导乡贤回乡建厂、“村企合作、整村推进”。目前，福建省级重点龙头企业有 926 家，在册农民合作社总数达到 4.1 万家，入社成员超过 99.9 万户，农民合作社辐射带动全省 43% 的农户。2020 年全省农民人均可支配收入比上年增长 8.6%，提前完成收入倍增计划，力争到 2025 年，省级以上重点龙头企业超1500家，省级以上农业产业化重点联合体超300家，实现以企业带产业，以产业带农村，促进农业发展、农民增收，稳定脱贫攻坚成果。

（2）创新产业扶贫模式

加大农业基础设施建设，积极创新“龙头企业＋贫困户”“农民专业合作社＋贫困对象”“家庭农场＋贫困对象”等产业扶贫模式，引导农业龙头企业到贫困地区投资兴业，因地制宜发展“一乡一业”“一村一品”。积极引导有劳动能力的贫困户大力发展农业特色产业，在全国率先出台产业扶贫保险政策，对贫困户发展生产实施特惠制、全覆盖产业扶贫保险，做大做强做优茶叶、水产、花卉苗木、水果、林竹、畜禽、蔬菜、食用菌、乡村旅游、乡村物流等乡村特色产业，促进绿色产业发展。2020年，福建扶持贫困

龙岩市上杭县湖洋镇文光村被称为“红土地上的花果山”

户与发展项目 13.6 万个，支持贫困人口返岗务工 14.3 万人，推动 4593 户、12596 人纳入低保兜底保障，全省建档立卡贫困人口人均纯收入达到 15283 元，“两不愁”水平持续提升。

（3）发展特色优势农业

福建农业资源丰富，产品多样性特征明显，具有发展特色农业、现代农业的优势。为摆脱贫困，促进精准扶贫、精准脱贫，福建因地制宜发展“福茶”“福果”“福菜”“福菌”“福稻”等特色优势产业，大力实施特色现代农业提质增效“五千工程”，力争到 2022 年安溪铁观音、古田食用菌、平和蜜柚、福鼎白茶、光泽肉鸡等一批特色产业产值超百亿元，培育提升武夷岩茶、福鼎白茶、建宁莲子、福建百香果等一批区域公共品牌，提高农产品加工转化率，加快农村电商、休闲农业和生态旅游互动发展，推进农村一二三产业融合发展。安排省级以上专项扶贫资金，重点支持贫困群众发展特色优势农业、农产品加工、休闲农业（“农家乐”）、森林旅游、电子商务、流通配送等项目。发挥绿水青山优势，依托“清新福建”“全福游 · 有全福”“福文化”品牌，加快建成一批全国休闲农业与乡村旅游示范县、中国美丽休闲乡村、全国休闲农业示范点、省级休闲农业示范点、省级最美休闲乡村，带动农民发展农家乐、采摘园等旅游配套产业增收致富，夯实长效脱贫基础。

2. 绿色生态深化脱贫攻坚

2000 年，时任福建省省长习近平前瞻性地提出建设生态省的构想。2012 年 3 月 7 日，习近平同志在看望第十一届全国人大五次会议福建代表团时指出：“生态资源是福建最宝贵的资源，生态优势是福建最具竞争力的优势，生态文明建设应当是福建最花力气的建设。”福建始终牢记总书记的殷切嘱托，坚持“绿水青山就是金山银山”，不断坚持和完善生态文明制度体系，成为全国首个省级生态文明先行示范区、国家生态文明试验区。全省森林覆盖率持续43年保持全国首位，植被生态质量指数全国第一，生态文明指数全国第一。

（1）坚持生态优先发展

突出绿色发展。率先推进集体林权制度改革，积极发展绿色生态经济，协调发展生态效益型经济体系。支持23个重点县建成12个国家生态文明建设示范县和1个“绿水青山就是金山银山”实践创新基地，梯次推进“绿盈乡村”建设，23个重点县绝大部分村庄达到“绿盈乡村”标准，实现“百姓富”与“生态美”有机统一。推进精细治理。综合恢复水生态系统，实现水清、河畅、岸绿，2020年省级扶贫开发重点县小流域Ⅰ—Ⅲ类水质比例达到98.6%。改善人居环境。开展农村环境整治和农村生活污水治理，整治23个重点县1698个村庄；实施饮用水安全工程和农村饮用水水源地环境保护专项整治工程，将贫困地区生态功能区、重要保护地等纳入生态保护红线，率先对闽江流域14个重点县实施山水林田湖草生态保护修复试点工程，确保贫困地区生态安全。

（2）强化水土流失综合治理

开展水土流失综合治理是习近平总书记在福建工作期间主抓的项目之一，从2000年起水土流失综合治理就被纳入省委省政府为民办实事项目。在2021年福建省委省政府为民办实事项目中，投资4亿元开展水土流失综合治理，全省计划综合治理水土流失面积75万亩。截至2020年，福建累计治理水土流失1259.46万亩，提前两年实现“十三五”目标，流失率降至7.52%，居全国领先水平。龙岩市长汀县曾是全国水土流失的重灾区，习近平总书记在福建工作期间多次到长汀开展水土流失治理调研，到中央工作后，连续两次对长汀水土流失治理工作作出了重要批示，强调水土流失治理“进则全胜，不进则退”。长汀县坚决扛起水土流失治理的重任，加快建设汀江生态经济走廊，深化“水保经济”、林下经济等生态扶贫工作，通过整村推进、“合作社＋基地＋农户”、示范带动等举措，加快转变农村经济发展方式和农民生产生活方式，让“山头绿起来，企业带起来，农民富起来”，帮助村民致富、贫困户脱贫。通过多年努力，长汀县 146.2 万亩水土流失面积得到有效治理，森林覆盖率超过 80.3%，成为全省最绿县份之一、国家生态文明建设示范县，实现生态治理和脱贫致富双赢。

（3）完善生态扶贫机制

充分发挥财政杠杆和经济手段作用，深化扶贫开发与生态保护，引导贫困地区产业转型，增强内生发展动力，巩固生态扶贫成果。完善生态补偿制度。2016 年以来，福建累计安排重点县流域生态补偿资金 33.28 亿元，为贫困地区生态治理和经济发展提供资金保障。签署闽粤两省汀江—韩江跨省流域上下游横向生态补偿协议，成为全国第二个试点省份。推进碳汇交易经营。重点扶持贫困地区碳汇造林、森林经营，优先支持贫困地区碳汇进入市场交易，累计实施碳汇造林面积 108 万亩，签发碳汇 291 万吨，碳汇项目减排量成交 250 多万吨，实现“生态得保护、林农得利益”。2001 年以来，福建省级以上财政累计投入生态公益林补偿资金 103.7 亿元。截至 2020 年底，福建省级财政累计下达重点生态区位商品林赎买补助资金 2.89 亿元，全省累计赎买 38.6 万亩，超额完成“十三五”规划提出的 20 万亩目标。增加贫困人口收入。提高生态公益林补偿标准，采取政府购买服务或设立公益岗位方式，优先让有劳动能力的贫困人口就地转为生态保护人员，重点聘用贫困人员担任生态环境网格监管员，增加贫困人口收入。2017 年，福建在全国率先开展重点生态区位商品林赎买等改革试点工作，提升贫困地区生态保障水平，全面增强可持续发展能力。

3. 扶志扶智助力脱贫攻坚

福建坚持扶贫脱贫与扶志扶智并举，物质帮扶与精神引导相结合，确保有劳动能力的脱贫群众和农村低收入人口拥有一技之长，从根本上“拔穷根”，能够早日富起来。为此，福建坚持强化政策引导、教育引导、典型引导；坚持因地施策、因户施策，积极提升贫困群众主体意识，最大限度激发贫困群众内生动力；坚持增强贫困群众参与发展、共享发展、自主发展能力，真正使之成为减贫的受益者、发展的贡献者。

（1）坚持扶贫先扶志

习近平总书记指出：“注重扶贫同扶志、扶智相结合。”“脱贫致富贵在立志，只要有志气、有信心，就没有迈不过去的坎。”贫穷不可怕，可怕的是懒惰的思想，精神上的贫穷。福建以新时代文明实践活动为抓手，加强贫困地区文化设施建设，大力发展农村文化事业，提高基层公共文化服务标准化、均等化水平，不断提升乡村文明程度。树立摆脱贫困信心。针对部分贫困群众存在的“不怕穷”心态、“等靠要”思想，福建注重帮助贫困群众转变观念，通过思想引导和精神激励，帮助他们树立摆脱贫困的信心，增强自立发展的能力、脱贫致富的主观能动性，让贫困群众既有摆脱贫困的想法，又有脱贫致富的办法，看到自身价值和发展能力，变“要我脱贫”为“我要脱贫”。激发脱贫致富积极性。聚焦贫困地区产业发展，根据贫困群众就业需要“授人以渔”，采用生产奖补、劳务补助、以工代赈等方式，激励贫困群众依靠劳动创造幸福。通过开展消费扶贫，打造电商服务平台，畅通物流网络，做好产销对接，切实解决贫困地区产品销售难题，带动贫困群众增收，实现帮扶对象从“他扶”到“自立”的真正转变。拓宽脱贫致富渠道。积极推动服务向基层延伸，带动要素资源向贫困地区下沉，培育树立自主脱贫典型，发挥当地致富能人的榜样引领作用。

（2）坚持扶贫必扶智

“扶贫必扶智，治贫先治愚”，全面建成小康社会离不开精神文明上的小康。贫困群众既是帮扶对象，也是脱贫主体。针对贫困群众受教育程度比较低、知识普遍匮乏、接受新技术能力不强等特点，福建有针对性地开展文化扶贫工程，帮助贫困群众提高认识、更新观念、振奋精神、转变思路，提升贫困群众综合素质，增进自

福建艺术扶贫探索：农民画＋漆画

立自强内生动力，激发经济发展潜力，文化扶贫成为贫困地区实现精准脱贫的重要抓手。积极扩大教育扶贫，实施农村中小学危房改造工程，基本消除全省村中小学D级危房，通过文化扶贫为贫困地区发展注入动能。增加贫困地区教育资金投入，保障贫困家庭子女就学，从根本上阻断贫困代际传递，助力福建乡村振兴。实施技能扶贫专项行动，建设职业培训机构和技工院校实训基地，完善技能培训政策，落实各项补贴补助政策，提升贫困群众就业层次、就业质量和就业能力，积极发挥贫困群众主体性作用，增强自我发展能力。探索建立贫困户产业发展指导制度，做好技术指导“传帮带”工作，让贫困群众找到脱贫致富方法，提升贫困群众发展生产和务工经商的基本技能，实现从“输血”到“造血”的转变，从根本上铲除贫困土壤。

（3）建立扶志扶智长效机制

古人云：能用众力，则无敌于天下矣；能用众智，则无畏于圣人矣。扶贫脱贫具有长期性、多维性、动态性特征，为避免脱贫地区和脱贫群众返贫，福建着力探索建立扶志扶智长效机制，坚持以促进人的全面发展理念指导扶贫开发工作，做到既富口袋，更富脑袋。完善扶贫政策体系。按照脱贫不脱责任、脱贫不脱政策、脱贫不脱帮扶、脱贫不脱监管的要求，持续开展跟踪帮扶，从解决相对贫困问题入手，促进扶贫与扶志扶智相融合，努力让贫困群众获得更高的收入，享有更好的教育、医疗卫生服务和居住条件。扩大政策性保险覆盖面，对粮食等大宗农产品实行应保尽保，对当地优势特色产业愿保尽保，逐步将农业生产设施设备纳入保险范围，提高脱贫地区、脱贫群众应对风险能力。扶持特色产业发展。立足资源禀赋、产业基础和市场需求，给予政策、项目、资金等重点扶持，因地制宜发展特色现代农业、特色制造业、电商物流业、文创旅游业等乡村扶贫产业，培育和发展一批特色农业专业村、产业园，引导农业产业化领军人才到贫困地区投资兴业、建设产业基地，提升脱贫地区经济发展水平。加快引领发展休闲农业、创意农业、智慧农业、循环农业，促进农村一二三产业融合发展，拓展农业新业态、新功能，提升产业扶贫能力。稳定群众收入来源。完善利益联结机制，总结提升“资源变资产、资金变股金、农民变股民”等农村改革经验，整合财政专项扶贫资金及各类涉农资金，重点投入设施农业、农村小水电等项目，采取政府购买成果和服务方式，量化折股给贫困村、贫困户，形成稳定的资产收益，稳步增加脱贫群众的经济收入。拓宽科技扶贫渠道。创新科技特派员制度，充分发挥好科技专家服务团作用，培养更多的知农爱农、扎根乡村的人才。构建多层次科技扶贫投入体系，培育科技扶贫龙头企业，积极组建农村专业合作社或专业技术协会，推动科技服务向产前、产后延伸，提升产业链增值收益，让更多的贫困群众享有发展成果，持续扩大脱贫致富基础，为全面建成小康社会奠定坚实基础。

4. 脱贫攻坚与乡村振兴有机衔接

2021 年 2 月 25 日，习近平总书记在全国脱贫攻坚总结表彰大会上指出：脱贫攻坚伟大斗争，锻造形成了“上下同心、尽锐出战、精准务实、开拓创新、攻坚克难、不负人民”的脱贫攻坚精神。十九届四中全会提出建立解决相对贫困的长效机制，党的十九届五中全会把扎实推进乡村振兴战略列为“十四五”时期经济社会发展的主要目标。实施乡村振兴战略是党中央顺应人民群众对美好生活的需要，对“三农”工作作出的重大决策部署，是不断巩固脱贫攻坚成果，全面建成小康社会的必然要求。福建坚持多措并举，促进脱贫攻坚与乡村振兴有机衔接，从脱贫攻坚走向共同富裕，努力走具有福建特色的乡村振兴之路。

（1）做好机制衔接

建立省委统一领导、市县推进落实、乡村组织实施、部门合力共为、责任层层压实的乡村振兴工作机制，完善帮扶政策体系，实现扶贫工作与乡村振兴同部署、同推动、同落实。落实属地责任，坚持五级书记抓帮扶，不断深化省负总责、市县乡抓落实的工作机制。落实部门责任，建立统一高效的巩固拓展脱贫攻坚成果同乡村振兴有效衔接的决策议事协调工作机制。压实监管责任，把巩固拓展脱贫攻坚成果纳入乡村振兴实绩考核范围，完善监测帮扶机制，确保各项工作任务、政策措施、项目资金落地落实。建立健全巩固拓展脱贫攻坚成果长效机制，接续推进脱贫地区乡村振兴，完善农村低收入人口常态化帮扶机制，对无法依靠产业扶持和就业帮助脱贫的贫困家庭实行政策性保障兜底，加大对兜底保障户医疗、教育、住房、养老等公共服务领域的扶持力度，进一步完善农村低保与扶贫开发制度有效衔接。

（2）做好规划衔接

坚持规划引领，注重乡村振兴战略与扶贫开发专项规划衔接，整合优化空间资源、区域发展要素，推进闽东北、闽西南两大协同发展区建设，实现资源共享、区域一体化发展。完善挂钩帮扶机制，加大沿海发达地区支持老区苏区等欠发达地区发展，推进基础设施互联互通，公共服务一体化建设普惠共享，做强产业、扩大就业，促进区域协调发展。坚持分类指导，按集聚提升、城郊融合、特色保护、搬迁撤并四类村庄要求，对已脱贫、基础较好的村引导特色发展，全面推进乡村振兴；对已脱贫但不够稳定的村加强试点探索，循序渐进实施乡村振兴战略；对搬迁撤并村重点发展富民增收产业，审慎安排乡村振兴重大项目建设。

（3）做好发展衔接

试点先行探索脱贫地区乡村振兴之路，以经济欠发达地区为重点，提升老区苏区发展水平。因地制宜培育特色优势产业，围绕特色农产品优势区、现代农业产业园和优势特色产业集群建设，推动农业农村绿色产业发展，持续推进农村三产融合，推进产业扶贫向产业兴旺转变，提升农业经营效益和抗风险能力。持续推进农村人居环境整治，加强乡村生态保护修复，打造农民幸福生活的美好家园，推进扶贫搬迁向生态宜居转变。加快农村基础设施提档升级，推进城乡教育、医疗、养老等基本公共服务标准统一、制度并轨，加强乡村便民服务中心标准化建设，打通服务农民群众“最后一公里”，推进解决“三保障”向公共服务均等化转变。实施培育新型职业农民、完善惠农政策，持续增强农民增收能力，塑造乡村文明新风，推进农民全面脱贫向全面发展转变。突出党建引领，加强农村新型经济组织和群团组织建设，完善乡村治理机制，推进驻村帮扶向强基固本转变。

（4）做好政策衔接

严格落实“四个不摘”要求，保持原有帮扶政策、资金支持、帮扶力量总体稳定，促进五年过渡期内领导体制、工作体系、发展规划、政策举措、考核机制等有效衔接。加大要素保障，推进脱贫攻坚政策与乡村振兴政策无缝对接，均衡发展农村基础设施和教育、医疗等公共服务，重点支持贫困地区、老区和苏区发展。健全乡村建设实施机制，完善强农惠农政策，增加扶贫小额信贷，创新开发涉农信贷产品，实施产业扶贫保险政策。注重机制创新，充分发挥“一键报贫”平台作用。强化科技人才支撑，推动科技特派员实现原扶贫重点县、乡村振兴特色乡（镇）和试点村全覆盖，积极延揽各类人才到乡村创新创业，为乡村振兴战略提供智力保障。

后　记

“纪录小康工程”丛书是“十四五”国家重点图书出版规划项目。福建社会科学院在接到撰写《全面建成小康社会福建全景录》任务后，领导高度重视，第一时间抽调精兵强将承担编写工作。本书撰写坚持以习近平新时代中国特色社会主义思想为指导，认真贯彻落实习近平总书记关于全面建成小康社会的重要讲话重要指示批示精神，全面系统地梳理了福建全面建成小康社会的发展历程、重要实践、典型案例和宝贵经验，重点阐述了习近平总书记在福建工作期间谋划、领导的扶贫开发工作，浓墨重彩全景式地记录党的十八大以来，福建全面建成小康社会所取得的历史性成就，以及经济发展、文化建设、民生事业、生态保护等方面取得的丰硕成果，总结提炼了福建全面建成小康社会的宝贵经验及其成功做法，力争做到史料准确翔实、图片真实精美、文字简明扼要、阐述生动活泼，达至精编精撰，精要成书。

本书由李鸿阶任主编，林在明任副主编，李鸿阶负责统纂全书。撰写人员分别为：廖萌（一、福建全面建成小康社会之路，六、全面小康的区域协调发展）、张元钊（二、全面小康的经济发展成就）、林心淦（三、全面小康的文化建设成效）、林在明（四、全面小康的民生福祉保障）、林昌华（五、全面小康的生态文明实践）、李鸿阶（七、从脱贫攻坚到全面小康的福建经验，后记）。在本书撰写过程中，我们参考了《人民日报》、新华社、《福建日报》等资料来源，丰富和完善了撰写内容。

中共福建省委宣传部高度重视“纪录小康工程”丛书编撰工作，组建工作专班，加强组织领导，统筹协调工作。省委常委、宣传部部长张彦组织召开专题会议研究部署书稿编撰工作。为提升本书质量，我们很荣幸地邀请到审读领导和专家：福建省委政策研究室谭亚川、中央马克思主义理论研究和建设工程首席专家郑传芳、福建省人民政府发展研究中心项金玉，各位领导和专家从不同角度提出了宝贵意见，在此，我们一并表示衷心感谢！

由于水平有限，书中难免存在疏漏和不足，敬请读者批评指正。

本书编写组

2022 年 6 月